中国历史文化名人传

长歌正气

文天祥传

郭晓晔 著

作家出版社

中国历史文化名人传

出版说明

中华民族五千年文明史中，涌现了一大批杰出的文化巨匠，他们如璀璨的群星，闪耀着思想和智慧的光芒。系统和本正地记录他们的人生轨迹与文化成就，无疑是一件十分有必要的事。为此，中国作家协会于2012年初作出决定，用五年左右时间，集中文学界和文化界的精兵强将，创作出版《中国历史文化名人传》大型丛书。这是一项重大的国家文化出版工程，它对形象化地诠释和反映中华民族文化的基本精神，继承发扬传统文化的精髓，对公民的历史文化普及和建设社会主义文化强国都具有重要而深远的意义。

这项原创的纪实体文学工程，预计出版120部左右。编委会与各方专家反复会商，遴选出在中国文化发展史上产生过重大影响的120余位历史文化名人。在作者选择上，我们采取专家推荐、主动约请及社会选拔的方式，选择有文史功底、有创作实绩并有较大社会影响，能胜任繁重的实地采访、文献查阅及长篇创作任务，擅长传记文学创作的作家。创作的总体要求是，必须在尊重史实基础上进行文学艺术创作，力求生动传神，追求本质的真实，塑造出饱满的人物形象，具有引人入胜的故事性和可读性；反对戏说、颠覆和凭空捏造，严禁抄袭；作家对传主要有客观的价值判断和对人物精神概括与提升的独到心得，要有新颖的艺术表现形式；新传水平应当高于已有同一人物的传记作品。

为了保证丛书的高品质，我们聘请了学有专长、卓有成就的史学和文学专家，对书稿的文史真伪、价值取向、人物刻画和文学表现等方面总体把关，并建立了严格的论证机制，从传主的选择、作者的认定、写作大纲论证、书稿专项审定直至编辑、出版等，层层论证把关，力图使丛书经得起时间的检验，从而达到传承中华文明和弘扬杰出文化人物精神之目的。丛书的封面设计，以中国历史长河为概念，取层层历史文化积淀与源远流长的宏大意象，采用各个历史时期最具代表性的文化符号与雅致温润的色条进行表达，意蕴深厚，庄重大气。内文的版式设计也尽可能做到精致、别具美感。

中华民族文化博大精深，这百位文化名人就是杰出代表。他们的灿烂人生就是中华文明历史的缩影；他们的思想智慧、精神气脉深深融入我们民族的血液中，成为代代相袭的中华魂魄。在实现“中国梦”的历史进程中，必定成为我们再出发的精神动力。

感谢关心、支持我们工作的中央有关部门和各级领导及专家们，更要感谢作者们呕心沥血的创作。由于该丛书工程浩大，人数众多，时间绵延较长，疏漏在所难免，期待各界有识之士提出宝贵的建设性意见，我们会努力做得更好。

《中国历史文化名人传》丛书编委会

2013 年 11 月

文天祥

目录

第一章 廷对宣誓 法天不息

宫漏刚报五更三点，文天祥便来到大内宫丽正门前的广场上。下了竹轿，就觉体冷力虚，不由得暗自叫苦。

宝祐四年（1256）五月初八，又逢学子才俊博弈人生的殿试之日。此时，他们早早地从临安（浙江杭州）的各个角落聚拢到了这里，交集激荡出一片紧张、激动、焦虑和梦溺的气氛。

每三年一届的殿试是举国瞩目的一件大事，朝廷将从中发现和任用人才，而对于学子来说，今日的殿试将决定他们的一生，能否一举登科，光宗耀祖；能否大展宏图，报效国家；能否出仕入宦，博取黄金屋、颜如玉、千钟粟，尽享荣华富贵，抑或是在民间沦落为一个郁郁不得志的寒酸文人，就看今日了。

偏就在这个节骨眼上，文天祥的状态很是糟糕。他心下暗自思忖：自己患腹泻已有两日，昨夜又煎药服侍父亲弄到很晚，睡了不大一会儿，这会儿头脑昏沉沉的，一天的紧张考试能撑得下来吗？

夜色包裹住广场上的一盏盏红灯笼。

一遍更鼓响过。

又一遍更鼓响过。

宫门近处的广场上早已是人头攒动。来路再无行色匆匆的考生踪影。

终于，宫中殿直长声宣布，考生入宫时辰已到。

人们轰地一下拥向丽正门的旁门。文天祥把装有笔墨纸砚的考篮紧紧搂在胸前，也一头扎入纷乱拥挤的人流。

丽正门有三个门道，皆金钉朱户，画栋雕甍，上覆铜瓦镌有龙凤天马，尽显皇权的尊荣威严。可此时的谦谦君子们谁也顾不上在它面前表现出恭谨虔诚了，真个是人人奋力，个个争先，嘈杂喧腾地激着浪打着旋儿往门里涌。挤过了窄门，人流仍是黏稠缠裹拧着结纠着团你推我搡地往前跌撞。文天祥拼力护住考篮，直到进入集英殿，由殿直引领，依座位图榜在殿庑找到自己的考席。

此时，文天祥才发现自己已是大汗淋漓，把前胸后背的衣裳浸了个透。

出此一身大汗自然是由于这一通好挤，深想却又不尽然，又可想到，当他抵达广场时，便有一种潜存的力量在他体内鸣啸奔突——诸如年少时游学侯山，手植翠柏五株，把一株倒植，祝曰：我将来如有大用，能尽忠报国，此柏当能存活生长。诸如游学吉州，见到乡贤祠堂供有欧阳修、杨邦乂、胡铨等人遗像，皆谥"忠"，便信誓旦旦说：我死后若不祭列其中，便不是大丈夫。诸如出生时，祖父文时用恰好梦见一小儿乘紫云而下又腾空而去，故为他取名云孙，小名从龙。诸如来临安途中，一位和尚指着他说：此郎必为一代之伟人。诸如在京城这几月，耳边风紧，蒙古铁骑攻杀云南、四川，屯重兵于开封至亳州（安徽）一带，虎视眈眈随时会带着一股膻气猛扑过来。诸如京城舆情鼎沸，斥指国境累卵，这厢却脂粉歌舞，宦官董宋臣极尽谄媚，大搞廷建敲骨吸髓挥霍民脂民膏；佞人丁大全窃弄权柄，陷害忠良，宦官佞臣搞得朝政一派乌烟瘴气。诸如此类，生命里经历的那些跌宕起伏不会不活跃起来，在他的血气脉络中聚集奔突。

当然，还有多年的苦学与梦想，能否付予弱冠，“借此脱韦布，盖将有所行于时”。

还有，他本应同大弟文璧一道赴考的。去年，他同大弟文璧、二弟霆孙同为参加吉州的八月乡试备考，待录取后同往京城大比，不想十六岁的二弟霆孙在乡试前一月突患重疾夭亡，只天祥和文璧顺利通过乡试，发解入京。十二月中旬，父亲文仪送兄弟俩同赴临安，就是在途中的玉山县，一个和尚指着文天祥对文仪说出那句话：此郎必为一代之伟人。到得临安，他与文璧参加了由礼部主持的省试，二月初一放榜，兄弟俩双双登榜奏名进士，取得参加殿试的资格。此后，父子三人无心游览繁华京城，在父亲的督导下，兄弟俩忙着收集整理时政国情，研习不同的对策方案，加紧备考。

也许是由于水土不适，也许是为三子的死忧伤过度，也许是积劳成疾，或是各种不测一起发难，就在殿试前几日，父亲文仪突发高烧病倒，面色忽而烧红，忽而沉暗，气息忽如织机，忽如游丝，躺在床上离不开人的照料。父亲为此自责不迭又犹豫不决，如果让兄弟俩都去参加廷对吧，自己万一有个三长两短，他们即便都中了进士又当如何，免不了要背一辈子不孝的黑锅，为仕途投下阴影，而如果留下一子在身边照料吧，但凡机缘错过，对其一生又将是多大的顿挫。怨自己，都怨自己啊！苦思再三，终是无奈地做出痛苦的抉择，把文璧留在身边，让天祥一个人去参加廷对。

烧三炷香只得求一签。不说文璧，就说霆孙，“出师未捷身先死，长使英雄泪满襟”，他临死前在窗纸上写下杜甫的这两句诗，说明他是死也不甘啊！原本摊在三个人身上的希望如今全压在了他一个人的肩头，能不叫他越发奋力吗？

这一身大汗出的，让文天祥顿觉浑身通脱，神清气爽。

到得自己的考桌前坐定，文天祥从考篮里取出笔墨，接过考官发的御试策对题。

他静息把印制的试题浏览了一遍，便对题旨了然于胸。

理宗皇帝亲拟的试题，提出了四个策题。这四个策题实际上可划为两部分，第一道至第三道策题，是问历代帝王均以道治国，为何却成效殊异？“朕以寡昧临政”，却为何“志愈勤，道愈远”？是所行之道不同吗？还是道之外有不同的法呢？第二个部分即第四道策题，虽字数不多，却是要点所在。理宗忧心忡忡地指出：国家的现状是“天变洊臻，民生寡遂；人才乏而士习浮，国计殚而兵力弱；符泽未靖，边备孔棘，岂道不足以御世欤？抑化裁推行有未至欤？”[①]就是说，眼下的国情是灾异不断发生，百姓生活贫苦，人才匮乏而士风浮华，国家财政捉襟见肘，军事力量羸弱，盗贼未靖，边防危急。理宗发问：这究竟是天道失去了作用呢，还是教化没得到普及呢？

理宗皇帝希望考生以“切至之论”提出对策，表示“将虚己以听”，同时提醒要做到“勿激勿泛”。

阅过试题，文天祥执毫舔墨，略加思索，便文思酣畅，运笔如飞地疾书起来。

他首先就何谓“道”，以及道与治世的关系，从总体上阐发自己的

① 《历代进士殿试策对名篇赏析·文天祥殿试策赏析》。

见解。

什么是道呢？“所谓道者，一不息而已矣。”那么，何为一不息呢？文天祥认为，“自太极分而阴阳，则阴阳不息，道亦不息；阴阳散而五行，则五行不息，道亦不息；……穹壤间生生化化之不息，而道亦与之相为不息。道一不息，天地亦一不息。天地之不息，固道之不息者为之。”就是说，所谓“一不息”，就是出于宇宙本源无极太极的阴阳、五行永不停止的交感运动。这是自然界运动发展的规律，也是人间正道运动发展的规律。所以在他看来，“圣人出，而为天地立心，为生民立命，为往圣继绝学，为万世开太平，亦不过以一不息之心充之。”

由此对理宗虽恭俭勤政却“未有以大快圣心”，提出了对策：“臣之所望于陛下者，法天地之不息而已。”

法天地之不息，是他这篇策对的中心思想。接下来就以此为核心，逐题展开论述。

针对第一个问题，即“溯道之本原，求道之功效”的问题。他断言：“圣人之心，天地之心也；天地之道，圣人之道也”，“合而言之，则道一不息也，天地一不息也，圣人亦一不息也。”他说，当“茫茫堪舆，坱圠无垠，浑浑元气，变化无端”，人类社会和宇宙万物诞生之前，就“先有道”了。道就像水一样，正是其无处不在、长流不息的运动，推动了事物的发展。于此，圣人立不息之体，则敛于修身，推不息之用；散于治人，则显于齐家治国平天下之效验。这就如《易》和《中庸》所讲，圣人效法自然，就是向天地学习自强不息。他指出：理宗行道功效不显，是因为“犹日至午而中”，只有不息地坚持下去，才能取得理想的功效，这要向力行不息、绩效显著的仁宗皇帝学习。

第二个问题，即“岂道之外，又有法欤”的问题。文天祥说：古今帝王的功化证效虽有浅深迟速的不同，但同样的是，他们的“行道之心，一不息而已矣”。当天象和顺、世道太平、百姓安康的盛世，尧、舜等明君仍是兢兢业业、勤勤恳恳地行道，无一日敢息。而当后来太朴日散、风气日开、人心不古、社会不断变化之世，夏、商、周的君王则与时俱进，在道德教化之外，创立了治、政、礼、教、刑、事等典章制度来配合治理，这样一来，君王们的政务加重了，就更是要以不息之心，兢兢业业孜孜栗栗地工作了。所以，无论在什么情况下，治国都需求帝王之道，求帝王之心，也即一不息之心。

第三个问题，即在世风恶化，内外交困的情况下，何以治世？他理解题中对汉唐的指陋，认为“不息则天，息则人；不息则理，息则欲；不息则阳明，息则阴浊”。指出汉文帝、汉武帝和唐太宗诸君还是有进道之心的，汉唐之所以不及唐虞三代，是因为三君之心往往不纯乎于天，不纯乎于理，不纯乎于阳明，而是出入于天与人、理与欲、阳明与阴浊之间，当他们存道心、持道义之时，治国就有建树；反之多欲贪利，道为人欲所制，国家治理就出问题。他进一步指出：汉文帝与汉武帝和唐太宗不同，不像他们为霸道和杂家所累，所以能恭俭求道，业绩也接近商周、唐虞，但因受黄、老清静无为的异端影响，惜未有更大作为。他劝理宗以三君不能一心求道为戒，进取不息，取得超过汉唐的功绩。

上述三个问题都属哲学观、世界观的问题，他一口气写了近五千字。接下来的第四道题，即第二部分，是对国情时政发表见解，提出对策。

文天祥按自己的理解，把理宗提出的八项事务概括成四个方面：“大变之来，民怨招之也；人才之乏，士习蛊之也；兵力之弱，国计屈之也；虏寇之警，盗贼因之也。”然后逐一以对。

如果说在回答前三道题时，文天祥对理宗是边批边拍、边捋边揉的话，在回答直切现实的第四道题时，他再也难以从容应对了。此时，在白鹭洲书院学习期间，尤其是来临安这几个月里了解收集到的国情时弊及令人忿懑的情事，一下子都涌上了心头，他矫上之失，诘下之邪，手中的笔就如同寒光闪闪的利剑。

第一个方面，天灾与安民。他尖锐地指出：天灾是由民怨引起的，而民怨是由皇室、官吏的巧取豪夺和敲骨吸髓的残酷压榨造成的。“今之民生困矣！自琼林、大盈（皇家私库）积于私贮，而民困；自建章、通天频于营缮，而民困；自献助迭见于豪家巨室，而民困；自和籴不间于闾阎下户，而民困；自所至贪官暴吏，视吾民如家鸡圈豕，惟所咀啖，而民困。呜呼！东南民力竭矣。”当今的民众痛苦不堪，“而操斧斤，淬锋锷，日夜思所以斩伐其命脉者，滔滔皆是！”他呼吁理宗持不息之心，急求民安之道，以消解民困和天灾。

第二个方面，人才与士风。他指出人才短缺是士风败坏造成的。他以激烈的言辞批评说：“今之士大夫之家，有子而教之。方其幼也，则授其句读，择其不戾于时好，不震于有司者，俾熟复焉。及其长也，细书为工，累牍为富。持试于乡校者，以是；较艺于科举者，以是；取青紫而得车马也，以是。父兄之所教诏，师友之所讲明，利而已矣。”不顾道德与品行、尊严与节操，单纯灌输知识，以获取功名利禄，这样培养出来的人有几个能自拔于流俗呢？他们“心术既坏于未仕之前，则气节可想于既仕之后”，于是“奔竞于势要之路者，无怪也；趋附于权贵之门者，无怪也；牛维马縶，狗苟蝇营，患得患失，无所不至者，无怪也”。这样的势利之徒，岂能成为理国治民的人才？他呼吁理宗持不息之心，改变士习，以求人才。

第三个方面，兵力与国计。他认为兵力弱是国家财力不足所致。如今兵力不足，边备困窘到拆东补西，疲于奔命，这需要招募新兵，而国家的财力又不足。国家供作军用的钱财都到哪儿去了呢？他直斥说：“飞刍挽粟，给饷馈粮，费于兵者几何？而琳宫梵宇，照耀湖山，土木之费，则漏卮也。列灶云屯，樵苏后爨，费于兵者几何？而霓裳羽衣，靡金饰翠，宫廷之费，则尾闾也。生熟口券，月给衣粮，费于兵者几何？而量珠辇玉，幸宠希恩，戚畹之费，则滥觞也。”没钱招兵养兵，钱用到哪儿去了呢？都被皇室和宫府建楼堂馆所，穿金戴银，慷慨赏赐，大肆挥霍浪费掉了。于此呼吁理宗持不息之心，采取节约措施，专供强军。

第四个方面，盗寇与边备。“虏寇之警，盗贼因之也”，外敌的入侵由内贼引起，如绍兴年间杨幺作乱洞庭湖，金朝指使伪齐将领李成进犯襄阳汉水，与杨幺相勾结，加重了边患。所以他认为，外敌不足畏，内贼也不足畏，“盗贼而至于通虏寇，则腹心之大患也已。”所以进犯淮、蜀的蒙古军在宋军的抗击下不能得逞，但驾舟如飞的东南乱民一旦成为蒙古军的向导，才是最可怕的。他还指出：内贼还包括一些朝官，他们忘掉军队的职责，在边境违法经商，弄不好就成了外敌向导，造成“一夫登岸，万事瓦裂”的后果，这就如同“肘腋之蜂虿，怀袖之蛇蝎”，是极其危险的。他呼吁理宗持不息之心，清除内部盗贼，以巩固边备。

论述上述四个方面问题，文天祥逐一列举不堪的现状，把原因都归咎于弊政，甚至是黑暗的朝政，他呼吁理宗依照“天行健”的法则，力行不息之道，不断改革创新，去弊求利，以图振兴。他按捺不住心头的忧愤刚正直谏，甚至严辞反诘了皇帝对答卷“勿激勿泛”的要求：

陛下乃戒之以勿激勿泛，夫泛固不切矣，若夫激者，忠之所发也。陛下胡并与激者之言而厌之邪？厌激者之言，则是将胥臣等而为容容唯唯之归邪？然则臣将为激者欤？将为泛者欤？抑将迁就陛下之说，而姑为不激不泛者欤？[①]

激者是出于对国家和陛下的忠心，陛下为何要厌恶呢？难道是要臣子也成为浑浑噩噩唯唯诺诺的人吗？这与其说是诘问，毋宁说是在振臂抗议了，大有士子从道不从君之风。

最后，他从总体上提出两个对策。一是“重宰相以开公道之门”，二是“收君子以寿直道之脉”，建议皇帝革除专制之法，把权力下放到三省六部，排除外戚和宦官这些狐鼠一类干政擅权，施行公道与直道之政，用人举贤授能，收用君子，起用直言敢谏之士，通言路，从众议，以谋求“天下为公”、“万物之各得其所”的清明世道。

他倡言的公道与直道，就是公平正义之道，正直无私之道。

文天祥埋头疾书，如有神助，策对的第二部分，又一气写了五千余字。

搁下笔，文天祥把试卷通览了一遍，勾去几个字，加上几个字，改了几个字，颇觉满意，便合卷离开了考席。

此时是午后未时（13时至15时）。试卷要求千字以上即可，文天祥却写了万余字，且“不为稿，一挥而就”，且提前交卷，这足可见他才华横溢。同时，或也说明他准备得认真充分，要知道，大才子苏轼当年参加殿试前还曾写过二十多篇模拟策论文章呢。

这篇洋洋万言的《御试策一道》，文天祥直言衷论，酣畅淋漓地阐释了哲学、伦理和政治观，全文宏衍巨丽，明达卓识，精神旺健，一腔正气，充盈着担当的识见和勇气。

此策对既是劝谏皇帝，也是宣誓自己，宣誓自己的人生纲领和

① 《历代进士殿试策对名篇赏析·文天祥殿试策赏析》。

准则。

他立誓法天地之不息，坚守信仰，不断挑战腐朽与野蛮，“独行其志，坚力直前，百挫而不折，屡踬而愈奋”[①]。

“公之成仁取义，矢志于韦布弦诵之日。”[②]他从此拉开了奋斗和抗争的序幕，走上风雨交侵险恶凄苦的人生之路，直到南宋灭亡，他在元朝的土牢里写下《正气歌》，为实现他的人格理想慷慨赴死。

他的试卷当然符合“切至之论”的要求。然而，理宗皇帝真的能“虚己以听”吗？文天祥的这篇《御试策一道》会有一个怎样的命运呢？

① 邓光荐:《文信国公墓志铭》。
② 《庐陵宋丞相信国公文忠烈先生全集》卷首涂宗震《鼎锓文文山先生文集序》。

第二章 书香起身 时艰铸魂

夜已深了，在翠竹掩映的竹居里，六岁的文天祥还在背诵课文。

“有子曰：其为人也孝弟（悌），而好犯上者，鲜矣；不好犯上，而好作乱者，未之有也。”文天祥面颊上叮着一只吸饱了血的蚊子，他全然不知，“君子务本，本立而道生。孝弟（悌）也者，其为仁之本与！”

“好。”父亲拍死叮在儿子面颊上的蚊子，说，“但这说的是什么意思呢？”

“是讲行孝悌之道，是做一个仁人君子的根本。做人求道，须从孝悌做起。”

“那么，有子又是何人呢？”

“是孔夫子的弟子有若呀。”

父亲微微点头，脸上露出一丝笑容。

夏夜的风是湿热黏稠的。一只飞蛾扑向灯火，跌落到油盏里扑翅挣扎。文天祥禁不住瞥了一眼。

父亲倏地板起面孔，说："来，再背下一节。"

理宗端平三年五月初二（1236年6月6日），文天祥出生于江西吉州庐陵县富川镇。吉州扼湖南、江西两地咽喉通道，上可溯赣江挽闽广，下可至鄱阳湖畅达长江下游各地，经济与文化富集发达，素有"江西望都"之称，也被誉为"文章节义之乡"，地方官学、书院和乡塾村校齐立，读书求仕之风气盛行，"士相继起者，必以通经学古为高，以救时行道为贤，以犯颜敢谏为忠。家诵诗书，人怀慷慨"，而"俗尚儒学，敬老尊贤，豪杰之士喜宾客，重然诺，轻货财"。

文天祥就在这样一个环境里成长，他的启蒙老师是父亲文仪。

文仪，字士表，自号革斋，又号竹居，家中有些田产，算得上是个中小地主。

文仪"才思翩翩，威仪抑抑"，是个乡间读书人。他嗜书如命，家中藏书极多，见到好书，即使身上没钱也要脱下身上的衣服典当以购。一卷到手，就废寝忘食地苦读，孤灯一盏读到天色微明，又站到屋檐下去细认蝇头小字，真有董仲舒十年不窥园、范仲淹五年睡觉不脱衣的劲头。经年苦读使他学问渊博，经史百家无不精研，甚至天文、地理、医药、占卜之书也广有涉猎。他还热衷写作，毕生著有《宝藏》三十卷、《随意录》二十卷。

文天祥五岁那年，父亲就教他读书。后来，比文天祥小一岁的大弟文璧和小四岁的二弟霆孙也加入进来。

文仪治学严谨，读书凡到要害处都要用朱黄墨色校勘圈点，读后都要写笔记感想。他教子当然也极为严格，白天讲课，晚间督促背书，提问解惑，严寒酷暑，无一日懈怠。同时，他又认为"滞学守固，化学来新"，反对拘泥于陈旧古义固陋自守，主张在消化理解的基础上从书中读出新意来。为此，他在自己腰间的玉佩上刻了一个"革"字，人们因此称他“革斋先生”。一个“革”字，对文天祥的治学方法影响极深，后来他在赠友人的诗中写道，“袖中莫出将相图，尽洗旧学读吾书”[①]，可见之一斑。一个“革”字，也可视为文天祥形成“法天地之不息”人生观的种子。

后来，文天祥回忆少年学习时光说：“天祥兄弟奉严训，早暮侍膝下，唯诺怡愉，不翅师友。或书声吾伊，或敛襟各静坐潜讽，或掩卷相与戚嗟人情世道……天下之乐莫如焉。”[②]兄弟早晚在父亲身边读书、思考，探讨社会民情和时事世道，真乃人间的至乐呀。

文天祥兄弟少时学业主要得之于父亲亲授，他们稍大时，父亲也曾为他们聘请“名师端友”，如胡鉴、王国望、朱涣、萧粹叔等人。他们也曾到位于泰和梅溪的外祖父曾珏家，拜曾凤为师。那段时间，他们常与当地的孩子去梅溪下泽的曲江亭上读书，这些小伙伴后来多半科举登第取得功名，文天祥觉得这事挺蹊跷神秘，说：“亭之有功，斯文乃如此，非山川神物之灵，有以默相乎？”

文仪的家境虽属小康，一大家子用度，加上文仪乐善好施不计后路，年成不好时手头便吃紧，请老师也就成了很大的负担，以至夫人曾德慈变卖了自己的首饰以资学费。但终不能持久，请不起老师了，只好还由自己教。文仪把藏书都拿出来，作了一番梳理，设计了更为严谨合理的课程，指导文天祥兄弟“抉精剔华，钩索遐奥”，日夜不倦地在书中汲取营养。文仪还把读书做学问的警语写在纸上，贴满了门窗和墙壁，让孩子们抬头可触，时时得到鞭策和激励。

在严父的教育下，文天祥如饥似渴地从前人典籍中吸吮着中华民族博大精深的知识和智慧、美德和义理。他后来在《复汪安抚立信》的书

---

① 《文天祥全集》卷一《赠叶大明》。

② 《文天祥全集》卷十一《先君子革斋先生事实》。

信中写道："某少也驱驰，尝有意于事功，鸡鸣奋发，壮怀不已。"这种刻苦学习的志向，从他后来写的一首诗中也可感受到：

东家筑黄金，西家列珊瑚。
叹此草露晞，良时聊斯须。
古人重孜孜，殖学乃菑畬。
彼美不琢雕，椟中竟何如？
空同白云深，君子式其庐。
棐几照初阳，垂签动凉嘘。
方寸起岑楼，一勺生龙鱼。
辰乎曷来迟？竞诸复竞诸！[①]

金银财宝和珊瑚富贵，都像草露和好时光那样易逝，学习要像古人种田那样勤奋扎实，否则就是美玉也会毁弃在木匣里。方寸之木能起高楼，杯水之积可纵鱼龙，光阴似箭，要抓紧再抓紧呀！

文天祥天赋聪颖，加之刻苦，学业进展既快又扎实。父亲就专心教授文天祥，再放心地由他转教诸弟。

父亲文仪是个饱学之士，同时又是个践行修身的君子。

在文天祥的记忆里，有一件事对他影响很大。那一年，文仪正筹划盖房子，准备的木料堆在院墙边，都跟院墙一般高了，但就要动工时，突发瘟疫，一下子死了许多人，穷人死后无力安葬，只得露尸荒野，文仪见此情形十分伤感，说"吾可无居，人不可无殓"，于是请来木匠，把建房用的木料打成棺材，无偿送给这些穷人家办丧事。事后，文仪让

① 《文天祥全集》卷一《题钟圣举积学斋》。

文天祥读北宋人钱公辅写的《义田记》，文中说到春秋时齐国贤相晏子乘坐瘦马拉的破车，心中却惦着接济穷书生；还说到范仲淹购买“义田”，用以供养、救济全家族的人，使他们有饭吃，有衣穿，嫁娶丧葬都能得到助益。文仪说，《义田记》说得好，世上有许多地位显赫的人，拿着万钟俸禄，住豪宅，穿华服，尽享声色女乐，却不要说别人，就连同族的人，也不让进他家的门，任族人拿着壶瓢讨饭，饿死在沟中，他也不管。这些人都是罪人啊！做人不能这样，做人要像晏子和范文正公那样心怀仁义才行。

文仪的仁爱之举都是发自内心的，都是真诚的。旱涝病虫灾荒年景，他把自家所有的粮食都拿出来赈救饥民。有人临死前忧心遗孤无依，他就领养下来，并按承诺把遗孤照管成人。逢到科举大比之年，他倾其所有甚至借钱资助穷士子们赴考。他将田地租给佃农耕种，佃农却赖租不缴，按宋朝法律，是可以告官催租的，但他宁可让佃农赖账，也不忍告官。一些租用他家园圃、鱼池的人也起而效仿，也不肯交租，他也不与之计较。有人讥笑他太迂太窝囊，他释然道：“彼贫且殆，吾奈何捃之？”亲友向他借贷，借多还少也不在乎。有人私自拿他的资产外出经商，亏了本回来，他不仅不追究，反而终身给予接济。

在家中更是如此。文仪的亲生父母是文时习和梁氏，因叔父文时用无子嗣，就把他过继给叔父为子。对养父文时用、养母邹氏，他视为亲生父母，嘘寒问暖，日夜侍候。对文时用的继室刘氏也关怀备至，视为亲母，相处得和谐融洽。

文仪遂被称为“有德君子”，远近闻名。

父亲无论是在治学上，还是在做人上，都是当之无愧的老师。他的正直善良，潜移默化地流贯在文天祥的血脉里，滋养着他的性情。

学而优则仕。天下的莘莘学子，须经科举考试以求自奋之路。宋理宗宝祐元年（1253），文天祥十八岁这一年，参加了在庐陵县城举行的县学考试，以《中道狂涓，乡原如何》一文，一举夺得头名。

在此之前，他曾到距家一百多里的侯山学馆求学。随着学业增进，单靠在家里学是不够了，为了扩充知识，他与大弟文璧去到侯山的学校学习。就是在侯山求学时，他在山脚的红土坡上种下五株柏树，把其中的一株倒植，对一帮同学说出了那句雄心勃勃的话："吾异日大用，尽忠报国，此柏当生！"

也正是在这段时间，文天祥曾往游吉州乡校。当他到学宫乡贤祠，瞻仰供奉在那里的欧阳修、杨邦乂、胡铨等人的遗像时，顿觉热血沸腾，大声喊出了那一句将贯穿他一生的豪言壮语："殁不俎豆其间，非夫也！"[①]

欧阳修、杨邦乂、胡铨是什么人？"儿时爱读忠臣传"的文天祥再熟悉不过。他们都是庐陵的骄傲。欧阳修以风节自持，"论事切直，人视之如仇"。杨邦乂被金兵俘虏，拒绝诱降，以头触柱相抗，终被剖心而死。胡铨反对宋高宗向金朝求和，冒死乞斩秦桧，被以"狂妄凶悖"罪名押解昭州（广西平乐）管制。他们都是风骨凛然，一身正气的乡贤志士，死后皆谥"忠"，在他们的身上，熔铸着士大夫的人格境界。

文天祥在侯山学馆和吉州学宫乡贤祠说的这两段话，抒发了他的远大抱负，也表现出他刚烈不折的个性趋向。

如果父亲文仪在场，他一定会感到吃惊。

父亲的理想抱负，是像《义田记》里说的范仲淹那样，显贵后购买"义田"来供养救济全家族的人，并能达到宗族同居共财的规模次第。

---

① 《宋史》卷四一八《文天祥传》。

为此文仪曾感叹说："我得志，当仿此行之"，"使吾族吾亲吾乡人休休有余，至愿也。"[①]

文仪的性格也很温和。写文章从不用尖刻的字眼，文风温雅敦厚。平时总是意态从容，言谈含笑，满面春风。与人交谈，即使触及不平之事，仍是语气平和，情绪不为波动。有人做了亏心事，他也不批评揭发，更不向外张扬。即使对为非作歹的人，也总是以怀仁之心，友善对待，循循善诱地开导他们。

文天祥与父亲的理想抱负和个性取向差异这么明显，而且这种差异将越来越大，后来竟至到了各执一端可用水火之分来形容的地步。其中的原因何在？

虽说父亲也要求他写文章须有风骨，有正气，如见文章缺乏新意和骨气，便不高兴，"必维以法度"；虽说对天祥影响很深的外祖父曾珏胸怀坦荡，议论刚正，当面批评人不留情面；虽说天祥出生时，祖父梦见一小儿乘紫云而下又腾空而去，预示出他的天赋非同一般，家族因此对他寄予厚望……然而，这些就是原因的全部吗？

文天祥"长读圣贤之书"[②]，"儿时爱读忠臣传"[③]。于此是否应看到，除了家庭影响和生命密码固常易变的奥秘外，文天祥志向和性格的形成还得之于他读的书，还得之于他遇上的另一位老师——一个民族危机愈演愈烈的时代呢？

文天祥的远祖文时，是汉景帝时蜀君太守文翁的后裔，五代后唐庄宗同光三年（925），以武功授帐前指挥使轻车都尉，领兵打下洪州（江

① 《文天祥全集》卷十一《先君子革斋先生事实》。
② 《文天祥全集》卷七《谢丞相》。
③ 《文天祥全集》卷十四《指南后录·己卯十月一日至燕越五日罹狴犴有感而赋》。

西南昌），便在江西地方扎下了根。

文时的孙子文光大，由国子监上舍赋魁，授承事郎、郴州判官。文光大之子文彦纯，官任桂阳县令。文彦纯之子文卿登异科进士，官至吉州知州。文卿之子文蒙，博古知今，轻财重义。文蒙之子文炳然，热心教育，为人师表，曾与丞相周必大交游。文炳然之子文正中，有学不仕。文正中之子文利民，承袭祖风，“习先世儒业”不仕。文利民之子文安世，生有两子，文时习，文时用。长子文时习与妻子梁氏生有三子，文行、文仪、文信。次子文时用，“仁礼存心，仪型乡邑”，娶本里邹氏为妻，继娶刘氏，因无子息，就以兄长文时习的次子文仪过继为子。

到了宋理宗端平元年（1234），文仪娶泰和县的曾德慈为妻，两年后生长子文天祥。后又生文璧、文霆孙、文璋三子，并有文懿孙、文淑孙、文顺孙三女。

文天祥出生和成长的时代，正逢南宋王朝内忧外患危机重重的时代。

文天祥出生的前一年，即端平二年（1235），在北方呼伦贝尔草原上崛起的蒙古向南宋大举进攻，引发了蒙宋全面战争。到文天祥出生的这一年，蒙军攻陷成都，逼降秦（甘肃天水）、巩（甘肃陇西）等二十余州；另一路攻破郢州（湖北钟祥），逼襄阳守军反叛献城。襄阳历来是宋蒙争夺的军事重镇，它的失守，标志着南宋京湖沿边防线被突破，蒙军直压长江北岸，构成对南宋的严重威胁。

蒙古国是在草原各部落间的血腥杀伐中建立起来的。《蒙古秘史》这样描述那个铁血争锋昏天黑地的岁月：

> 星天旋转，诸国争战，连上床铺睡觉的工夫也没有，互相

争夺，虏掠。世界翻转，诸国攻伐，连进被窝睡觉的工夫也没有，互相争夺，杀伐。没有思考余暇，只有尽力行事。没有逃避地方，只有冲锋打仗。没有平安幸福，只有互相杀伐。

蒙古国成立后，又带着这股杀伐之气猛力向外扩张。开国大汗成吉思汗说：男子汉的最大乐事，莫过于压服乱众和战胜敌人，将他们斩草除根，而夺取一切。蒙古大汗和贵族把战争和掠夺当成毕生事业，驱策着剽悍顽强的草原铁骑，以“来如天坠，去如电逝”之势四面出击，南下攻金，灭西夏，后又灭金；东征高丽，后伏高丽；西征灭西辽，灭花剌子模，追击逃兵至印度，又翻过高加索山，进入顿河大肆抢掠；后又从伏尔加河杀到多瑙河，击溃阿尔部（保加利亚），横扫俄罗斯，攻占马札尔（匈牙利）、孛烈尔（波兰），兵锋抵至亚得里亚海滨。

同一时期，即从文天祥出生到他参加殿试的这二十年间，蒙军不断攻犯宋地，与宋军由西而东在四川、京湖和两淮三大战场持续展开激烈的鏖战。

铁蹄践踏之地，一片惨状。时人吴昌裔记录了川北沦陷时的情形：“昔之通都大邑，今为瓦砾之场；昔之沃壤奥区，今为膏血之野。青烟弥路，白骨成丘，哀恫贯心，疮痏满目。譬如人之一身，命脉垂绝，形神俱离，仅存一缕之气息而已。”[①]这也是任何沦陷之地都逃不脱的劫难。

文天祥进京考试这一年，蒙军已攻灭大理国，自云南“斡腹”攻宋的战略得以实现，正酝酿第二次倾全国之力的大规模侵宋。

反观南宋，理宗朝廷沿用祖上议和与苟安的国策，一味地守内虚

① 《历代名臣奏议》卷一〇〇《经国》。

外，对外消极防御，苟且偷安，对内压榨苛重，钳制将帅，造成贪腐成风，军力不逮，民众欲反的情势，内外交困面临全面爆发的危局。

时势造英雄，时势造文心。爱国士子的思想情感被抛入了战乱，他们对敌国的仇，对家国的爱，他们的民族自尊和独立思考品格，他们的赤子情怀和担当精神被激发了出来。他们反思、质疑、抨击国策、朝政和军事上的成败得失，在朝野形成舆论的力量。

当年联蒙灭金，继而从蒙军虎口夺得洛阳，是否是重蹈北宋联金灭辽的覆辙引火烧身，导致国无宁日的开端呢？而后朝廷又不思进取，一味奉行守内虚外战略，把议和作为苟安的法宝，是否又是导致错失战机，使蒙军得寸进尺扩张野心膨胀的原因呢？京湖制置使孟珙三次出兵奏捷，收复襄阳和樊城等重镇，上奏朝廷增兵固守，后攻克蒙军在河南的许多地盘，又上奏朝廷接受曾经叛蒙的北军将领归降，却均遭朝廷拒绝，以致孟珙抑郁而死，还有比这更匪夷所思的吗？还有姑息庸将，排挤良将，如四川安抚制置使余玠痛击蒙军，整顿吏治，扭转了残破局势，却被捏造罪名逼迫而死，死后更被抄没了家产，掘了坟墓。还有贪腐成风，以致无钱养兵，正如文天祥在《御试策一道》所指："自东海筑城而调淮兵以防海，则两淮之兵不足；自襄樊复归而并荆兵以城襄，则荆湖之兵不足。自腥气染于汉水，冤血溅于宝峰，而正军忠义空于死徙者过半，则川蜀之兵又不足。江淮之兵又抽而入蜀，又抽而实荆，则下流之兵愈不足矣。荆湖之兵又分而策应，分而镇抚，则上流之兵愈不足矣。"如此等等，大宋王朝何以落到如此不堪的地步？

人们反思、质疑，把矛头指向决策者，指向皇帝身边的奸臣佞官，指斥史弥远专权，史嵩之营私，董宋臣和丁大全乱政。

同时，人们呼唤道德高尚、胸怀天下、躬忠体国的义节之士。人们呼唤一身正气、秉承直道和正道的仁人君子，呼唤闪耀在先贤圣哲身上的民族魂魄和精神。供奉在庐陵学宫乡贤祠的欧阳修、杨邦乂和胡铨；后来在文天祥诗中反复出现的忠烈之士，如西汉时出使匈奴被扣，历十九年坚不屈服的苏武；三国时“鞠躬尽瘁，死而后已”的蜀汉丞相诸葛亮；东晋时击楫渡江，立志恢复中原的祖逖；唐代裂目碎牙死守睢阳，壮烈殉难的张巡；汉末穿布裙安贫讲学，决意不事敌君的管宁；还有痛骂叛将安禄山，因而被钩舌而死的常山太守颜杲卿；蜀郡宁断头不肯投降的将军严颜；以及刚正不阿直笔记史的晋国太史董狐、齐国太史兄弟……许多许多在史册中闪光的人物，都在被呼唤之列。

面对志士先贤，文天祥发誓说：“殁不俎豆其间，非夫也！”

国危时艰在这位自觉成长者的年轮里深深地刻下忧国忧民立志报国的情感和志向。

宝祐三年（1255），文天祥不到二十岁，与大弟文璧进入庐陵白鹭洲书院，为备考做最后的冲刺。

白鹭洲位于赣江江心，其名一说得自白鹭仙女和年轻渔人的爱情故事，一说得自李白诗“三山半落青天外，二水中分白鹭洲”名句。白鹭洲书院就建在东南洲头，其前有泮月池，升阶进入大门，有棂星门，有文宣王殿，进而可登云章阁，可登风月楼。登高举目，但见洲上竹木葱茏，环洲波涛汹涌，隔岸群山奔腾起伏，真是一个秘可探幽、开可涉远的好去处。

白鹭洲书院是由江万里于理宗淳祐元年（1241）创办的。江万里字子远，号古心，少时从父学《易》经，后专治程朱理学，肄业于白鹿洞书院，为朱熹门人林夔孙的弟子。宝庆二年（1226）以舍选登进士第，所作策论《郭子仪单骑见虎》，表达了对郭子仪的胆识和爱国情操的仰慕。他秉性耿直，刚正不阿，淳祐五年（1245）迁尚右兼侍讲时，与理宗谈论诸事得失，曾说："君子只知有是非，不知有利害。"他在出任吉州知州的次年创办了书院，广集图书，收授门徒，并曾亲自讲学。

文天祥在吉州的这所最高学府学习的时间不长，不到一年，但在他的成长中却是加钢淬火的关键阶段。

文天祥到白鹭洲书院学习时，书院的山长（主讲人）是庐陵名儒欧阳守道。欧阳守道字公权，初名巽，晚号巽斋。他是个什么样的人，从他与江万里第一次见面时的对话便可得知。淳祐元年（1241），欧阳守道登第进士，受到知州江万里的接见。也许是听说欧阳守道少时家贫，无师自学，品学皆超群，年不过三十便被称为乡郡儒宗，江万里便故意要考考他。江万里问他：天下称吉州为"欧乡"，想来文忠公在此地后裔甚多，你欧阳守道是欧阳修的第几代子孙？欧阳守道不假思索地回答说：我不是他的后人，我祖上名位官职和所居所葬，都与文忠公搭不上。他还纠正江万里说，"欧乡"之称也不起于文忠公，早在南唐时，就已有此称。江万里由此看出欧阳守道是个有独立人格的才俊，便对他另眼相看。

白鹭洲书院的创办人和现任山长，他们的气质和气节，正是文天祥景仰和追求的。如果说文天祥从古代圣贤身上标定了内圣外王的人格理想，那么在往理想攀爬的山道上，他仰头看到了他们散发着体温的背影。

江万里创办书院是为传播理学，兴学化民，对学生进行爱国主义的气节教育，并提倡实学，提倡融会贯通经世致用。欧阳守道推进了江万里的治学理念，"求为有益于世用，而不为高谈虚语"，"先生之文，如水之有源，如木之有本，与人臣言依于忠，与人子言依于孝，不为蔓衍而支离”。[1]授课不但条理井然，见解深刻，而且灵活教学，常针对时政在师生间开展对话、讨论、讲座等教学活动，使学生了解国情世象，开阔胸襟和眼界。有时师生间的争论甚至很激烈，要是遇上别的学生，欧阳守道会生气，甚至一整天闷闷不乐，但对文天祥就不同了，就偏心眼了，哪怕是观点相左，争得面红耳赤，也毫不介意，反而愉快得哈哈大笑。文天祥非常珍惜这样的学习机会，上了一天课，晚上还要独自到僻静的风月楼去苦读，直到夜深，以致不知道怎么演绎出一个文天祥在风月楼“捉鬼”的故事。

白鹭洲书院自由讲习、议论时政，讲求实际、反对空疏的学风，对文天祥非常关键，不但使他得以深研经史，眼界大开，而且对他刚介正洁的操守的形成都意义重大。他在《御试策一道》中，能胸览乾坤纵横国家大事，肯定不是“从田间侧听舆论”所能获得的。白鹭洲书院自创办后，吉州各科第进士者群出，淳祐四年（1244）十九名，淳祐七年（1247）二十一名，淳祐十年（1250）二十五名，宝祐元年（1253）二十四名；这以后的宝祐四年（1256）三十九名。如此许多人才，“不于州学，则于书院”。白鹭洲书院对培养人才，发展当地教育功莫大焉，故与庐山的白鹿书院、铅山的鹅湖书院、南昌的豫章书院齐名，被称为江西四大书院。

在书院学习期间，文天祥与欧阳守道建立了深厚的情谊。文天祥后来在《祭欧阳巽斋》中写道：“先生爱某如子弟，某事先生如执经。”他默默地品嚼着欧阳守道的品性，用先生的品格滋养着自己。

其与人也，如和风之著物，如醇醴之醉人；及其义形于色，

① 《文天祥全集》卷十一《祭欧阳巽斋》。

如秋霜夏日，有不可犯之威。其为性也，如盘水之静，如佩玉之徐；及其赴人之急，如雷霆风雨，互发而交驰。其持身也，如履冰，如奉盈，如处子之自洁；及其为人也，发于诚心，摧山岳，沮金石，虽谤兴毁来，而不悔其所为。天子以为贤，缙绅以为善类，海内以为名儒，而学者以为师。[①]

后来两人长期来往。文天祥任景献太子府教授时，讲经彻章，深得理宗赞赏，获赐一只金碗。欧阳守道迫于生计，曾把金碗借去到质库（当铺）换钱，后赎回还给文天祥时，文天祥说自己眼下用不上，先生手头紧，不妨再拿去换钱用。

经过不到一年的深造，文天祥的学识、眼界和胸襟都上升到一个新的境界。文天祥清楚地意识到这一点，后来自称“青原白鹭书生”[②]，可见他为此而感到骄傲。

入白鹭洲书院学习这一年，正逢三年一次的乡试大比之年。凡赴京参加礼部主持的省试，都须先在州府的乡试中取为贡士。文天祥与大弟文璧一道参加了八月举行的乡试，放榜双双中举，录为贡士，获得了参加省试的资格。

兄弟俩同时中举，不仅是文氏家族的大喜事，也是地方上的荣耀，一时间贺客盈门。赴京省试前，知州李迪举亲自设宴为他们饯行。文天祥春风得意，赋诗感怀：

礼乐皇皇使者行，光华分似及乡英。

---

① 《文天祥全集》卷十一《祭欧阳巽斋》。

② 《文天祥全集》卷五《与中书祭酒知赣州翁丹山》。

贞元虎榜虽联捷，司隶龙门幸缀名。
二宋高科犹易事，两苏清节乃真荣。
囊书自负应如此，肯逊当年祢正平。

这首《次鹿鸣宴诗》，是收入《文天祥全集》中的第一首诗，也许也是他存世的第一首诗。他在诗中表达了在他心目中真正看重的是像苏轼和苏辙那样清高的节操，是像东汉名士祢衡那样才华出众、性格刚强、蔑视权贵的品质，表达了要做一个清正刚直的士子的志向。文天祥与大弟文璧刚于乡试中举，诗中却以自己和文璧比况当年同榜进士及第的北宋宰相宋庠、宋祁和苏轼、苏辙，并称考中进士并非难事，可见他对此去京城赴考的前景充满了自信。

虽然天祥、文璧兄弟双双中举，二弟霆孙的夭折却给文家投下了悲戚的阴影。霆孙病逝后，全家都十分悲痛，尤其是父亲，时常独自流泪，悒悒伤怀，累及了身体，天祥、文璧双双中举后也不见好转。文天祥和文璧便与父亲商量，决定让父亲一道去京城，一可随时侍奉，二可借游览山水，排遣父亲心中的郁结。

十二月十五日，父子三人从庐陵启程，取道信州（江西上饶）、江山等地前往临安。

此一去，又是一喜一悲。对文家来说，又发生了两件堪称惊天动地的大事。

第三章 大魁天下 扶丧故里

早在二百多年前，文天祥的同乡、唐宋八大家之一欧阳修就曾说，要说四方之所聚，百货之所交，物盛人众为一都会，而又能兼有山水之美以资富贵之娱者，惟金陵、钱塘。南宋建都一百二十余年后，临安人口已超百万，城内殿阁楼台林立，市肆坊巷喧嚣，商业发达，文化气息浓厚，其繁华程度更胜当年，加上现下参加殿试的数万士子及随从进京，又正逢端午佳节前后，京城更是热闹非凡。

参加了殿试，天祥本可以陪着父亲和文璧游览山水名胜，探访寺观祠庙，品尝风味小吃，更可去瓦舍观看民间的技艺表演，什么小唱、大曲、京词、耍令、吟叫、打硬、踢弄、相扑、傀儡、舞绾、说诨话、装秀才、划旱船、耍和尚等等，那里的节目可谓百戏杂陈，勾挠着人们的胃口。

然而父亲高烧持续不退，有时竟至昏迷，已经起不了身了。文天祥一边等着发榜，一边忙着请郎中，抓药，煎药，在客栈里尽心侍奉父亲。

殿试是五月初八，发榜唱名要到二十四日。中间这段时间，考官要阅批试卷，然后由主考官从中选取前十名，交宰执复审，最终由皇帝钦定高下。

自古说御试策对是君臣之间的第一次对话，盖因这是考评士子的学识水准，同时也往往是皇帝征求治世之策的一个渠道。南宋“兴文教，抑武事”，标榜皇帝与士大夫共治天下，理应格外重视这“第一次对话”。南宋的第一任皇帝似乎也做到了。绍兴二年（1132），赵构要求考生直抒胸臆，放胆建言，并提示考官说：“今次殿试，对策直言人擢在高等，谄佞者置之下等。”考生张九成果真在对策中无所畏避，直击高宗软肋——恐金、听谗、纵欲、重用宦官、忘却父兄之仇，可谓一针见血，却果真被擢为第一名。

然而朝廷从来就是两张皮，更多的时候，殿试于皇帝亲览更像是一个秀场，更像是为获取一个善于“纳谏”的虚名，考生也不傻，他们因此也多为揣摩人主意向，投其所好，以表忠诚，而力避“逆龙鳞”的言论，否则，结果就可能与考试目的相背驰。

殿试的这种流弊也败坏了士风。文天祥在他的《御试策一道》中就对这种日益败坏的士风进行了猛烈的抨击，指斥学子“心术既坏于未仕之前，则气节可想于既仕之后”。入仕前只为追名逐利而学，入仕后只知道投机钻营，这些人于国于民何利？文天祥的质疑何其尖锐！可考生的命运掌握在考官手里，考官则唯皇帝的鼻息是瞻，当今理宗赵昀已不是当年的高宗赵构了，从他宠用的都是些什么人，就可看出他的好恶。文天祥在试卷中对不良学风好一通猛批，加之揭露抨击当今朝政的激烈言辞，还指望能有好果子吃吗？

幸运的是，文天祥遇到的这届主考官是王应麟。

王应麟，字伯厚，号深宁居士，九岁通六经，淳祐元年（1241）举进士。居官期间，敢于针砭时弊，建言直谏，有直声之美名。后见权臣阻斥，无可建树，遂辞官潜心于学术，著有《困学纪闻》等六百多卷，后世相传千古第一童蒙读物《三字经》，就出自他手。他在中进士时曾说："今之事举子业者，沽名誉，得则一切委弃，制度典故漫不省，非国家所望于通儒。"后又指出，南宋大病有三：一是民穷，二是兵弱，三是财匮，归根是士大夫无耻。可见他与文天祥秉性相通，志趣相投。

文天祥的卷子到了王应麟手里，他见这篇洋洋万言策对主题峻拔，论道透彻，大气磅礴，文采飞扬，更难得的是充溢、偾张着士子的血性，挺立着士子的坚骨，便不由得叫好。他当然会毫不犹豫地把文天祥的卷子列入前十，呈送给理宗皇帝。

然而真正出人意料的，是理宗竟也看好这封卷子，他非但没有拍死文天祥，还把他的卷子从第七名擢升为第一名！

要知道，当今的理宗皇帝已然是个沉溺享乐、喜狎佞人的昏君了。

那边是国门累卵，国库告罄，他这里却是荒淫无度，穷奢极欲。为博得宠妃阎氏的欢心，他不惜耗巨资为阎贵妃建功德寺，其规模之大，用料之贵，装饰之豪华令人瞠目，百姓恨极，有人在寺内法堂鼓上用大字书一联："净慈灵隐三天竺，不及阎妃两片皮。"一个阎贵妃却也不能满足色欲，后宫每年都要从民间挑选大量美女充作嫔妃。这也不够，还要召妓淫乐，名妓唐安安"歌色绝伦"，便被留于宫禁，她用的妆奁、酒具以至水盆、火箱都是用金银打制。理宗如此，他的宠臣董宋臣当然知道该怎么做，为满足理宗纵欲的需要，他卖力地将佑圣观建得富丽堂皇，还大兴土木建梅堂、芙蓉阁、香兰亭。理宗身边还有一个佞人丁大全，此人面呈蓝色，狠毒贪残，靠走阎贵妃和董宋臣的路子得宠。还有一个马天骥，此人在理宗的女儿结婚时，献上罗细柳箱百只，镀金银锁百具，锦衲百条，内放一百万贯的楮币，从此官运亨通。

“天下之患三：曰宦者，外戚，小人。”正如监察御史洪天赐说的，董宋臣、丁大全、马天骥依附阎贵妃，弄权乱政，脏浊纪纲，加剧了朝政黑暗，士风败坏。刚任右相的董槐是个直臣，一向坚决主张抗击蒙军的侵扰，几年前四川守军接连打败仗，他曾请缨主持四川军事。甫任右相他就直谏，说现今害政者有三：一是皇亲国戚不奉法，二是执法大吏久于其官擅威福，三是京城司不检士，将帅不约束部下，任其胡作非为，要求除去三害，其矛头直指阎贵妃、董宋臣之流。这几个人对董槐既惧又恨。丁大全以自己是台臣之便，寻机诬陷弹劾董槐，就在文天祥参加殿试后一个月，任相不到一年的董槐就被罢免。但诏书还没下，丁大全便迫不及待地在半夜调兵围住董府，把他劫持上轿，骗他说要把他抬到大理寺去，出了北门却扔下他一哄而散。有人写下“空使蜀人思董永，恨无汉剑斩丁公”的诗句发泄不满，还有人怒不可遏地在宫门上写下“阎马丁当[①]，国势将亡”八个大字。理宗对这一切却置之不理，任由这些人为自己的享乐奔走效劳。

就是这么个宁信奸佞不用贤臣的昏君，为什么会把有违“勿激勿泛”、通篇带刺的文天祥的卷子从第七名擢升为第一名呢？

要说是理宗装，以博取一个“纳谏”的虚名笼络人心，那也太牵强了。

有人说这是因为考官原来提交的第一名更加有悖“勿激勿泛”，竟然直点董宋臣和丁大全的大名加以斥责，为理宗不容，因此理宗把他从第一名抑置为第二甲赐进士出身，而让文天祥顶替上去。但这也说不通，因为在文天祥前面还有五人，拿掉第一名，也轮不上文天祥顶替。

---

① “当”是南宋官话“董”的谐音。

还有一种说法，认为文天祥在卷中主张剿灭国内盗贼以除心腹之患，正合理宗的心意。文天祥在关于盗寇与边备一题中指出，蒙古军南侵是由国内农民起义引起的，蒙古军不是不可战胜，而内部盗贼与蒙古军勾结乃是问题的症结。他于是献言道："臣愿陛下将不息之心，求所以弭寇之道，则寇难一清，边备或于是而可宽矣。"

此说也难以站住脚，因为正如文天祥所说，"本朝以道立国，以儒立政"[①]，实行的是守内虚外的祖法，一向把内控作为头等大事，文天祥的主张并无新意。

至于理宗为何青睐文天祥的卷子，还有一个似乎合理的解释，说是因为文天祥在策对中大谈理学，而确立程朱理学的独尊地位，把理学定为官学正统，正是理宗的功劳。

理学是在南宋儒学各派互争雄长中形成的新儒学，它的成长也历经坎坷。宁宗时的权臣韩侂胄结党营私，骄奢淫逸，受到朱熹的抨击，就把理学打成伪学，史称"庆元党禁"。史弥远开始也崇理学，但他逼死济王赵竑后，遭到理学家们的弹劾，便也反身排挤打压理学家。到了理宗，他独尊理学，跟他的身世经历有关。理宗本是赵宋宗室的远族，出身低微，他是通过史弥远为自身利益搞的政治阴谋登上皇位的，上台后又借湖州事变逼死了原皇位继承人赵竑。在上台前，理宗就师从郑清之学习程朱理学，亲政后为了稳固统治，在治国上有所作为，也为了争取士大夫的理解支持，瓦解对他的非议和反抗，又请大儒真德秀兼侍读，把"毋不敬，思无邪"作为座右铭用金字写在选德殿的柱子上，同时在全国大倡理学，并于淳祐元年（1241）下诏确立理学为道统。可以说，理学是理宗的精神支柱和统治法宝。

---

① 《文天祥全集》卷三《己未上皇帝书》。

文天祥是江万里的再传弟子，在策对中确也深得理学要义，对理学有深刻的阐述和发挥，诸如“所谓道者，一不息而已矣。道之隐于浑沦，藏于未雕未琢之天。当是时，无极太极之体也”；诸如“茫茫堪舆，块圠无垠，浑浑元气，变化无端，人心仁义礼智之性未赋也，人心刚柔善恶之气未禀也。当是时，未有人心，先有五行；未有五行，先有阴阳；未有阴阳，先有无极太极；未有无极太极，则太虚无形，冲漠无朕，而先有此道”；诸如“言不息之理者，莫如大易，莫如中庸。大易之道，至于乾道变化，各正性命，保合太和，而圣人之论法天，乃归之自强不息”……凡此无不得之于气一元论自然观、朴素的辩证宇宙观等理学精要。

但要说文天祥是因大谈理学而被理宗擢升的，却显得勉强。难道别的考生能不谈理学吗？难道考官们的眼光都还不如一个理宗皇帝吗？自理学被钦定为道统，科考经义或策论，遂都以朱熹和二程的说教为圭臬，成为士子们的敲门砖，而考官也均被理学门人把持，本届主考官王应麟就是以经入仕的名儒，他们评定试卷还能有别的标准吗？

也许，上述原因都起到了一定的作用。

那么还有什么别的原因能使理宗赏识文天祥的卷子呢？

笔者认为，此事有必然性，或也有偶然性。一个重要原因，恐怕要来自文天祥扣住了试题中“夫‘不息则久，久则征’，今胡为而未征欤”的策问，以法天地之不息为主题，博学而深刻地畅发了不断奋发有为、改革新政、以图振兴的施政观。

而今昏庸怠政、贪图享乐的理宗，当看到文天祥的卷子，会不会恍若回到他意气风发、改革图新的当年了呢？开初，史弥远把他从一个村童推上了皇座，无奈做了十年傀儡，绍定六年（1233）史弥远病死，才始得亲政。这时他正值而立之年，被压抑多年的能量爆发了出来。他改次年为端平元年，每日与大臣论道经邦，“中书之务不问巨细，内而庶政，外而边防，从委轇輵，尽归庙堂。无一事区处不关于念虑，无一纸之申明不经于裁决”①。他以“如欲平治天下，当今之世，舍我其谁”的雄心，在政治上起用理学名士和正直大臣，经济上整顿楮币和盐业，思想文化上崇倡理学，军事上选拔良将、练兵造船、加强四川和京湖防务，全面推行史称“端平更化”的变革，并取得了值得夸口的成效。

但凡一个有过梦想的人，一个曾为梦想奋斗过的人，到了梦逝之年，他的情思免不了要在梦想和现实之间摆荡，在朝气蓬勃的当年和黄昏暗淡的今日之间摆荡，宿命感不知何时便会猝然抓住他，曾经的热血风华和激情岁月不知何时会抓住他，让他在旧梦中沉溺迷失。堕落了的、失去了锐气的理宗，当看到文天祥的试卷时，他的旧梦是否在那一刻被“法天地之不息”的火焰照亮了呢？他情感的钟摆是否在那一刻定格在那激情燃烧的浪漫年代了呢？是否就在那一刻，他触到了文天祥一颗殷切赤诚之心了呢？是否就在这一刻，他大笔一挥，把文天祥的卷子由第七名擢升为头名状元，惠幸于他，或是把他推向不幸了呢？

这是我的个人看法，可以商讨。

果真如此，文天祥的锐意进取精神在所有考生中当是最为出类拔萃的。

侍从皇帝阅卷的王应麟，见理宗皇帝把文天祥的卷子从第七名擢升为第一名，立即趋前参贺：“是卷古谊若龟鉴，忠肝如铁石，臣敢为得人贺！”②

五月二十四日，皇帝临轩唱名的日子到来了。

① 《蒙斋集》卷五《右史直前奏事第二札》。

② 《宋史》卷四一八《文天祥传》。

等待唱名的这十多天里，整个临安都笼罩在端午佳节的气氛里，城内外家家插菖蒲、石榴、蜀葵、栀子花之类，市肆坊巷到处是卖粽子和各色美食的摊子亭子车子，寺观祠庙善男信女如织。西湖景区更是热闹，尤其是举行龙舟比赛，岸边和游船上的看客忘情地助威呐喊，一派对时行乐的太平盛世气象，外敌大军压境的危情早已被抛到了九霄云外。文天祥后来写了一首《端午感兴》的诗："流棹西来恨未销，鱼龙寂寞暗风潮。楚人犹自贪儿戏，江上年年夺锦标。"将自己的心情与此类气氛做了鲜明的对比。

这段时光对文天祥来说实在是一段晦暗的日子，不说国忧伤怀，单是父亲日见加重的沉疴就让他食不甘味无心旁顾。

唱名这一天，文天祥给父亲喂过了药，来到东华门。

两日前发榜时，榜上有名的新进士们曾被领到净慈寺，排练了觐见皇帝的礼仪。今天各人先领一张上有红印钤的"入集英殿试讫"凭证，然后由殿直引入集英殿，列队站好。

当理宗皇帝头戴通天冠、身穿绛纱龙袍登上玉墀，隆重的唱名开场了。

宰执先进前三名卷子，分别点读于御案前，然后拆号，报上新进士的姓名。

理宗此前也不知道前三名考生的姓名，当听到他亲擢的状元叫文天祥，不由微微一顿，要过卷子看了一眼，许是颇感吉利，顿时大悦，说："此天之祥，乃宋之瑞也！"

文天祥原名云孙，字天祥，考贡士时便以天祥自名，改字履善。皇帝金口这么一开，友人后又以"宋瑞"为字称呼他。

卷子随即传到阶下，几名卫士遂齐声呼唱文天祥的姓名。

文天祥按照礼制，等到呼唱三四声后，方从人众中走出应答。卫士过来把他领往御前，边走边问他的籍贯和父名。到得御前，文天祥躬身作礼，廷上问以籍贯、父名，由卫士代为应答。此时，想必皇帝已看清了这位新科状元的容貌。按《宋史》的描述，文天祥“体貌丰伟，美皙如玉，秀眉而长目，顾盼烨然”。文天祥这般仪表堂堂，想必皇帝心下又是一喜。

第一甲共取二十一名。一甲唱名毕，分列三班，头名单独为一班，第二、三名为一班，四名之后为一班。接着第二甲唱名。唱毕，皇帝就退朝了，唱名的仪式便告结束。余下的三甲不再唱名。

当科丙辰榜共有六百零一人中榜。同榜登科的人彼此称同年，文天祥的同年中另有两位孤忠劲节的人物，一位是比文天祥大十岁的谢枋得，即原来的第一名，因在试卷中直击董宋臣和丁大全，被下置为二甲第一名。此人性好直言，以忠义自任，与人谈论古今治乱国家大事，必掀髯抵几，跳跃自奋。南宋末年知信州，拼死抵抗元军，城陷后遁迹福建乡野，时常穿麻衣向东痛哭，后被元朝“访求遗才”强行送往北方，不屈绝食而死。另一位是与文天祥同庚的陆秀夫，二甲第二十七名，此人稳重干练，铁骨铮铮，在抗元名将李庭芝府中任职时，大敌当前，李府分崩离析，唯独陆秀夫临难不惧，誓死抗战。祥兴二年（1279），宋军与元军在厓山海上大战溃败，任左相的陆秀夫怕受国辱，毅然背起幼帝赵昺跳海殉难。文天祥的《集杜诗①》有记，“炯炯一心在，天水相与永”，极赞他的耿耿忠心。

唱名仪式结束后，朝廷按照甲第名次，赐予进士及第、进士出身、同进士出身，发放敕牒，并赐袍笏、御馔。

殿内仪式演毕，接着是光耀无比的游街。新科进士们皆绿袍丝鞭，

① 集句诗，即杂集古句而成新诗。集杜诗是文天祥用此法专集杜甫的诗句，并赋予这种原为文字游戏的创作形式以独特的艺术价值。

披红戴花，骑上高头大马，在侍从和杂沓的黄旗簇拥下，出皇城的东门东华门，经由繁华的商业街，前往状元局。盛大的游街队伍所经之处，两旁观者如云，喝彩声不绝于耳，时见豪家贵邸为凑热闹、沾喜气，在门前披红挂彩搭建起的牌楼。

文天祥披红戴花，骑马走在队伍最前面，仪表堂堂，意气风发。

金榜题名时，这可是千年难得一遇的大荣耀。宋人说人生有四大快事：久旱逢甘霖，他乡遇故知，洞房花烛夜，金榜题名时。全国有多少士子，从乡试、省试到殿试，能闯关登第的幸运儿又有几人？为能金榜题名，多少人青灯熬瘦骨，多少人痴傻误终生，又有多少人倒在了荒野半途，潦倒悲苦不为人知。曾有人同考场纠缠了一辈子，年过七十犹不死心，进了考场却笔下枯涩，只写下“吾老矣，不能为字也，愿陛下万岁万岁万万岁”。就连朱熹的得意门生，一生著述甚多的大儒陈淳，也是屡试场屋不第，直到六十五岁才以特奏名中第的。

及第者飞黄腾达、踌躇满志；而落榜者前程暗淡、风雨洗面，真个是悲喜两重天。唐代诗人孟郊屡试不中，以诗遣闷：“一夕九起嗟，梦短不到家。再度长安陌，空将泪见花。”等到四十六岁终于考上进士，立马就变了，趾高气扬地赋诗曰：“昔日龌龊不足夸，今朝放荡思无涯。春风得意马蹄疾，一日看尽长安花。”

新科进士们一朝登上天子堂，成了时代宠儿，个个扬眉吐气。北宋士大夫尹洙曾说：“状元登第，虽将兵数千万，恢复幽蓟，逐强虏于穷漠，凯歌劳还，献捷太庙，其荣也不可及也。”状元登第，连大胜而归的大将军也不能与之相比，这是何等的殊荣？

走在游街队伍的最前面，刚刚二十一岁的文天祥无疑是兴奋的。但他后来写道：“自隋唐以来，世人尊异科第，若青云者，放之而为之辞。古之人，其身益高，其心益危，人以为瞻望不可企及，乃其忧责之始。”[①]他认为一个以天下为己任的士子，当金榜题名之时，在人们的仰视下更应谦虚谨慎，自内心承担起忧国忧民的重任。

到得状元局，进士们迅即被嘈杂的人群团团围住。官差忙着向新科进士们赠送钱物，配备差役；江湖术士们找到曾让自己算过命的进士，满口跑舌头自炫测算的能耐，要进士为他题诗签名，以抬高自家的身价；更多的是从家乡跟来或在京城的亲戚朋友师生同窗，忆往思今，七嘴八舌讲不尽赞誉庆贺的话，气氛甚是隆重热烈。这中间还有许多富豪显贵，宋有榜下择婿的风俗，他们乘机择婿来了，女孩儿也有跟了来，拉住中意的进士攀谈的。传说曾有老者中第，被媒人追逐得不胜惶恐，自嘲地调侃道："读尽诗书一百担，老来方得一青衫。媒人却问余年龄，四十年前三十三。"

文天祥的身边更是被围得个水泄不通，他又像参加殿试那天被挤出一身大汗，而他的内心也不平静。此前，在集英殿唱名毕，受赐袍笏和御馔后，他即向理宗进了一首谢恩诗：

于皇天子自乘龙，三十三年此道中。
悠远直参天地化，升平奚羡帝王功。
但坚圣志持常久，须使生民见泰通。
第一胪传新渥重，报恩唯有厉清忠。[②]

文天祥祈愿皇帝一如既往法天地之不息，坚志力行，造福国民。同时也抒发了自己尽忠报国的决心与豪情。达则兼济天下，光明的前程召唤着他施展才华，实现自己的远大抱负。而谁也不会想到，他从此也如

① 《文天祥全集》卷九《建昌军青云庄记》。
② 《文天祥全集》卷一《集英殿赐进士及第恭谢诗》。

一星烛火和一叶孤舟，将自己抛入狂风暗夜和大河日下的狂涛中，演绎出千古一人的悲壮故事。

文天祥正忙于应酬，忽有公人分开众人，把一人护持他跟前。

那人黑头土脸一把拉住文天祥，连声说：大人，不好了！令尊大人不妙了！

自从殿试前夕父亲文仪一病不起，文璧就充当了照顾父亲的主角，以至放弃了殿试。按说这也是父亲的抉择，知子莫如父，父亲太知道两个儿子的秉性和情志了，他叫天祥一人参加殿试，留下文璧照顾自己，他不知道，这也预示了两个儿子往后的命运。说是忠孝不能两全，从事实上看，后来文天祥为了国家颠沛流离家破人亡，不能说是尽了孝，而文璧侍母顾家，却为敌国所用，恰是没能尽忠，兄弟俩的归宿可谓大相径庭。这里有必要提一句，不少传本说文璧也参加了本届殿试，但没考上，是不确的。先有江万里在为文仪写的墓志铭里所载"（参加省试后）礼部具奏二子，天祥奉君命先对于广殿"；后有刘岳申在为文璧写的墓志铭里说："公与丞相俱学，俱贡，俱第。将入对，太师疾病，独留侍，丞相擢进士第一。至开庆己未，公始对。"文璧与哥哥同年录为奏名进士，参加殿试却是等到开庆元年（1259）。

在状元局得到父亲病危的消息，文天祥匆匆赶回客栈，只见昏迷中的父亲印堂发暗，牙关紧咬，连汤药也无法进食了。文璧告诉哥哥，就当他们游街的时候，便有几拨人跑来报喜，父亲听说他夺得状元，顿时容光焕发，在床上撑坐起来，要酒饮了一杯，兴奋地回忆起他们几兄弟自小学习的故事，又为霆孙夭亡伤心了一回，可到了下午就不行了，口齿含混不清，突然就昏死过去，请来郎中也无法救醒。文天祥试了试父亲烫手的额头，心生一种不祥之感，却又天地不应徒叹奈何，只能暗自神伤，想父亲对他兄弟几个的好，想父亲对乡亲邻里的仁，想父亲治学的辛勤与才情，也想来京城这一趟的苦乐与不测，想途经玉山时那位和尚的话，为不该让父亲跟来京城而自责不已。文天祥在父亲的床沿坐到天亮，胡思乱想了一夜。

一大早，文天祥即向朝廷请假，得准假三天。后几日，文天祥避开一切活动，专事侍奉汤药，探访名医，伺候父亲。其间来道贺的人络绎不绝，最恼人的是那些看相算命的术士，死磨硬缠甚至连唬带蒙地索要题诗签名，见说父亲病重，道巫又争要作法驱魔，文天祥不堪其扰，又不便动气发作，直弄得身心俱疲。父亲自病倒后，病情起起伏伏日趋恶化，这次接连几日昏睡不醒，直到二十八日才睁开眼睛。这是天祥中状元后，父亲与天祥第一次相见，光彩和精气神倏地回到父亲的脸上。天祥赶紧向父亲俯下身子。

父亲笑了，他自知大限到了，这是他们在人世间的最后一次相见了，便说："朝廷策士，擢汝为状头，天下人物可知矣。我死，汝惟尽心报国家。"

文天祥用力点头。

父亲看了一眼文璧，又看定文天祥，费力地说："度吾不能起此疾，汝兄弟勉之。"

听父亲这般说，文天祥立刻就想哭，先是捂住嘴哽噎，终是忍不住放声大哭起来。文璧也早已哭作一团。

当天夜里，即文天祥登第状元的第五天夜里，父亲文仪与世长辞。享年四十二岁。

在文天祥《纪年录·注》中有这样一个故事，说宝祐二年（1254），亦即前年，"公梦召至帝所。帝震怒，责其不孝，公哀诉，以臣实孝。帝曰：'人言卿不孝，卿言卿孝。'赐以金钱四，遣去。公出门，而震雷欲击之，自叹曰：'幸免不孝之罪，而又不免雷击。'惊觉，汗如雨。"天祥自认为"以臣实孝"，却又做旁责自己不孝的梦，可见他的孝之情结有多深，他对孝的标准有多高。由此也可体悟到，父亲去世对他的打击会有多大。

《论语·学而》曰："慎终追远，民德归厚矣。"新科状元的父亲病逝绝非小事，临安府迅疾将此消息上报朝廷，朝廷即派官吏前来治理丧事，同榜进士也纷纷送来礼金。

按礼制，登第后新科进士们还要参加一系列的活动，如去国子监拜谢至圣先师孔夫子，到礼部贡院出席皇帝所赐闻喜宴（鹿鸣宴），参加为全体新科进士举办的团拜会，还有立题名碑等等，名目繁多，要忙上一个多月。后来在六月二十九日的闻喜宴上，皇帝赐予新科进士们一首诗——《赐状元文天祥已下诗》，其中有句"诚为不息斯文著，治岂多端力在行"，"得贤功用真无敌，能为皇家立太平"，想必是对文天祥的谢恩诗及御试策的回应，但文天祥当时并不在场。

沉浸在悲痛中的文天祥顾不上这些了，于六月初一便离开临安，与弟文璧扶柩回家乡庐陵。

得知新科状元护送父亲灵柩路过，沿途多地官府和望族争送祭礼钱物，文天祥一概谢绝。

第四章 万言上书 击奸倡政

按照惯例，考中状元者要授予正九品京官丞事郎，差遣为签书某州（军）节度判官厅公事。三年后下一科进士发榜，再改授秘书省正字。文天祥回乡为父守丧三年，到开庆元年（1259）五月服孝期满，方由朝廷补授丞事郎、签书宁海军节度判官厅公事。弟文璧也于这一年考中进士，被授予迪功郎、临安府司户参军的官职，管理户籍和财务。

文天祥在官场上甫一亮相，就把自己推到了悬崖的边上。

九月，文天祥从家乡庐陵出发，由赣江乘船入鄱阳湖，出湖口入长江，经真州（江苏仪征）、京口（江苏镇江）前往临安赴任。

这是文天祥于当年第二次赴京。正月，文天祥曾陪着文璧到临安参加殿试，五月发榜后，兄弟俩先后被授官，因文天祥要求补行门谢礼后再赴任，便回乡等候廷旨。在京的那几个月，和此次进京后，他与弟文璧朝夕相处，下棋和诗，情意笃深，两年后文璧二十四岁生日时，还写诗感怀这一段岁月:“夏中与仲秋，兄弟客京华。椒柏同欢贺，萍蓬可叹嗟。”

陪文璧参加殿试期间，文天祥与同年及朝野友人多有交往，对守丧三年间的国政边情有了全面真切的了解。

在此期间，蒙军仗着西征纵横的霸气，于宝祐六年（1258）再度向南宋发起全线进攻。蒙军兵分三路，一路由号称“上帝之鞭”的蒙哥大汗亲自率领进攻四川，一路由宗王塔察儿率领进攻京湖，再一路命大将兀良合台自云南入广西北上。蒙哥计划以主力夺取四川，控制长江上游，继而顺江而下，与另两路大军在京湖会师，然后一举捣毁南宋的心脏——临安。

蒙哥率领的主力所向披靡，连克苦竹隘、长宁山城、青居山城，招降龙州、阆州大获城、运山城、大良山城等要地，自开庆元年（1259）二月起接连数月围攻宋军坚守的钓鱼城。而就在文天祥前往临安途中，忽必烈替代塔察儿统领的蒙军，正从黄州（湖北黄冈）沙武口突过长江天堑，对鄂州（湖北武昌）发起了攻势。

危急的边情重重地压在文天祥心上。从湖口驶入长江时，他站立船头，汹涌奔流的长江波涛，惊魂不定的南飞雁，庐山暮色，旷野上行人的疏落和驳杂野草，摄入眼帘的一切都使他感到疼痛和激愤，他不禁低吟长啸，赋诗一首：

长江几千里，万折必归东。
南浦惊新雁，庐山隔晚风。
人行荒树外，秋在断芜中。
何日洗兵马，车书四海同。[①]

① 《文天祥全集》卷一《题黄冈寺》。

诗的调子闪烁着凄冷的秋霜，却韧持着一种信念的力量：大江东去不可阻遏，收复河山必有来日。此诗名为《题黄冈寺次吴履斋韵》，和吴潜诗韵，也有向吴潜抒发的意思。吴潜号履斋，是宁宗嘉定十年（1217）的科考状元，曾任理宗的右丞相兼枢密使，干了一年便罢相。父亲文仪安葬时，文天祥曾请他为父亲的墓铭篆盖，两人素有交情。吴潜刚直不阿，忠义爱国，早在与丞相史弥远论政事时便直言：治国的当务之急是“一格君心，二节奉给，三振恤都民，四用老成廉洁之人，五用良将以御外患，六革吏弊以新治道”。文天祥对他极为钦佩，视他为志同道合的忘年交。

长江历来被南宋视为抵御北兵的天险屏障，蒙军铁骑突破长江，烽烟滚滚，皇城朝野一片惊乱。而把持朝政的丁大全仍想隐瞒军情，把理宗蒙在鼓里。时任醴泉观使兼侍读的吴潜忍无可忍，向理宗具报前线实情，激愤地指出：“今鄂渚被兵，湖南扰动，推原祸根，良由近年奸臣士设为虚议，迷国误军，其祸一二年愈酷。附和逢迎，媕阿谄媚，积至于大不靖。”[1]他进而坦陈对朝政的强烈不满：“盖自近年公道晦蚀，私意横流，仁贤空虚，名节丧败，忠嘉绝响，谀佞成风，天怒而陛下不知，人怨而陛下不察，稔成兵戈之祸，积为宗社之忧。章监、高铸尝与丁大全同官，倾心附丽，躐跻要途。萧泰来等群小噂沓，国事日非，浸淫至于今日。陛下稍垂日月之明，勿使小人翕聚，以贻善类之祸。”奸臣当道，朝臣都忙于巴结攀附，把国家的安危早抛在了脑后，是国运日下的祸根，扭转此局面刻不容缓。

此时，理宗宠妃贾氏的兄弟、枢密使贾似道为把丁大全搞下去，趁

① 《宋史·吴潜传》。

机夺取大权，也将鄂州军情捅给了理宗。

丁大全为人险诈，贪财好色，为儿子聘妻，见其貌美竟攘为己有的丑事，理宗也听说过一耳朵，但没想到他竟敢糊弄自己，如此天大的边关危情竟也敢隐瞒不报。理宗知情后龙颜大怒，把蓝脸丞相丁大全罢免，同时下“罪己诏”安稳人心，任命贾似道为右丞相兼枢密使，督师援鄂，并再次起用吴潜出任左丞相兼枢密使。

本来文天祥对此次赴京城履职，是抱着有也可无也可的心态的。为亡父守孝三年，实则二十五个月即可除服，去年八月就有人劝他给丁大全写信求官，他只淡淡地说了一句，何必要急着做官呢？吉州知府也曾想出面代他申请，也被他谢绝。他曾对吉州通判陈卨说，自己自幼努力学习，参加科举考试，并非为了升官发财，只想切切实实为国家做些事情，自命“以孝悌忠信为实地，以功名富贵为飘风”[1]。在他看来，如今官场在丁大全这些人的把持下脏浊腐朽，如何能施展自己的抱负？弄不好反玷污了自身清名，还不如在家读书，求得个内心清静的好。

文天祥到达临安，得知吴潜再任左丞相兼枢密使，顿时喜出望外，情怀大开。他马上给吴潜写了一封贺信，信中说：“以进士为名臣，两朝倚重；以儒宗为宰相，四海具瞻。天启圣衷，国有生气。”丁大全这样的奸佞擅权多年，而今以你吴潜这样的人出掌枢要，让人顿生揭开乌云阴霾，见到青天白日的清新舒畅。文天祥以“瞻依有素，慕恋惟深”的感情写道：你吴潜“光大而直方”，人们“皆知其清明”，你上任“举海内望其风采”，“公卿大夫，交笏相庆；儿童走卒，举手欢呼。顾中外不谋同辞，在古今未始多见”。这与其说是恭维的溢美之辞，不如说是文天祥痛快地说出了内心的真实感受。

①《文天祥全集》卷七《上权郡陈通判卨谢解》。

恭贺之余，文天祥也提出了希望："今言路之不通，最为天下之大弊。缙绅以开口为讳事，城阙以游谈为危机。如人一家，情睽离而众侮起；如人四体，气壅底而百病生。多故之由，一类诸此。枰更子改，柁转舟移。惟从众谋，可以合天心；惟广忠益，可以布公道。尽解群疑众难之会，克有荣名成功之休，其惟我公，望在今日。"从众谋，广忠益，推行公道直道，开一代朝政新风，增强民族凝聚力，文天祥对此满怀热切的期待。

"喜当风云际会之秋，得囿天日照临之下"①,此时文天祥信心十足，跃跃欲试，补行了门谢礼，向皇帝上了《门谢表》,"自揆读书，非为平生温饱之计;愿言竭节，用副上心忠孝之期"②。表示要以自己的一贯志向和一己之力为国效劳。

尚未上任，文天祥便进入了角色，他针对抗击蒙军的时局，开始酝酿起草一份有关改革的奏疏，准备上奏给理宗皇帝。但就在即将上任的当口，文天祥又做了一件危及自身仕途，甚至身家性命的事。

忽必烈进击鄂州的消息传到京城，宋军匆忙组织义勇，招募新兵，在临安外围的要地增筑城堡。大祸将至的恐慌感蔓延朝野，宦官董宋臣一向专横跋扈，此时却胆小如鼠，他极力怂恿理宗迁都四明（浙江宁波），以避兵锋，说四明临海，一旦蒙军逼近可乘船避之，当年高宗皇帝就是从四明下海，避过金兀术追杀的。董宋臣的逃跑主张在朝中知情的大臣中遭到一片反对声。军器大监何子举对丞相吴潜说："若上行幸，则京师百万生灵，何所依赖？"御史朱貔孙也说："銮舆一动，则三边之将士瓦解，而四方之盗贼蜂起，必不可。"一旦迁都，百姓遭殃，军

① 《文天祥全集》卷七《谢吴丞相》。
② 《文天祥全集》卷四《门谢表》。

心瓦解。但谁都知道董宋臣是皇帝的心腹，虽是议论鼎沸，而皇帝却是木然不知，或充耳不闻。

按董宋臣的主张去做会是个什么后果，文天祥有自己的判断；董宋臣是个什么样的人，他也非常清楚，民间盛传的一个段子最能体现民意，“一日，内宴杂剧，一人专打锣，一人扑之曰：‘今日排档，不奏他乐，丁丁董董不已，何也？’曰：‘方今事皆于丁董，吾安得不丁董？’”[①] 董宋臣与丁大全是一路货色，是狼狈为奸的一对，人称“董阎罗”。文天祥也知道，董宋臣“一时声焰，真足动摇山岳，回天而驻日也”，要是公开反对他，尤其是到皇帝跟前同他理论会有一个什么下场，是明摆着的事。早有监察御史洪天赐要求罢免董宋臣，上奏说：现在上下穷苦，远近怨疾，唯独贵戚和大宦官得享富贵，举天下穷且怨，陛下能和这些人共天下吗？理宗非但不准，反倒罢抑了洪天赐。还有侍郎牟子才，他看到皇上召妓进宫，不敢直说皇上，便上疏道：这都是董宋臣在引诱陛下。并呈上一幅《高力士脱靴图》，以启上悟。董宋臣见之大怒，向理宗哭诉说：牟子才把陛下比作唐明皇，阎妃比杨贵妃，而把臣比作了高力士，他牟子才却以李白自居。理宗从此冷落了牟子才。

而文天祥更知道，现今外患压顶，国难深重，其最大内忧是奸邪当道，言路不通，不破此黑幕铁幕万事皆休，任何举措都成空话。

置内忧外患而罔顾，为士大夫的良知所不齿！

文天祥决心不顾个人仕途，甚至是被杀头的危险，奋而冒死一谏。正如他后来写给同僚吴西林的信中所说，自己不揣愚昧，放胆上书直谏，如果能有助于危在旦夕的宗社解难，自己得祸与否全可不计。

由于尚未就任所授官职，文天祥便以“敕赐进士及第”的身份，借

① 《西湖游览志余》第二卷。

奉诏献书的机会，向理宗上了一道奏章——《己未上皇帝书》。

此奏章也是一篇万字文。在奏章中，文天祥指出：皇上下了“罪己诏”，虽对弊政有所悔悟，但因未知病根而并没有掌握治理的良方。病根在哪里？就在于奸人当国，排挤能言直士，致陛下言路全被堵断。近几年中外怨叛，蒙军入侵，国家受害，追究其失，都是陛下的亲宠造成的。此人窃弄威权，累及圣德，凶焰威恶，蠹国害民，使陛下失民失土，贻宗社不测之忧，罪恶极大。若不是此人贪赃枉法，胡作非为，则奸佞丁大全就不能窃取相位，上下官衙就不会相互勾结搜空民财，正直的士大夫就不会被陷害加罪，民心必无变，宗社必无危，则朝廷清一，言路光明。

那么此邪恶之人何以如此嚣张呢？以至陛下何以不知民间疾苦，不知人心叛离，不知蒙军入侵的实情呢？文天祥指出：那都是因为他倚仗陛下的恩宠，一手遮天，蒙蔽天听，把陛下置于幽昧之中，“故颠倒宇宙，浊乱世界，而得已无忌惮，使陛下今日讼过于天地，负愧于祖宗，结怨于人民，受侮于夷狄”。

至当今国势艰危，人心不安，文天祥披肝沥胆地疾呼：“陛下为中国王，则当守中国；为百姓父母，则当卫百姓！”指出，凭着三江五湖不利于蒙古铁骑的险要地势，凭着六军百将接连挫敌斗志高涨的雄风，若“陛下卧薪以励其勤，斫案以奋其勇，天意悔祸，人心敌忾，寇逆死且在旦夕！”但即使是到了这个时候，这个人还想阻碍陛下抗敌意志，误导陛下迁都，如让其得逞，则“六师一动，变生无方，臣恐京畿为血为肉者，今已不可胜计矣！”

“小人误国之心，可胜诛哉？臣愚以为今日之事急矣！”小人是谁？奸邪是谁？写到此，文天祥再也遏制不住满腔的激愤，直点其名击之：

不斩董宋臣以谢宗庙神灵，以解中外怨怒，以明陛下悔悟之实，则中书之政必有所挠而不得行，贤者之车必有所忌而不敢至！都人之异议，何从而消？敌人之心胆，何从而破？将士忠义之气，何自激昂？军民感泣之泪，何自奋发？祸难之来，未有卒平之日也！

文天祥力劝理宗为保国大计而割私爱，勉从公议，对董宋臣明正典刑，传首以告三军。说如此将天下震动，人心喜悦，将士思奋，虏寇骇退。文天祥引用诸葛亮《出师表》中的话作为理论依据："社稷安危之权，国家存亡之故，不在于境外侵迫之寇，而内之阴邪，常执其机牙。"据此反复强调处斩董宋臣的必要性。

如今天下之大弊，是言路不通，若除掉董宋臣，言路大开，其他事情就可为了。于此，文天祥为抗蒙的当务之急提出四点主张：

一是"简立法以立事"。文天祥认为：当前烽烟四起，国难当头，朝中议事必须摒弃等级森严的繁文缛节，实行"马上治"的战时体制。为此，他建议：其一，"莫若稍复古初，脱去边幅，于禁中择一去处，聚两府大臣，日与议军国大事"；其二，"宜仿唐谏官随宰相入阁故事，令给舍台谏从两府大臣，日入禁中聚议"；其三，"移尚书省六房隶之六部，如吏部得受丞相除授之旨而行省札，兵部得禀枢密调遣之命而发符移。其他事权，一仿诸此"。如此一可提高效率，二可集思广益。

二是"仿方镇以建守"。他认为今日地方抗敌力弱，在于宋初为防止唐末五代方镇割据擅权之祸，把兵权和财权全部收归中央所致。"今日之事，惟有略仿方镇遗规，分地立守，为可以纾祸。"他举江南西路军力布局为例，指出蒙军已攻入湖南腹心地区，江西诸州不能不改变现状，否则将被弃实击虚，逐县攻破。为此他建议：可在吉州、袁州（江西宜春）建立方镇，各辖几个州，选用知兵而有名望的人统领，许以财政和统兵之权，气势便可大增。江东和广东各地也可仿此而行。如能实现，旬月之间，天下必“雷动云合，响应影从，驱寇出境外，虽以得志中原可也，尚何惴惴宗社之忧哉”。

三是“就团结以抽兵”。若按现行方法征兵，“其分也散而不一，其合也多而不精”，徒有增兵之名，而无拒寇之实。文天祥建言：若以方镇统一征兵，每二十家抽一兵，每州以二十万户计算，就可得一万精兵，一镇有两三个州，就有兵两三万。东南各路都建立方镇，就能增兵十多万，州郡现存的粮食和财力也能保障供给。“为帅者，教习以致其精，鼓舞以出其锐。山川其便捷也，人情其稔熟也，出入死生其之相为命也，锋镝之交，貌相识而声相应也。如此兵者，一镇得二三万人，当凛凛然不下一敌国。”

四是“破资格以用人”。朝廷用人专重资格，而且“荐引之法，浸弊于私”，使“有才者以无资而不得迁，不肖者常以不碍资格法而至于大用”。为改变这种状况，他提出的办法是：“明诏有司，俾稍解绳墨，以进英豪于资格之外，重之以其任，而轻授以官，俟其有功，则渐加其官，而无易其位。”真正的人才破格以用，凡义甲和壮丁中的豪武特达之士，都可以选拔为将帅，甚至是“山岩之氓，市井之靡，刑余之流，盗贼之属”，但有一技之长，均可选来替国效力，并在实践中根据其功绩提高待遇。

这又是一篇近万言书，洋洋洒洒，雄健透辟，其中的每一句话，每一个字，都搏动着泣血忧国的赤诚之心。

文天祥深知自己人微言轻，为了能引起理宗重视，或奢望能让理宗有所采纳，也为了抑制董宋臣的报复，在呈上万言书后，即登门拜访了左丞相吴潜，力争求得他的支持。

文天祥对吴潜说，自己奉诏上书，冒死进言，是为了铲除朝政腐败的病根，若病根不除，国家真的是没有希望了。他知道自闯红线，自惹祸端，可能会招致的后果，说，今日之事急矣，说不定什么时候自己就会大祸临头，死于非命，但若能开朝政清明，虽九死而无悔。他恳求吴潜能秉持公道之心，给自己以大力支持。

让文天祥颇感失望的是，与往常不同，他讲了一大通，吴潜只是用同情和理解的眼光看着自己，苦笑，点头，或摇头，却始终沉默不语。

他哪里知道，此时吴潜心头正笼罩着重重的乌云。此前，他也曾像董宋臣一样力倡迁都，并因此遭到了皇上的猜忌。

呈上万言书后，文天祥就忧心忡忡地等待着理宗的裁决。

其结果是，理宗皇帝既没有采纳董宋臣的倡议迁都，也没有如文天祥所愿处斩董宋臣。

没有同意迁都，也并非是采纳文天祥的意见。相反，文天祥的主张，反倒被一些朝臣指斥为迂阔之论。如他们说，宋太祖当初为防止藩镇割据重演，把兵权和财权收归中央，这种情况到南宋已得到改变，自绍兴十一年（1141）高宗解除韩世忠、张俊和岳飞的兵权后，各地屯驻大军的兵权已握在各都统制手中，加上当地安抚使和制置使手中的兵权，地方军力规模已大为扩张。但他们仍没有正视南宋恪守以文制武的原则，从骨子里仍然对将帅严加防范，导致兵权掣肘，战斗力薄弱仍然是事实。

理宗之所以没有同意迁都，一是谢皇后也同意何子举、朱貔孙等诸大臣的劝谏，认为一旦迁都，将丧失军心民心，四方民乱蜂起，家国不保。此外还有一个重要原因：对左丞相吴潜的猜忌。

当理宗就蒙军进围鄂州问计于吴潜时，吴潜考虑到理宗的安全，回答说只有迁都暂避。理宗又问：那你怎么办？吴潜慷慨激昂地说：臣当死守临安御敌！岂料理宗为之一震，当即掉着眼泪诘问：难道卿家想做张邦昌吗？听得此话，吴潜顿感挨了一闷棍。张邦昌是何人？张邦昌是北宋靖康年间的少宰，汴京陷落时降金，被册封为伪楚帝，其名声比秦桧更臭，在南宋是人人唾骂的汉奸。理宗说他想做张邦昌，表明对他的高度不信任，更是对他的极大侮辱。

理宗如此疑心吴潜，是因为理宗无子，想立胞弟之子忠王赵禥为太子，吴潜不同意，密奏道："臣无弥远之才，忠王无陛下之福。"这句话深深刺痛了理宗借助史弥远篡夺皇位的心结，使他十分恼怒。丁大全的余党便趁机造谣说，吴潜不同意立忠王为太子，是企图为济王立嗣，然后立济王嗣子为太子。又因吴潜之弟吴渊为政严苛，有"蜈蚣"之号，便编造童谣四处散布，什么"大蜈蚣、小蜈蚣，尽是人间业毒虫。夤缘攀附有百尺，若使飞天能食龙"。这些话自然要传到理宗耳朵里。朝中质疑自己宗位的潜流一直没有停息，有人图谋篡位不是没有可能。想起吴潜八年前第一次任相时就与自己有隙，干了一年便被罢免，便心生再次将他罢免的念头。

理宗的冷酷无情令人心寒，吴潜再也无语。文天祥上门求援时他也只能苦笑。

至于董宋臣，沉溺于声色犬马的理宗皇帝是片刻也离不开的，朝中议论纷纷都不济事，岂能因你文天祥的一个奏章就能舍弃的？

文天祥冒死直谏，以期"万一陛下察臣之忠，行臣之言，以幸宗社，则臣与国家同享其休荣"，同时又说自己"干犯天诛，罪在不赦；且使幸赦之不诛，则左右之人，仇疾臣言，亦将不免"。就是说他并不幼稚，希望只在"万一"，罹祸却在"一万"，他是"事宁无成，而不敢隐忍以讳言；言宁不用，而不能观望以全身；身宁终废，而不欲玩愒以充位”，所以上奏后，就以“有仓促等死之虑，无毫发近名之心”[①]，等待着生死裁决。

但他既没有等来“万一”，也没有等来“一万”。理宗也并没有惩罚他。之所以这样，是因为前有宋祖宗不杀上谏士大夫的祖法，后有自己下“罪己诏”要求臣下上书直言。还有一个原因，即“理宗无君人之才，而犹有君人之度”[②]，有的时候，理宗也容得下批评，哪怕是言辞激烈的批评。

至于董宋臣，他从此对文天祥恨之入骨，必欲置文天祥于死地才解气，没有立即下手，实是要等待一个时机。

上奏没有结果，甚至连打击报复的反响都没有，让文天祥极度失望。什么宁海军节度判官厅公事，什么“第名前列者不十年而至公辅”，在如此昏聩的皇帝眼皮底下还能做什么事，在如此黑暗的官场上还能有什么前途？罢了，罢了！不如回家乡读圣贤书去。

就在文天祥弃官离开临安的当口，闰十一月，忽从前线传来鄂州解围的捷报。

这可是冰天雪地里的一声春雷，朝野顿时一片欢腾。理宗更是兴奋异常，即下诏改下一年为景定元年。

可悲南宋！殊不知鄂州解围一事中埋藏着贾似道编造的一个大骗局，这个骗局将成为蒙军手中一个加速南宋走向灭亡的重磅筹码。

---

① 《文天祥全集》卷五《谢江枢密万里》。

② 《宋论》卷一四《理宗》，中华书局 1998 年重印本。

第五章 始任京官 再击恶宦

文天祥弃任宁海军节度判官厅公事，回到家乡。不久，朝廷又改任他为镇南军（江西南昌县）节度判官厅公事，他仍不肯上任，而请求祠禄，朝廷遂命他主管建昌军（江西南城）仙都观。到了景定二年（1261）十月，又下旨召他入朝任秘书省正字，他上呈求免奏状，还是不肯就职。他给贾似道等宰执上书说，自己无晏殊的学问，杨亿的文章，范仲淹的声名，器之的气节，因此乞求奉祠，闭门修身养性，不敢恣望馆职。

这次朝廷没有允准，再下诏，文天祥再辞，仍未获准。无奈，文天祥只得接受了这个职务，但一直拖到第二年四月才赴京就任。

文天祥何以接二连三地辞官不就，是嫌这些官职无足轻重吗？

这些官是谈不上重要，签书节度判官厅公事原是五代军阀节度使的属官，宋朝承其官名，作为各州府的幕僚之一种，顶多算得上是知州或知府的助理；秘书省正字，则是负责校核典籍的从八品文官，整日埋首

之迟？语有云："居大名难。"又云："保晚节难。"尔其厚养而审发之，使舆论翕然，曰："朕所亲擢敢言之士，可！"[①]

诏令对文天祥备极赞扬，说他的言、事广为传扬，他并非徒有虚名的人，而是有胆识有抱负，不愧为皇帝亲擢的敢言直士。其后在任文天祥为殿试考官和左郎官的诏令中，也多有誉美之辞，如"尔以陡岵之故，稽登瀛之擢，一旦来归，如麟获泰畤，凤集阿阁"；如"夫风之积不厚，则其负大翼无力；若尔之植立不凡，非特以高科也"。然而这些言辞又不可谓不中肯，由此也可见出对文天祥人品才华的公认评价，以及对他人格志节的推崇。

诏令虽出自著名词人刘克庄之手，但须经贾似道授意或首肯。此时，贾似道已经把吴潜和董宋臣逐出朝廷，独揽了国政大权。文天祥遂在接到诏令后，给贾似道写了一封《上丞相》书。

在上书中，他辞正文切，不做一点阿谀奉承，其中还堂堂正正地阐发了一段用人观，他说，宰相肩负辅君之天职，用人是为了行天道，因此"用人者非私于其人，为人用者非私于其用。近臣之得所为主，皆所以事天也。此意不明，上之人操其公器大柄以自私，曰：'吾能以富贵人。'下之人失其灵龟，贸贸于势利之途而不知返。是以上不知以代天理物为职，而无复有以贵下贱之风；下不知以畏天悲人自任，而无复有比之自内之义。天地失位，人极不立。人物悖其性，往往由此者多矣"。这就很明确地向贾似道表明：用人者与被用者都不能图谋私利，更不能结党营私，所以你任用了我，即使是你提拔了我，我也不能成为你的私党，我只能秉公办事，"公尔忘私，国尔忘家，某之补报知遇，将有

① 《后村先生大全集》卷六十七《文天祥除正字》。

日也”。

文天祥写这段话，也是告诉贾似道：我来上任是有条件的，否则我仍会辞职不干。

这是贾似道万没想到的。当年反对丁大全获得“六君子”美称的太学生陈宜中等人，都在他的又打又拉下纷纷投靠了他，成了他的鹰犬，独你一个文天祥愚顽不化。贾似道吞下了这口气，也记下了这个仇。

既然上任了，就须践行公道直道，公平正义，正直无私，认认真真地去做事。

景定三年（1262）五月，文天祥到任秘书省正字仅一个月，适逢三年一次的殿试，被任为殿试覆考官。南宋殿试考官有初考官、覆考官、详定官、初考点检试卷官、覆考点可检试卷官、封弥官、誊录官、编排官、对读官、巡铺官等等，其中的初考官、覆考官和详定官三职，由中书向皇帝推荐以授。

殿试结束，初考官评卷后，把初录试卷送到了覆考官手里。文天祥认真详细地逐一复考，发现其中有一卷立论正直，文思有力，彻篇贯穿着忧国忧民的疼痛，但试卷中却有一字触犯了皇帝的字讳。按照常规，即使文章再好，此考生也不能录取，而且还可能会被治罪。文天祥让另两名覆考官看了试卷，赞其之优，也指出疵点，表示要代为争取。两考官皆惊讶其才华，赞同文天祥的意见。文天祥认定人才难得，便在送审详定官时，不惜冒着风险恳请从宽处理。结果御定录取进士甲第时，该考生被赐予进士出身。

让文天祥感到意外而又兴奋的是，当拆去卷头封弥，揭开姓名时，方知此考生竟是自己少时的老师王国望。王国望因此没有被埋没，后来官至从政郎、袁州军事推官。还须提一笔的是，这一科考上进士的还有庐陵人邓光荐，此人少负奇气，以诗名世，也曾就学于白鹭洲书院，后来成了与文天祥同甘共苦的密友。

当了一任考官，文天祥还发现童子科设得不合理。这一年，国子监选中童子十人参加中书复试，然后参加太常寺的考试，如考中可成为下科进士，未中还可再考，考中后便可待诏做官。童子科的应试年龄在十五岁以下，文天祥认为这违背选用和培养人才的规律，且小小年龄即有此特权，比之终身应试而不得乡荐的山林之士，实在也有失公平。于是写了一篇《壬戌章科小录序》，文中批评说："予谓童子，其所已学者，经也。经载道书也，童子向记其言语而已。而沉潜义理，变化气质，蕴之为德行，行之为事业，未之及也。童子而能自其所已学者，温而细绎，深加践履，希贤希圣，求之有余师。而其所未学者，徐徐而勤之，不为后也。"童子虽天资不凡，也只表现为能背书，而要学深学透，并转为修养和能力用于事业，这需要一个过程，况且学无止境，是急不得的。

另有礼部侍郎李伯玉同感，奏于廷上："人才贵于养，养不贵速成，请罢童子科，息奔竞，以保幼稚良心。"[①]诏从之，随之改掉了自宁宗嘉定十四年（1221）以来的这个定制。看来孩子过早地被赶上考场，在高压的环境中成长，自古就被认为是摧残童心的事。

从在考官任上办的这两件事，可看出文天祥做事以诚为本，力践知行合一，正如他说的："某他无能为役，至于守其本心，不与流俗为轩轾，以求上不负知己，下不负嵬琐之所存，则或可无愧作于此。"[②]他说的这个本心，就是他的思想信仰，价值观念，就是秉持公平正义、正直无私的公道直道。

此后，文天祥升任著作佐郎，掌管编修国史、历法，撰写祭祀祝

① 《续资治通鉴》卷一七八，宋度宗咸淳二年（1266）七月壬寅条。

② 《文天祥全集》卷六《贺签书枢密江端明古心书》。

辞，跟正字一样都是供职秘书省做案头工作。对于这样的差事，文天祥都是一丝不苟，不负人不负己扎扎实实地埋头工作。其间还曾兼职景献府教授，负责给太子教书，因传授四书五经有方，颇得理宗赞赏，难得地赐一只金碗作为奖励，并得到较快提升。此金碗就是前述后来借给欧阳守道典当换钱的那只。

景定四年（1263）二月，文天祥又兼任刑部郎官。由于社会矛盾和统治集团内部的斗争十分尖锐，讼状和法律纠纷众多，比之其他部门，刑部的事务最为繁重。又由于供职官吏徇私枉法，舞弊成风，自诩清流者都不屑一顾，像文天祥这样较真的人就更是忙得不可开交。他以诚为本，践行公道直道，整日“钩考裁决，昼夜精力不倦”，并与低层的胥吏泡在一起，深入调查和研究案情，“吏不能欺，慑服焉”[①]。他的清正和绩效，使那些油滑的胥吏也不得不服气，贪赃枉法的行径也有所收敛。

由于是以新科状元进京任职，文天祥身边自然聚了不少人，弟文璧也在临安府任司户，公务之余，他与弟、与馆阁学士等多有聚会，常与他们作诗酬唱。如《刘左司钱潘秘丞次韵》：

蓬壶日月四时春，金碧新来绚帝宸。
俎豆幸陪麟省隽，衣冠中有虎符新。
诗馀和气生谈麈，坐久风光入醉茵。
多谢兰台旧盟主，好归群玉领儒珍。

① 《文天祥全集》卷十七《纪年录》。

诗写得不失华丽，用事精巧，对偶工整，具有北宋西昆体的特征。再如《秘省再会次韵》："蓬莱春宴聚文星，多荷君恩锡百朋。四座衣冠陪贺监，一时梁栋盛吴兴。图书光动青藜杖，人物温如古玉升。好是木天新境界，萤窗容我种金灯。"其雍容华贵、富丽精腴让人惊叹。然而这些诗却显得内容空洞，感情苍白，一看便知是酬酢之作。

这段时间，写得最多的，应是给江湖人士的赠诗了。这是时风，但凡新科状元一出，马上就会有一大帮算命、测字、卜卦、相士、药贩和僧道等江湖人士趋之若鹜，办一封好纸登门求诗，目的是在状元身上打广告，抬高自己的身价。文天祥宅心仁厚，不厌其烦地尽量给予满足。他在给少时老师欧阳守道的信中写道："某寻常与术者，少所许可，而江湖之人，登门者日不绝。彼诚求饱暖于吾徒之一言，吾徒诚悯其衣食之皇皇，则来者必誉，是故不暇问其术之价何似也。"[1]正因为如此，这些诗多是不加斟酌的草率之篇。如《赠神目相士》：

道茂数遁甲，长房得役鬼。
风鉴麻衣仙，地理青乌子。
择术患不精，精义本无二。
奇哉梦笔生，熊鱼掩前氏。

要说与文友们和赠，虽少感情内容，却也注重诗歌技巧，给卖药人写的诗就连韵都不用押了，纯粹是应付，反正能满足对方的需求就行。再如给另一卖药人的诗《赠一壶天李日者》，其中有句"得钱且沽酒，日晚便罢卖"；给卜卦人的诗《赠萧巽斋》，说其"言言依忠孝，君平意

① 《文天祥全集》卷五《与前人》。

未失”，既如此，给人算卦就不用察言观色，“若卦有人买，不妨君卖直”。这就有戏谑的意味了。还如《赠镜湖相士》：“扬子江心水，铸成道人双瞳子。吾面碟子大，安用镜照二百里。”《赠月洲相士》：“月洲月眼阅人多，且道西州事若何。朱紫贵人皆好命，不知中有孔明吗？”不用把我的命吹得如何如何好，我知道你是高人呀。在戏谑调侃中，倒也反映出文天祥诙谐幽默的一面。

这里还有必要提一件事。《宋史》中说：“天祥性豪华，平生自奉甚厚，声伎满前。”一些传记和文章为所谓呈现一个真实的文天祥，对此说予以采信，并认为他的这种豪奢生活是在状元入仕的早期，大致就是这段时间开始。当然也不断有文章予以驳斥，说《宋史》是元人所撰，藏有贬诬文天祥的用心。

当时朝官俸禄优厚，社会上奢侈之风盛行，且表里不一的假道学泛滥，士子一旦入仕很容易被卷入豪奢的生活方式。但要说文天祥生活豪奢却不可信。一是其根据除此一句外再无资料或佐证；二是文天祥追求内圣外王的完美人格，并以一生的坎坷和苦难证明自己是个心口如一的人。事实是文天祥极重视操守的修行，他在给欧阳守道写的祭文中写道：“其持身也，如履冰，如奉盈，如处女之自洁……海内以为名儒，而学者以为师。”这是他的榜样，也是他自身修持的写照，因此他就像他在《纪年录》里说的：“予于山水之外，别无嗜好。衣服饮食，但取粗适，不求鲜美。于财利至轻，每有所入，随至随散。常叹世人，乍有权望，即外兴狱讼，务为兼并。登第之日，自矢之天，以为至戒。故平生无官府之交，无乡邻之怨。闲居独坐，意常超然。虽凝尘满室，若无所睹，其天性澹如也。”真实的文天祥应该是生性淡泊，生活俭朴的，以至就像刘岳申在《文丞相传》中说的，文天祥被捕后，元兵抄他家时见其家境清俭，不觉肃然起敬。

此处还可讲个故事。从文天祥家去庐陵县城途中的冷水坑，有一家旅店，店主胡翁做了个梦，梦中有龙蜕爪于店门外的巨石上。梦后当天，赴白鹭洲书院读书的文天祥路过此处，恰好在石头上坐下来换鞋。胡翁便上前请他吃饭，问长问短。文天祥见他过于殷勤，问其故，胡翁便告知以梦境，并说，先生他日必富贵，到时候但愿垂怜我家。文天祥只得点头应诺。从此，凡文天祥家人路过冷水坑，必在胡翁店中吃饭，逢年节胡翁夫妇去文家，文家总要送他们许多东西。十多年后的咸淳六年（1270），文天祥由知宁国府（安徽宣城）调任京官，返家途中带家眷又到胡翁店歇脚吃饭。胡翁见他做了大官，要他兑现承诺。文天祥让他在行李担中任选一担。胡翁就选了一担，打开一看，竟然全是扇子，顿显纳闷失望。文天祥见状说：这是外地土产，是乡里友人所送，你用不着，可另选一担。胡翁推托，就按扇价折钱送给了胡翁。胡翁为何纳闷失望？他大概以为知府大人的行李担中必是金银细软，却不想文天祥这般清廉。

时光过得说慢也慢，说快也快。自就职秘书省正字以来，一晃一年半过去了。在这段相对安定的日子里，文天祥的心里却不痛快。

有一次，一个自号金钩的相士来到位于糯米仓巷的秘书省馆所，扫了一眼在座的众馆职，说："末座一少年最不佳，官虽极穹，然当受极刑。"问他何出此言，他说此人"顶有卷发，此受刑之相，无得免者"①。金钩相士指的就是文天祥。不管他这么说的根据是什么，起码他从文天祥的身上捕捉到了某种气息。这种气息就是文天祥的不痛快。文天祥听得金钩相士的话也并不否认，还说自己曾十余次梦见无数的髑髅在自己

① 《癸辛杂识》。

的身前身后滚动。

在这一年多的时间里，虽说蒙军在鄂州等前线退兵后，边事还算平静，但官场的腐败和黑暗不能不让他堵心。他诚信刚介，处处以理想人格规约自己，眼中揉不得沙子，身边时时发生的龌龊事不会不激起他的义愤，不会不让他深感焦虑。而且，与他能真心交流的兄弟、尊长和友人相继离去，这让他陷入了深深的寂寞和孤独。

文天祥到朝中任职不足两月，弟弟文璧就离开了临安。文璧任临安府司户参军已满三年，按例应予调迁，经知临安府马光祖推荐，改任知瑞州新昌县。同在临安这段短暂的日子，兄弟俩得闲便在一起下棋和诗，谈天说地，游览山水名胜，心情十分愉快。临别时彼此恋恋不舍，彻夜长谈，文天祥写了一首《别弟赴新昌》相赠：

十载从游久，诸公讲切精。
天渊分理欲，内外一知行。
立政须规范，修身是法程。
对床小疏隔，恋恋弟兄情。

文天祥根据自己读书为官的心得，叮嘱文璧履新后，施政须存天理灭人欲，修身应知行合一，如此才能为官一任，造福一方。

在此之前，是江万里的离去。江万里是白鹭洲书院的创办人，欧阳守道的老师，文天祥素敬他学问宏博和正直的人品，自认是他的再传弟子。文天祥接到朝廷诏令时，江万里还在同签书枢密院事任上，文天祥还给他写了一封信，在信中讲了自己的志向，对国家的担忧，对朝政的失望，说自己的心事不与俗人言，对他说是出于对他的尊敬和信赖。文天祥以为来临安可多拜访他，岂料到临安上任时，他已早一步离开了临安。他因生性耿直，遇事敢于直言，时常触怒贾似道，这次也不知怎么得罪了贾似道，被罢免了同签书枢密院事的官职。

而后是左丞相吴潜的离去。文天祥反对迁都奏斩董宋臣那一年，吴潜因反对理宗立胞弟的儿子为太子，为理宗所怨恨。贾似道看准机会，想就此除掉吴潜，好独相专权，于是一边在理宗面前说吴潜坏话，一边指使侍御使沈炎和何梦然等人弹劾吴潜，说“忠王之立，人心所属，潜独不然”，诬陷吴潜“奸谋叵测”。这正中理宗下怀，遂将吴潜罢相，贬黜到循州（广东龙川）。贾似道听说吴潜到循州后带领百姓治水，受到拥戴，怕他东山再起，便指派武臣刘宗申到循州当知州，暗中加害吴潜。刘宗申去循州不久，吴潜突然死亡。吴潜死前似有预感，对人说：“吾将逝也，夜必雷风大作。”是夜果然电闪雷鸣，风雨交加。有人认为吴潜是被刘宗申毒死的。

文天祥上任时，吴潜已离开临安，而这次的离别却是阴阳之别，生死之别。想起当年乞斩董宋臣未得到吴潜支持，曾对他有过猜疑和误解，心中万分懊悔。得到凶信，文天祥恸从中来，作诗《挽湖守吴西林》致悼：

倾盖岁年晚，相知江海深。
春天思北树，夜雨话西林。
五岭生前梦，中原地下心。
英雄凋落尽，慷慨一沾襟。

想起与吴潜相交相知结下的深厚感情，想起平时对他的思念和谈论，想起他收复失地的愿望终成一梦带到了九泉之下，便不禁为只能徒呼英雄洒泪以祭而痛苦悲戚。

在朝廷的政治生活中，历来都存在着错综复杂的利害关系，矛盾冲突十分尖锐，相互斗争异常惨烈，这在末世朝代更是明显。在这种环境中，士大夫被挤压成了双重人格，或者趋炎附势，被腐朽的官场文化同化染黑；或者清正刚直，走到官场文化的对立面，而世路艰难，直者受祸，最后大多落到一个悲惨境地。

到京城任职后，文天祥耳闻目睹了吴潜和江万里被排挤，吴潜的支持者牟子才、刘应龙等人相继被逐出朝廷，与吴潜共同执政的饶虎臣、戴庆炣也被罢免，而得到升迁的都是些文天祥不屑之人，深感直官难做，直道难行。

文天祥对出来做官本来就犹豫不决，到临安任职后仍一直在做不做官之间纠结，听到吴潜暴死的凶信后，他自知无法混迹官场，再度萌生去意。

恰在此时，被贬出京的董宋臣又返回到了朝廷。

董宋臣当年是被贾似道逐出朝廷的。也唯有贾似道有这个能耐。

贾似道的父亲贾涉是宁宗时的重臣，于抵御金朝侵扰立过功劳。贾似道初因父荫得官，但使他真正发迹的却不是父亲，而是才色双绝的同父异母姐姐、理宗最宠的贾贵妃。他之所以深受理宗的器重，还有一个鲜为人知的秘密，早在端平三年（1236），理宗因饮糖霜水过量而患重病，官员汪之道趁机密谋让理宗当太上皇，实为退位。贾似道获知消息后密告其姐，贾贵妃赶紧转报理宗，理宗从速下手除掉了汪之道及其同党。贾似道助理宗解除了一场宫廷政变。

景定元年（1260）年初，鄂州解围，贾似道上表理宗：“诸路大捷，鄂围始解，江汉肃清，宗社危而复安，实万世无疆之休！”[①]理宗需要的

① 《宋史纪事本末》卷一〇二。

就是胜利，需要的就是他的家天下，需要的就是他的歌舞升平。他闻之大喜过望，慷慨犒赏守城将士，对“再造宋室江山”的贾似道更是奖颂备至，称他“为吾股肱之臣，任此旬宣之寄，隐然殄敌，奋不顾身，吾民赖以而更生，王室有同以再造”。其回朝时令文武百官轰轰烈烈出城郊迎，并晋升他为少师、卫国公。

贾似道权力欲极强，嫉妒心极重，登上相位后，凡是有可能妨碍他独揽朝政的人，无论是宰执、大将，还是外戚、宦官，他必欲排挤打击。他借鄂州之战赚足了资本，接着便大刀阔斧地做清洗工作。

当时丁大全和吴潜都被罢免驱逐，他眼中最大也是最难拔的钉子就是董宋臣。自丁大全被罢后，理宗对董宋臣更是百般宠用，百般庇护，对上书弹劾他的大臣不是置之不理，就是加以贬斥。这些大臣多是指斥董宋臣引妓入宫，败坏朝政之类，贾似道没那么傻，见吴潜主张迁都遭到理宗怀疑，董宋臣也怂恿迁都，便以此为突破口，一下子从政治上扼住了董宋臣的七寸，于景定元年（1260）四月顺利地把董宋臣逐出了宫廷。

然而，身边没有了董宋臣，理宗有太多的不顺心了。谁能像他一样为朕去禁苑赏荷花，一天之内就在那儿建起一座凉亭？冬天去赏梅，他在梅园建起一座亭子，当朕责备他劳民伤财，谁能像他那样得体地说是把荷亭移到了这里？谁又能帮朕找到唐安安那样的花中花，谁又能为朕欣赏花中花建造起那么富丽舒适的亭中亭？谁能像董宋臣那样体贴朕？理宗是太需要董宋臣了，当边警远趋缓，临安又沉迷于享乐的气氛中时，便于景定四年（1263）七月重召董宋臣入宫，任以内侍省押班，再做太监头子侍候自己，还委以主管景献府等一大堆职权。

文天祥正为吴潜之死去意徘徊，董宋臣此时又回来了，还主管景献府事，成了他的顶头上司，对他无疑是一个巨大的刺激。在他眼里，这个从头坏到脚的奸宦将使弊政百端的朝政彻底腐烂，将给国家社稷带来灭顶之灾。

忠奸不并立，水火不相容，想起三年多前上书乞斩此贼，文天祥不由得怒发冲冠，愤而再次上书弹劾。

这年是农历癸亥年，文天祥在他的这篇著名的《癸亥上皇帝书》中说：当年外侵起于内祸，而内祸起于董宋臣，此人“凶鸷残毒，不可向迩”，“倚恃权势，无所不至”，陛下不能因其小有才就用他，而应以汉唐宦官之祸作为镜鉴；不要信他的花言巧语，此人实在是心性残忍，京城老少皆以“董阎罗”呼之，“恐复用之后，势焰肆张，植根既深，传种既广，末流之祸，莫知所届”，伏望陛下“稍抑圣情，俯从公议”，收回成命。

文天祥表示自己决不与董宋臣同朝而立，这是没脸皮的事，但从国家利益着想，又不能不言而去。奏疏最后说：

> 蚍蜉撼木，自速齑粉，可谓愚甚。然臣方备位中朝，使其以厚禄糊口，坐取迁擢，岂不得计，而臣子所以事君正义为何？世道升降之大几，国家利害之大故，奈何坐而视之，噤不发一语，上负天子，下负所学，贻无穷羞？此臣所以不敢强颜以留，亦不敢诡辞以去，忘其婴鳞不测之危，以冀陛下万一听而信之。臣言得行，宗社之利也，臣之荣也。如臣之积忱，未足以仰动天听，坐受斧钺，九陨无悔！

士大夫以天下为己任，大是大非面前明知是“蚍蜉撼木，自速齑粉”，也不能坐视不管！

三年前乞斩董宋臣未被理会，这次也不要抱什么希望。事实也是如此，董宋臣此后再未离开理宗左右，直到死后，还被追封为节度使。

直如弦，死道边；曲如钩，反封侯。文天祥上奏后便打点行装，如无不测，就回庐陵老家。

贾似道却不想让文天祥弃官而去。他对文天祥两次弹劾自己的政敌大为振奋，认为文天祥有胆有识，可成为自己手中一颗有力的棋子。听说文天祥要走，他赶紧派人前来挽留，并在朝中斡旋，任命文天祥为瑞州（江西高安）的知州。

老谋深算的贾似道这回算是看走了眼。文天祥早晚要与他发生冲突，成为他眼中的一颗钉子。

第六章 知行州府 忤恶归隐

瑞州辖高安、新昌和上高三县，其名胜古迹颇负盛名，仅州府背后的碧落山上就有好几处，其碧落堂名声最大。碧落山原叫凤山，相传唐武德年间有凤凰飞集此山，故有“凤山飞翔”之说，山名正是因碧落堂落成而改，苏轼、苏辙、陆游等大诗人都曾慕名到此游历赋诗。再如位于城南街的三贤堂，为奉祀余靖、苏辙和杨万里而建，也名扬遐迩。然而，因三年前一支蒙古军到此杀戮焚掠，景定四年（1263）年末文天祥赴任时，城郭仍满目疮痍，这里的名胜古迹也十有九毁。

其民生凄苦可想而知。传说文天祥进城时，遇到一白发老汉在自家房上揭瓦，问之何故，回答说已三天无米下锅，只得卖瓦糊口。社会治安混乱无序，郡兵骄横成性，目无纲纪，不法之徒趁机敲诈勒索，州府门前的文告竟被涂上了牛屎，搞得民心惶惶。

士虽有学，而行为本。文天祥主张身体力行，言行一致，认为“君子之所以进者，无他，法天行而已矣。进者行之验，行者进之事。进百里者吉行三日，进千里者吉行一月。地有远行，无有不至，不至焉者不行也，非远罪也”[①]。当年向理宗建议“开公道之门”，“寿直道之脉”，而今正可践行自己的主张。

到任后，文天祥即行公道之法，抚以宽惠，镇以廉静，让人民休养生息，还从税赋等收入中提出一大笔钱款，创立便民库，供济贫和借贷之用，救天灾人祸之急。同时张布纲纪，行直道之政，严惩了一批罪大恶极的流氓恶棍，以打击邪恶势力，匡正社会秩序，为害一方的瑞州巡检刘虎便是一例。

文天祥三拳两脚打开了局面，得到了民众的信赖和拥戴。

古人云：“天下治乱观洛阳，洛阳盛衰观园亭。”文天祥深悟此理。更何况在他的心目中，园亭多承载着先贤的精神和气节，具有教化士民、重建生活信心的功能。诚如教育家、文天祥的恩师欧阳守道在碧落堂重建后所说：“新堂之不得不复，吾聊以还承平风物之旧，慰郡人俯仰之思。”所以当民心初定，社会既稳，文天祥就着手组织修复或重建毁于兵燹的名胜古迹。

第一个重头工程是重建碧落堂。此堂建于宋初，四周古木参天，景色迷人，留有诸多名流墨客的题记诗赋，“我壮喜学剑，十年客峨岷，毫发恐未尽，屠钓求隐沦”一诗，便是陆游的感发之作。这儿还是杨万里知瑞州时的故居，堂壁上也留有他的墨迹。杨万里性格坚强，主张抗金，与当年主战派首领张浚交情甚厚，他将书房取名“诚斋”就是缘于同张浚的一次交谈，后来被贬瑞州，也是因为张浚配享文庙秉直力争得罪了孝宗。文天祥夙敬杨万里的才华和风骨，把他视作理想人格的师表。碧落堂遭难后只剩残垣断壁，杨万里的墨迹也荡然无存。

---

① 《文天祥全集》卷十《题戴行可进学斋》。

景定五年（1264）九月初九重阳节，碧落堂重建竣工，恢复了当年的风采，其“下俯万山，一水穿城，南北岸万家鳞鳞楼台，皆可指数。诚斋先生杨文节公（杨万里）在郡日，诗为此堂赋者八章，其状烟云吞吐，晴阴变化，真若游汗漫而凌倒景”[①]！文天祥特意将杨万里《锦江尺牍》的手书复刻于堂中石上，并写专文以记其事。

为庆祝碧落堂再生，文天祥举办了一个小型的落成典礼，并当场朗诵了他的新作《题碧落堂》：

大厦新成燕雀欢，与君聊此共清闲。
地居一郡楼台上，人在半空烟雨间。
修复尽还今宇宙，伤感犹记旧江山。
近来又报秋风紧，颇觉忧时鬓欲斑。

诗人兴致勃勃登上楼台，饱览奇胜妙景，然而正如欧阳守道所说，“观图使人翛然以喜，观诗使人慨然以悲”，诗人的心在极目之外忧念着国家的命运。勿忘“秋风紧”啊，蒙军正在襄、樊一带活动，蒙古政治中心南移燕京，正伺机卷土重来；忧时“鬓欲斑”啊，外敌觊觎，朝政腐败，谁知新堂又会在哪一天化为灰烬呢？欧阳守道阐释道：“然悼心前事，安得使百万亿苍生尽免于堕巅崖、受苦卒，然后我处清高隔风雨之地位，再无戚然于中乎？予是以有感于君之诗。”

《题碧落堂》被认为是文天祥早期诗歌的代表作。

文天祥的诗作存世共八百三十余首，其中早期诗作二百四十多首，这些诗中题赠相士、谈命、太极数、银河数、丹士、道士的约五十首，

① 《高安县志》卷二二欧阳守道《碧落堂记》。

其他庆吊、送别、题赠等应酬之作约一百首，两项占去了五分之三。钱钟书先生曾指出，文天祥早期的这些作品可以说全部都是草率平庸之作。[①] 这与理学家们以崇道为本、轻视诗赋有关。文天祥也主张文章不能离忠信，诗歌“吟咏性情之正”，也是阐释义理的一个手段。而且，“累丸承蜩，戏之神者也；运斤成风，伎之神者也。文章一小伎，诗又小伎之游戏者”[②]。把写诗比作游戏中的小技能，这种以诗为戏的观念，加上日常生活中出于友善和同情的匆匆题咏、琐琐酬应，都非发自内心，就不能不影响到他早期诗歌的思想性和艺术性。

而《题碧落堂》却不然，这首诗是发乎内心的有为之作，其意境也非同一般。在诗中，文天祥以极具想象力的描写，把对楼台美景的感受和感时忧国的心情表达得淋漓尽致，以其巨大的反差冲击感染着读者，使读者加入了诗人忠肝义胆的感情激荡，并沉入炽烈而绵长的思绪。像这样抒情言志、将生命意识与国家命运水乳相融的佳作，在文天祥早期作品中也并不少见，如《山中感兴》、《生日和谢爱山长句》、《夜坐》等诗篇，都是血肉饱满、感情丰沛的疼痛之作，这与后来的正气凛然传诵千古的诗文，在精神上是一脉相承的。

文天祥主政修复的另一处重点项目是三贤堂。三贤之一余靖，因上疏为范仲淹申辩，庆历年间被贬谪瑞州；其二苏辙为营救其兄苏轼，于元丰年间被贬到瑞州；其三便是杨万里，也是因为在孝宗淳熙十五年（1188）上书皇帝触怒圣颜，被贬瑞州。瑞州把三位直官尊为三贤，建堂以纪念。文天祥十分敬重此三贤，为劫后三贤堂施以重建，并写了一篇《瑞州三贤堂记》，颂扬三贤，为三贤鸣不平，说他们“在瑞州之时，乃心罔不在王室”，借以镜照自己的心声。

---

① 《宋诗选注》。

② 《文天祥全集》卷十《跋肖敬夫诗稿》。

在瑞州仅短短的一年，文天祥便主持修复或重建了碧落堂、三贤堂、翠微亭、月朗堂、竹庵、秀春亭、松风亭、靖节祠等场所，以尊崇先贤，凝聚民众重建生活的意志和信心。其中靖节祠为新建，他去新昌县寻访陶渊明旧居遗址归来，即在碧落山上创建此祠，以奉祀这位坎坷不仕的大诗人的高渺文心和不为五斗米折腰的铮亮风骨。

文天祥注重建设、使用文化场所，目的在于教化士民，倡导君子进德修业。

为此他还亲自讲学。

讲学的场所是西涧书院。这儿原为纪念乡贤刘涣及其子刘恕、孙刘羲仲的“三刘祠”，创办书院后以刘涣的别号“西涧”命名。文天祥对三刘也敬重有加。刘涣刚正不阿，弃官隐居庐山；刘恕精于史学，曾协助司马光纂修《资治通鉴》。苏辙曾称赞父子二人“洁廉不挠，冰清而玉刚”。刘羲仲博览群书，发扬祖辈风节，也一直为人称颂。他们身上的闪光正合文天祥要讲的内容，在此讲学便获得了绝妙的气场。

文天祥选择释菜的时机，先领学生施行了祭祀乡贤的礼仪，接着就开讲。

其主题是针对当下士行不端的流弊，倡导“忠信进德，修辞立诚”。

所谓德，就是德行，业就是功业，进德修业就是进益道德，修营功业。文天祥指出：“夫所谓德者，忠信而已矣”，而“德业如形影，德是存诸中者，业是德之著于外者”，这一切却又落实到一个“诚”字，“天地间只一个诚字，更颠扑不碎”。①

接着，他揭露了那些高谈阔论、故弄玄虚的大言、浮言、游言、放言，指出这些并非出自本心的言论有害于忠信，痛斥了“心口相反，所

① 《文天祥全集》卷十一《西涧书院释菜讲义》。

言与所行如出二人”的伪君子。他最后指出：“至诚无息，不息则久，积之自然如此。”所谓“诚”，即“言行一致，表时相应”，“不欺诈，无矫伪”。“诚者道之极致”，“即《中庸》所谓诚者天之道”。主张只有不断修持诚的德行，才能成为君子乃至圣人。

瑞州战后社会秩序混乱，适逢假道学肆行，神头鬼面之论泛滥成灾，人与人之间互信丧失，文天祥抓住一个“诚”字，从倡导进德修业来重振淳朴民风，可说是抓到了点子上。而倡导不断秉诚修持，至诚无息，也体现了他高远的政治眼界和法天地不息的哲学观。

文天祥曾在给江万里的信中说：“某他无能为役，至于守其本心，不与流俗为轩轾，以求上不负知己，下不负嵬琐之所存，则或可无愧怍于此。”

一个“诚”字，也是他高品人格的底色和基石。

讲学之外，文天祥抓住一切机会弘扬传统文化和价值理想。

如有一位邹道士，有道术，用他的丹方治病效果颇佳，文天祥在给昭德观写的一篇序文中，拿此道士与“仙人”做了比较：“仙人之所以谓丹，求飞升也；高士之所以谓丹，求伐病也。仙人之心，狭于成己；高士之心，溥于济人。且夫兼人己为一致，合体用为一原，吾儒所以为吾儒也；重己而遗人，知体而忘用，异端之所以为异端也。高士非学吾儒者，而能以济人为心，噫，高士不贤于仙人欤？”[①] 文天祥借褒奖邹道士，宣扬了人己相兼、体用合一的儒家仁德。

再如有一次，文天祥专程去瑞州城西五十余里的坡山朱村（今属村前乡），参加一座叫垂裕堂的大祠堂的落成典礼。在典礼上，文天祥赠诗一首：

---

① 《文天祥全集》卷九《送隆兴邹道士序》。

造物含至理，诗书尚余泽。
德乃福之根，寻常为谁植?
济济多云仍，绳绳继清白。
麟凤玉为姿，芝兰秀方硕。
非福安有此，唯善斯乃德。
甘棠荫蔽芾，五袴歌洋溢。
身虽佐一郡，位不满其德。
天将裕斯后，益见光显赫。[①]

诗为心声，他劝人也律己，做人做官要像玉石和芝兰那样美洁，行善积德。诗中用了甘棠这个意象，典在召公。召公姓姬名奭，是西周初期的著名政治家，三公之一。他下乡时，就在田间地头办公，地方官吏要群众腾出房屋供他休息，烧茶备饭招待他，他说：“不劳一身，而劳百姓，不是仁政。”就坐在山野的甘棠梨树下休息，摘吃棠梨果子解渴，夸赞甘棠树浓荫郁葱，果实甜酸适口，百姓劳作累了，正可休息解渴，叮嘱要好好保护此树，不要砍了当柴烧。后人把这叫作甘棠遗爱，尊召公为天下廉吏之祖，作诗《甘棠》歌颂他问政阡陌、广施仁政、劳己爱民、为公不私的精神。可见文天祥在诗中更多的是抒发了自己的从政理想。

作为知州，文天祥日理万机，却不高高在上，也像召公那样深入地头田间，了解民间疾苦，据以处理政务。他也像杨万里那样住在碧落堂旁，并将住处题匾“野人庐”。野人即是白身、贫民，以贫民之心体恤

① 《坡山朱氏宗谱·题朱氏垂裕堂》。

民情，方可俭以奉身，正道直行。

他的另一首早期代表作《贫女吟四首》，即反映出了他对底层百姓的体恤和同情：

柴门寒自闭，不识赏花心。
春笋翠如玉，为人拈绣针。

竹扇掩红颜，辛苦纫白苧。
人间罗雪香，白苧汗如雨。

西风两鬓松，凉意吹伶俜。
百巧不救贫，误拜织女星。

巧梳手欲冰，小鞶为寒怯。
有时衿肘露，颇与雪争洁。[1]

一位贫家少女一年四季辛辛苦苦地刺绣缝纫，却在大雪纷飞的冬季临窗梳头时，因衣裳单薄破旧露出了手肘，这是何等让人心酸的画面。

文天祥知瑞州时，考虑到大弟文璧在瑞州治下的新昌县任知县，老家无人照顾，就把母亲和家室都接了过来。文天祥的妻子欧阳氏，出身书香门第，有人说她是欧阳守道的重孙女，又被指为误传。其父欧阳汉老曾于绍定四年（1231）和嘉熙元年（1237）两次参加科举考试，史称其孤忠大节。受家庭影响，欧阳氏知书达理，贤惠善良，后来在战乱

① 《文天祥全集》卷一《贫女吟四首》。

中跟着文天祥颠沛流离，绝无愠色，空坑之战时陷入元军之手，文天祥写诗抒怀："结发为妻子，仓皇避乱兵。生离与死别，回首泪纵横。"[①]可见夫妻感情深厚。十五岁的小弟文璋也跟着来到瑞州，自二弟霆孙病死后，文天祥疚痛不已，对小弟文璋呵护备至，曾把老同学聂吉甫请到家中给他授课。度宗咸淳元年（1265），根据文天祥享有恩荫及子的权利，因当时还没有儿子，便将文璋奏名朝廷，获得一个将仕郎的官衔。

文天祥初任地方官不满一年，遗爱在民，颂声不绝，景定五年（1264）十月，朝廷把他召回临安，授予礼部郎官。那篇出自马廷鸾手笔的诰词说："尔藻思清新，词华繁茂，业进素定，非徒托于高名；慷慨敢言，盖已观其初节。擢从郡最，登之郎闱。"[②]诰词充分肯定了文天祥的德行与功业。

可这个礼部郎官没有做成。一个月后，他还没上任，旋被改任江西提刑。

这期间发生了一件大事。就在十月二十六日，突然病倒的理宗皇帝驾崩了。皇太子赵禥继位，是为度宗，下诏改年号为咸淳元年（1265）。

文天祥的改任，表面看来似乎是由于新皇帝上台重新调整人事，但从以后发生的事情看，更像是由朝官放到地方的贬黜。甚至，任礼部郎官就是为了把他从瑞州支开，是有人从眼里摘沙子。

对新的任命，文天祥辞免不就。这从表面看来，也似乎是他在瑞州正干得顺风顺水，且刚安顿好母亲家室，但从后来的情况反推，却也更像是他感悟到了更多的内幕，表达了一种抵触的情绪。

朝廷不准请辞，新到诏书口气十分强硬。文天祥一直拖到第二年才

---

① 《文天祥全集》卷十六《集杜诗》。

② 马廷鸾：《碧梧玩芳集》、《文天祥除尚书礼部员外郎制》。

办好交割，到江西上任。

江西提刑即江南西路提点刑狱公事，掌管江西一路的狱讼及纠察不法等事。到职后，文天祥一如既往地践行公道直道，为政肃民清连出举措。时逢度宗即位，文天祥宣布大赦，“时大赦后，推广德意，全宥居多。惟平寇扶楮，稍振风采”[①]。同时支持纸币流通，成效初显。

然而就在此时，文天祥竟遭到台臣黄万石的弹劾，被罢了官。

台谏原为忠告皇上、纠弹官邪而设，后来被权臣控制，成了结党营私、排斥异己的手段。黄万石是什么人？此人是贾似道的亲信，是个品质卑劣的小人。由此可否看到黄万石身后有贾似道的影子？可否看到文天祥对贾似道的笼络不理不睬，遭到了忌恨？可否看到越是才华过人而不为己用者，潜在的威胁越大，贾似道必欲打击压制？

重要的是，黄万石弹劾文天祥不称职，从二月上任到四月罢官，只短短两个月，文天祥怎么不称职了？他究竟做错了什么？

是指平反与改判陈银匠一案吗？

文天祥上任第二天，就被一位举着状纸的白头老妇挡了轿。原来，临江（今江西清江县）城中金地坊有个姓陈的银匠，偶见有人背着一袋关子和会子（南宋发行的纸币），下意识地叹了一声：我们这样穷，就差这一包钱呀。不料第二天早上，携纸币者被发现死于慧力寺的后山中。捕司调查案情时，有个卖糕点的小贩举报了陈银匠说的话。陈银匠被屈打成招，判处死刑。这位白头老妇就是陈银匠的寡母，她对文天祥说，儿子死得冤枉，杀人凶手不是她儿子，杀人凶手姓李，住在府衙后街，劫得的纸币就藏在他家暗阁上的竹笼里。文天祥问她何以知情。她说是儿子托梦告诉她的。临刑前，陈银匠对她说，儿子不孝，不能给你

① 《文天祥全集》卷十七《纪年录》。

养老送终了，望能在我死的地方烧些纸钱，求土神把我领到杀人贼犯的家。老妇说，一个月后，儿子果然托梦把真凶告诉了她，并指出了隐藏赃物的地方。

文天祥当然不信托梦能灵验，但会不会有知情者出于正义感，出于对老妇的同情，把真相捅给了老妇，又不愿暴露身份，就同老妇一道编造了这个故事呢？文天祥马上亲自领着人侦查，果然在老妇指的地方起获了赃物。判陈银匠就凭他说过的一句话，现在有了真凭实据，文天祥据此对案子重新作了判决，判凶手李某死刑，为携带纸币人偿命。更为关键的是，判了推司及原捕人死刑，为陈银匠偿命，并由官府为老妇赡养送终。老妇闻之大哭，大呼青天，观者无不击掌动容。

此案中是否另有栽赃？文天祥疾恶如仇，杀了制造冤案、草菅人命的官吏，用法是否过于严厉？史书再无记载，黄万石也语焉不详。

但文天祥严刑峻法，推行公道直道，触犯了贪官污吏的利益，震动上下，搞得人人自危，从而遭到嫉恨，却是肯定的。

其实，也不是因为这一件事，而是因为你是这样一个人。你是这样一个人，不是这件事也会有别的事。也就是在这个当口，一些人有组织地搞了一册《龙溪友议》，印了一万多份，在江西、福建和广东等地到处散发，攻击文天祥违反礼制，不守孝道。

事情缘起文天祥的伯祖母梁夫人去世。梁夫人本是文天祥的亲祖母，但因父亲文仪过继给了叔父，梁夫人就成了文天祥的伯祖母。梁夫人在丈夫去世后又改嫁到了刘家。所以，梁夫人从血缘上讲，是文天祥的亲祖母，但从宗法关系上讲，却是伯祖母。因此她去世时，文天祥按宗法关系，视她为伯祖母，并尊重她改嫁的选择，按礼向朝廷申请承心制，也就是丧事相对从简，只服心丧，不穿丧服。这本是符合封建礼教的，但攻击者却不顾事实，抓住梁氏是他的亲祖母不放，说他隐瞒事实，不持重服，给他扣上了违礼、不孝的大帽子。这一罪名如坐实，足以在政治上置人死地，且不齿于士林。

这一招何其阴毒！你不是讲公道直道吗，不是讲纲常礼教吗，你不是正人君子吗？我就针锋相对，直击你的命门。

文天祥极为愤怒。他据理一一申辩，并要求朝廷主管礼仪的太常寺调研一番。他的老师欧阳守道和曾凤都为他打抱不平，著文对那伙人加以批驳，说明梁氏既已改嫁，死后持重服的只能是刘氏子孙，而文天祥只当承心制，痛斥那伙无赖援引古经不伦不类，存心“于无过中求有过”，但又告诫文天祥，此事“于世教人伦有关系，不可于流俗误方来”[①]。

欲加之罪，何患无辞。这完全是政敌式的攻击，无论有据无据明打暗算，无论是泼脏水扣屎盆子，均有杀伤力，均能造成伤害。虽说文天祥最终打赢了官司，却糟了他的心，对罢他的官起到了助纣为虐的作用。

咸淳元年（1265）四月被罢官，文天祥愤然回到家乡庐陵。

想起朝廷诰词评价自己“慷慨敢言，盖已观其初节”，这真是一个绝妙的讽刺！自己一腔热忱，法天地不息，想为民造福，想有所作为，想以一己之力在黑暗的政治生态中搏出一角清明，却被黑白颠倒遭此困厄，心中是万分不服。后来在第三次被逐出官场后，他在给太常博士朱埴的一封信中说，对于世道如此险恶，内心十分愤慨，几个月来自己的血肉之躯如立砧板之上，任人宰割，难道是自己得罪过什么人了吗？没有，只因刚介正洁，为他人不容，但自己不会屈服，这绝不会改变自己

① 《文天祥全集》卷十《答欧阳秘书承心制说》。

的本性。

说自己从来没得罪过什么人，就是已经意识到得罪了什么人了，不说别的，单是两次上万言书乞斩、乞罢董宋臣，就把朝廷里的佞官全得罪了。他深感仕途祸福难料，在给相命先生杨桂岩的诗中说："荣悴纷纷未可期，夕多未振已朝披。得刚难免于今世，行好须看有验时。萱昼堂前惟有母，槐阴庭下岂无儿。好官要做无难做，身后生前是两岐。"[①]当官刚直未必就有好报，要想身后留取清名就得准备身前遭祸。

归家隐居期间，忽发现离家门只几里远的一处山水十分幽美。这是富川上游的一处山水，这里"溪山泉石，四妙毕具。委曲周遭，可十余里。盖其景趣，兼盘谷环滁而有之。而其旷远缥缈，或谓南楼劣焉"[②]，这实在是一处修身养性、舔慰伤口的好去处。

文天祥便为它取名文山，想着把此处辟为内心的栖息地。

日日骑马来山中，归时明月长在地。
但愿山人一百年，一年三百余番醉。[③]

早上带着酒壶饭囊骑马进山，让身心沐浴着幽静美丽的风光，晚来踏月而归，日子过得好不惬意。

宇宙风烟阔，山林日月长。
开滩通燕尾，伐石割羊肠。

① 《文天祥全集》卷一《赠桂岩杨相士》。
② 《文天祥全集》卷五《与朱太博埴》。
③ 《文天祥全集》卷二《出山》。

盘谷堪居李，庐山偶姓康。
知名总闲事，一醉棹沧浪。[①]

文山能与之媲美的盘谷、庐山以及沧浪亭和环滁，都因名士著文或居住而名于世，文山本也无名，因自己的发现与开辟而命名，自己也以“文山”为号，醉游其间，真是天地开阔日月逍遥啊。

一笠一簑三钓矶，归来不费买山赀。
洞天福地深数里，石壁湍流清四时。
樵牧旧蹊今可马，鬼神天巧不容诗。
先生曾有空同约，那里江山未是奇。[②]

来吧，朱涣介老先生，一道来游文山吧，在这鬼斧神工的诗境中随着清澈的流水畅游四季美景，不是一种福分吗？来吧，老同学胡天牖，来吧，诸位亲朋好友乡邻同道，一道来这里吟诗下棋，赏花弄月，饮酒醉秋，观云听雨，尽享世外桃源的乐趣吧。

有人说这段时间文天祥倾向于道家的出世观念，说这最早是受到外祖父曾珏的影响。曾珏满腹经纶，不求仕进，却迷恋佛家和道家之学，敬奉天神竟不敢轻易言动，每月常有十五六日口不食肉，讲佛教理论能使四座悚然倾听，崇信道教几乎想脱离人世，去求长生不老之术。文天祥从懂事后就常随母亲去梅溪外祖父家，家境困难时，就住在那儿读书，直到外祖父去世，受其濡染达二十年之久。

果真是千年悟道，终归诗酒田园？果真是远离官场的龌龊争斗，忘

① 《文天祥全集》卷二《文山即事》。
② 《文天祥全集》卷二《辟山寄朱约山》。

却世间烦恼，甘于闲云野鹤般逍遥自在的生活了吗？文天祥果真是绝意仕途，不问国事，从此息影林泉了吗？

果真是这样，他就不是文天祥了。

看他内心深处的真实想法究竟是什么？

他曾在《跋番易徐应明梯云帙》一文中，对《易》象中的“屯”和“需”做了一番解读，然后说：“《易》象云者二：一以为君子用世之象，一以为君子乐天之象。《易》于进退行藏之义，各有攸当。予闻之，圣贤畏天命而悲人穷，未尝不皇皇于斯世。然方其初也，守其义不随世而变，晦其行不求知于人，修其天爵，无所怨怼。一日达，可行之天下，正己而物正，而所性不存焉。”[①]他是说，穷则独善其身，达则兼济天下，遇到世道险阻，君子怀才不遇之时，应当养其气体，和其心志，守其义不随世而变，晦其行不求知于人，顺势而为，保持乐观的进取精神，等待东山再起。

关键是，等待东山再起。

即使给文山景点题名，也暗含着他这样的心性。同窗好友胡天牖曾来文山住了半月，文天祥写信给他说，自己在山间搜奇探幽，又发现两处新景点，一处取名“闳微”，另一处取名“上下四方之宇”，其幽闲旷邈，超伟轩张，又在中矶两峰之间之上；并将原取的景名“翠晚”改为“浮岚暖翠”，“钓雪”改为“六月雪”，“特立”改为“至大至刚以直”。[②]有人推敲说，“闳微”屈张在己；“上下四方”意宇宙在胸；“浮岚暖翠”更显生机；“六月雪”喻事物突破常态，彰显《易经》交感、变化、发展之意；“至大至刚以直”则更能反映至公至直，立于天地之间的精神。这些理解是否恰当姑且不论，但所及景名折射出的绝对是明亮向上而非

① 《文天祥全集》卷十。

② 《文天祥全集》卷五《与胡端逸》。

沉郁遁世的心态。

历史上多少士大夫失意后万念俱灰，归隐林泉，生命格局越来越小，最后消失在生命的庸流中。而文天祥从未放弃士大夫的担当，他带着志向归隐，是对抗着退避，等待重新出山的时机。

第七章 宦海颠仆 山居忧国

隐居文山的文天祥心念社稷，而朝廷也没忘记他。咸淳三年(1267)九月，他又被任命为吏部尚书左司郎官。于十二月赴京供职，但一个月后就被台臣黄镛奏免。

这是文天祥第二次被罢官。

这是怎么回事？找不到原因。其实没有原因就是原因。诰命说：与文天祥同科的进士，“今其存者，无不登进。独尔以陈情之表，读礼之文，淹恤在外，尚迟向用”。又说：“夫风之积不厚，则其负大翼无力；若尔之植立不凡，非特以高科也，而又益培厥栽，则其滋长也孰御？”[①] 是说不忍舍弃文天祥这个状元的卓越才华吗？看来不是，看来更像是要激激他，调教调教他，给他个位子试一试，看看他听不听使唤。结果仍然让当权者失望，也就是说让贾似道失望了。那对不起，还是回

① 《文天祥全集》卷十七《纪年录》。

你的老家去吧。

文天祥未必没预料到这个结果，接诏时就曾辞免，但未获准。要说贾似道捉弄人也损到了家，他在怂恿黄镛弹劾前，又接连下诏给文天祥安了一串兼学士院权直兼国史院编修官、实录院检讨官的头衔，然后一把撸了个精光。

这年冬至，朝廷又任命文天祥为福建提刑。这次更惨，还未及赴任，就被台臣陈懋钦奏免了。此为第三次被罢官。授职是虚拟的，打击却是实在的。

反复把文天祥吊起来又扔下去，贾似道算是对文天祥格外关照。同时，贾似道也可借此立威，让朝野的士大夫知道官应该怎么做，搞什么公道直道，不听使唤，就是状元又能怎样。

遭此带有污辱性的戏弄打击，文天祥内心的憋屈和郁闷可想而知。

此时他往往会想起祢衡、孔融，想起嵇康、阮籍，想起李白、杜甫，想起苏轼和苏辙。想到他们才华出众、性情刚直，想到他们蔑视权贵、追求自由，想到他们仕途坎坷、命运多舛的遭遇，就觉得自己与他们站在一起，并不孤单。尤其是想起祢衡不肯为曹操所用，曹操羞辱他封他为鼓手，反被他裸身击鼓辱弄的故事，便不觉发笑，心里不由得生出些许慰藉。

罢官后，回到家乡庐陵，回到内心的文山，在那里与大自然对酒当歌，携友畅游山水，赋诗唱和，倒也应合了他热爱自然、亲近自然的文人情趣。

此时的文山经过两年多的开辟规划，已堪称精神的栖息地了。你看，“自文山门而入，道万松下，至‘天图画’，一江横其前。行数百步，尽一岭，为‘松江亭’。亭接堤二千尺，尽处为‘障东桥’。桥外数十步，为‘道体堂’。自堂之右循岭而登，为‘银湾’，临江再高处也。银湾之上有亭，曰‘白石青崖’，曰‘六月雪’；有桥曰‘两峰之间’。而止焉，天图画居其西，两峰之间居其东，东西相望二三里。此文山滨江一直之大概也”[①]。从文天祥对各个景点富含寓意的题名，便可看出他对自己这个杰作的神交与钟爱。

咸淳四年（1268）五月，文山突发洪水，文天祥不错时机，邀上友人杜伯扬、肖敬夫、孙子安前往观看。他们听到洪水奔腾之声如疾风暴雷震天动地，看到直冲而下的大水犹如千万丈之瀑布汹涌澎湃，石林被冲毁，道路被阻断，江中之洲露出的顶端上的数十株老松被冲得七倒八歪。直感到酣畅淋漓，真是酣畅淋漓！

登上临江最高处，俯视着气势磅礴的巨涛狂澜，文天祥豪情大发，即兴赋诗曰：“风雨移三峡，雷霆擘两山。”杜伯扬也咏道：“雷霆真自地中出，河汉莫从天上翻。”肖敬夫也出句：“八风卷地翻雪穴，万甲从天骤雪鬃。”对句皆阳刚、豪迈。众人捋须大笑，豪放的笑声随着大水浩荡而去。

观大水归来，意犹未尽，文天祥又写《文山观大水记》一文。这篇散文结构严谨、想象奇特、文笔生动，恢宏的气势飞扬着他追求的浩然正气，堪称他的散文代表作。

其第二节写道：

> 未至“天图画”，其声如疾风暴雷，轰豗震荡而不可御，临岸侧目，不得往视。而隔江之秧畦菜陇，悉为洪流矣。及“松江亭”，亭之对为洲，洲故垤然隆起。及是，仅有洲顶，

---

① 《文天祥全集》卷九《文山观大水记》。

而首尾俱失。老松数十本，及水者争相跛曳，有偃蹇不伏之状。至“障东桥”，坐而面上游，水从“六月雪”而下，如建瓴千万丈，汹涌澎湃，直送乎吾前，异哉！至“道体堂”，堂前石林立，旧浮出水，而如有力者，一夜负去。酒数行，使人候六月雪可进与否，围棋以待之。复命曰：水断道。遂止。如银湾山势回曲，水至此而旋。前是立亭以据委折之会，乃不知一览东西二三里，而水之情状，无一可逃遁。故自今而言，则银湾遂为观澜之绝奇矣。

好一幅生动而有气势的画面！画中无论是滔滔而下的大水，还是在水中抗争的老松、首尾俱失却固守在水中的洲顶，抑或围棋者的从容，都透出他刚正不阿、不甘山居，为追求真理而不息奋斗和抗争的心性和性格。

文中最后一节，引用友人之口评价《兰亭序》，说王羲之感物兴怀，悲欢情随事迁，实在不够旷放达观。

友人是这样说的，他说富贵贫贱，屈伸得丧，都足以快乐。欢乐发自于心，与环境无关。欣于今天而忘掉过去，欣于将来则忘记今天，前者并非有余，后者并非不足。所以君子无处不能自乐，哪能因过去欢乐，今天悲伤，而自沉于俯仰之间呢？

听了友人的话，文天祥沉吟了好一会儿。

文中接着说：“自予得此山，予之所欣，日新而月异，不知其几矣。人生适意尔，如今日所遇，霄壤间万物，无以易此。前之所欣，所过者化，已不可追纪。予意夫后之所欣者至，则今日之所欣者，又忽焉忘之。”

文天祥对友人的议论当然持赞同的态度。

屡遭挫折、隐居文山的文天祥以旷放达观的姿态，等待或者说是期待着“后之所欣者至”。

好消息终于来了。

咸淳五年（1269）三月，江万里出任左丞相，马廷鸾出任右丞相兼枢密使。江万里自不待说，文天祥曾在他创办的白鹭洲书院读书，自认是他的再传弟子，也是忘年交，还请他为父亲文仪写过墓志铭。景定三年（1262）文天祥入朝做官时，江万里受排挤出宫，失之交臂。马廷鸾也是一位忠诚耿直之士，其字翔仲，淳祐七年（1247）登进士第，在策试时，主张强君德、重相权、收直臣、防近习等，文天祥在殿试时提出的策对与之颇为相投。

由他们来掌握枢要，可以想见文天祥有多兴奋。他无法遏制内心的冲动，立即写信向江万里祝贺。信中称他拜相是“大老造朝，元台正席”；说他“文章巨丽，器量崇深，有报国之大节”；[①] 由他当左相，将相天地、理阴阳、安国家、定社稷，是深得民心的大好事。同时，他也写信向马廷鸾致贺，称他任右相是朝廷复得良臣，“知庙廊之有人，为国家而增气”[②]。这不是奉迎巴结，文天祥犯不着这样，而且他素恨奉迎拍马。这只能是他的由衷之言。

江万里和马廷鸾当然也需要文天祥这样的直臣。他们上任的第二个月，朝廷就下诏任文天祥知宁国府。

按时间算，他们举荐文天祥时应该还没有看到他给他们的贺信。文天祥肯定因他们上位而重燃走出文山、报效国家的希望。但出人意料的是，文天祥接到诏书后，却上呈了一篇《辞免知宁国府状》，请求辞免，

① 《文天祥全集》卷七《贺江左相》。

② 《文天祥全集》卷七《贺马右相》。

改为奉禄。他真的是无意从政？他浑身的热血真的冷却了吗？其实，只要看看辞免状的内容，就不奇怪了。文天祥说自己“实无他肠，粗有远志”，“昔年忧国，冒当事任之难”，想做一番事业，却事与愿违。而今经过数年闭门思过，觉得还是不出山为好。而且两次被弹劾罢官，“虽公论至久而愈明，而丹书未谓之无过”[①]，朝廷至今没有为自己澄清是非。因此现在还不便出山，希望朝廷收回成命，以待时机报效国家。

文天祥写辞免状，是要朝廷给自己一个说法，还原自己的本来面目。同时也是一种试探。要知道贾似道在咸淳元年（1265）被特授为太师、封魏国公，咸淳三年（1267）又被授平章军国重事，而今位在丞相之上，把持着一切军政处决大权。前几次被罢官，都是他授意而为，现在把球踢给他，看他怎么处置。

写辞免状，就是为了清清白白、堂堂正正、实实在在地出来做事！

朝廷没有同意文天祥的请辞。可以想见这背后少不了明里暗里的一番周折。十月十五日，距任命足有半年，文天祥才离家赴任。

他仍是走老路，由赣江乘船经鄱阳湖，再入长江去宁国府。途经隆兴府（江西南昌）又登岸游览了“西江第一楼”滕王阁。他即兴赋诗一首：

五云窗户瞰沧浪，犹带唐人翰墨香。
日月四时黄道阔，江山一片画图长。
回风何处抟双雁，冻雨谁人驾独航？
回首十年此漂泊，阁前新柳已成行。[②]

① 《文天祥全集》卷四《辞免知宁国府状》。
② 《文天祥全集》卷一《题滕王阁》。

回望十年前陪着弟弟文璧到临安参加殿试时，曾登滕王阁，当年的新柳树现已绿荫成行，真是日月四时运行不息，天地常新、江山如画呀！他的心情是愉快的，但愉快中也夹杂着苦涩的忧虑：谁能振翅驭航，把大好河山带出衰颓的国势呢？

十一月二十五日，文天祥到达宁国府治所宣州。咸淳六年（1270）正月初一，即新任军器监兼右司，辞免未获批准。

知宁国府只短短的一个月，文天祥就办了件深得民心的事。他离任后，百姓敬他为贤达，以致捐钱为他建立了生祠。

咸淳六年（1270）四月，文天祥到军器监供职。四月初九，朝廷旋又命兼崇政殿说书，兼学士院权直，兼玉牒所检讨官。崇政殿说书，是给皇帝讲说书史，解释经义的官。

此时度宗即位已是第六个年头。度宗是个什么样的皇帝呢？

度宗也像理宗一样，非出自正宗。理宗曾生二子，都早早地死了，后来再未生子，四十二岁时不得不将胞弟赵与芮的儿子定为继承人。赵与芮妻妾成群，只得一子也夭折，而其中一妾李氏的陪嫁女黄氏生的一子却活下来，这也是赵与芮唯一的儿子。这个皇侄出生后手足无力，到了七岁才能说话，是个有生理缺陷的孩子。淳祐四年（1244），就在他刚能开口说话的这一年，理宗给他赐名孟启，开始悉心培养他。宝祐元年（1253），理宗年近五十，眼看生子无望，不得不下诏把他立为皇太子，改名禥。为了弥补其先天不足，理宗管教极严，要他鸡叫头遍问安，鸡叫二遍回宫，鸡叫三遍与群臣一起参决庶事，然后在老师督导下整日攻习经史。怎奈他是个扶不起的阿斗，虽然讲官使出浑身解数，仍懵懵懂懂不知所云，理宗亲自检查他的功课时，常被惹得发怒。

理宗死后，度宗当皇帝的时候是二十五岁，就他这么一块料，能主什么大政？有人提议谢太后（理宗皇后）垂帘听政，遭到否决。结果就等于把大权拱手交给贾似道独揽。度宗没在理宗严格调教下掌握治理朝政的本事，却耳濡目染理宗的腐朽生活学得了沉溺享乐，做太子时，就以好色出名，当皇帝之初，更是“一日谢恩者三十余人”[①]，一个晚上要玩三十余嫔女，荒淫程度比理宗有过之而无不及。

文天祥当宫廷讲官遇上这么个皇帝，会是个什么样的心态可想而知。从社稷考虑，他还是要尽自己所能，哪怕是对牛弹琴，这琴也得弹。他讲《周易》和《诗》，总是触及时政，进行讽谏。如讲《周易·贲卦》，企图用董仲舒的那一套天人感应学说，让度宗知道天文是“人君一镜”，“可以察善否”；人君“侧身修行”，就可以消弭灾变。讲《诗·定之方中》篇，他借题发挥，劝戒度宗在国家处于危难时期，不要大兴土木营造宫室。[②]他上了一篇《轮对札子》，引句“民可近，不可下”，劝度宗要顺从民意，以免亡国。文中批评了唐玄宗日日在昭阳殿、华清宫和杨贵妃欣赏“霓裳羽衣”，以致招来渔阳之祸（安禄山之变）；苦口婆心地劝他不要像汉朝皇帝那样，为获取天马、甲帐、翠被这类奇珍“异物”，弄得天下不安。[③]

是啊，内外交困已经到何等田地了，你一国之君却还懵然无知，还在那儿沉溺酒色，极尽享乐！

就说宁国府吧，去年年底文天祥到宁国府上任时，昔日人丁兴旺的富庶之乡已然是府治残破、田野荒芜、民生凋敝，到了不可收拾的地步。何以至此？经走访调查，对诸多问题爬梳分析，他认为症结在于对百姓的残酷压迫和剥削，连年征收税赋，沉重的负担最终都压到老百姓

① 《南宋杂事诗》卷六注引《通鉴辑略》。

② 《文天祥全集》卷八《熙明殿进讲敬天图周易贲卦》。

③ 《文天祥全集》卷三《轮对札子》。

头上。于是他上奏度宗，免除了宁国府的税赋，缓解了当地百姓的困苦。这也就是他知宁国府短短一个月内干的那件深得民心的事。但问题是他只缓解了宁国府百姓的困苦，而全国各地莫不如此，又如何解决？

造成这种状况，与贾似道推行公田法有关。所谓公田法，就是将私田大户的一部分农田强购为公田，再转租收取租金，以缓解朝廷的财政危机。殊不知公田法却是个坑农法，一方面有权势的官僚和地主隐瞒田产，把压力转嫁到无权势的农户头上，致使大量农户破产；另一方面主事官吏为了邀功，多报、高报回买的田数和等级，而实际经营时的账面缺额，又转嫁到承佃的农户头上，承佃户因承受不了盘剥压榨，造成不少官田抛荒弃耕。同时，朝廷为买公田滥发会子，造成物价飞涨，临安的米价已升至汴京沦陷时的两倍，两浙、江东、江西等地都出现了饿死人的现象。

内忧深重，而外患也如霹雷悬顶。度宗初年，忽必烈镇压了内敌，稳住局势后，又重启扩张灭宋的宏伟战略。咸淳四年（1268）后，蒙古征南都元帅阿术与南宋降将刘整又率军将襄樊包围，在要害处修筑城堡，屡败南宋守将张世杰、夏贵和范文虎的部队。咸淳五年（1269）十二月，京湖战区最高军事统帅吕文德病死，南宋失去了这位临边四十年的将领。此时蒙军围兵已增至十万以上，大有不破不甘之势。

危急之下，贾似道几次向度宗奏请，要求亲赴前线巡边，说："荆襄绎骚，士不解甲者再岁，以文德声望智略，高出流辈，仅能自保。今一失之，奚所统帅？知诸名将器略难齐，势不相下，仓卒谋帅，复难其人。兵权不可一日无所归，边务不可一毫有所误。"[①] 可他也知道，度宗是终日离不开他的。度宗果然也屡屡拒绝了他的请求。

---

① 《癸辛杂识》别集下《襄阳始末》。

国家危亡紧急，犹如皇宫周围已燃起了大火，你皇帝小儿竟还整日宴饮，搂着嫔妃淫乐！文天祥忧天下之忧，要求度宗振作起来，“无一息不当用功”，以拨乱本、塞祸源。度宗哪能听得进去？又哪有能力听得进去？不单文天祥，度宗身边多有朝臣劝谏，轻则不听，重则招祸，如史馆检阅黄震轮对时，向度宗指出时弊有四：民穷、兵弱、财匮、士大夫无耻；请罢给僧道度牒，收其田所入，以纾民力。惹得度宗大怒，将他赶出了朝廷。

言者谆谆，听者昏昏，荒淫低能的度宗油盐不进、依然故我。

文天祥这次入朝，是江万里举荐的，可他于四月到达临安时，得知江万里已辞去相位。

江万里辞相是因为同贾似道处不下去。吕文德病死后，朝廷调李庭芝接任京湖安抚制置使，督师救援襄樊。蒙军在围攻襄樊的同时，也切断了南宋军队的援路。“天下大势，首蜀尾淮，而腰膂荆襄，自昔所基重也”，[①]襄樊一旦被破，南宋防线将全线崩溃。江万里万分焦急，多次请求派兵增援。贾似道出于私心，对他的提议一概否决。自己这个左相形同虚设，江万里忍无可忍，愤而要求辞职。

这已不是江万里第一次官居贾似道手下，也不是第一次因为不能忍受贾似道要求辞职了。

早在开庆元年（1259），江万里就投到时任京湖宣抚大使的贾似道幕下任参谋官，后贾似道入相，他也跟着入朝做官。起初，贾似道爱他有才，想把他培养成自己的亲信，但很快发现他不是唯诺之徒，遇事有主见，办事并不在意自己的眼色，便因言论不合解了他的职。度宗即位

① 《平斋文集》卷九《召试馆职策》。

后诏求直言善谏之士，咸淳元年（1265），江万里又入朝任同知枢密院事，由于看不惯贾似道为所欲为，便于同年七月奏请归田，未允。次年正月，贾似道又以辞职要挟度宗，度宗哭着拜留他，江万里上前大叫不可，阻拦道："自古无此君臣礼，陛下不可拜，似道不可复言去！"[①] 再次触怒贾似道。还有皇帝摆经筵时，每问经史及古人姓名，贾似道都犯傻，江万里偏要逞能代答，搞得贾似道又羞又恨。江万里与贾似道每每相忤，不得已四次上书求退，下放到湖南做官。

当年吴潜反对立赵禥为太子，贾似道撺掇理宗罢了他的左相。仗着拥立赵禥当皇帝有功，加上皇帝低能，如今的贾似道更是飞扬跋扈、权倾朝野，擅政程度甚于秦桧、史弥远。一次，贾似道召集百官议事，忽然厉声说："诸君若非似道拔擢，安得至此！"众人都不敢作声，唯有礼部侍郎李伯玉反驳说："伯玉殿试第二名，平章不拔擢，伯玉地步亦可以至此。"贾似道怒而一巴掌把他打出了朝廷。

贾似道早不把江万里放在眼里了，你才当了几天左相就乞祠，那就按你的旧职提举洞霄宫，赋闲去吧。

刚抵京的文天祥见江万里辞去了相位，心意落寞，便前往看望恩相，并写了《临岐饯别》一诗：

圣恩优许力求田，把酒临岐饯一杯。
台阁是非远已矣，乾坤俯仰愧何哉？
竟追范蠡归湖去，不管胡儿放马来。
强圉倘殷如孔棘，也应定策救时危。

① 《续资治通鉴》卷一七八，宋度宗咸淳二年（1266）正月。

在文天祥心目中，江万里“都范（范仲淹）、马（司马光）之望于一身”，评价其学问名节说：“修名伟节，以日月为明，泰山为高；奥学精言，为天地立心，生民立命”。[①]但他对江万里辞相不无抱怨，认为当此蒙军入侵之时，当以自己的智慧参与决策、拯救国难才是。

他们不免要谈贾似道，为在国难危重之时由他把持着军政要枢而深感忧虑。

没承想事隔不久，文天祥便也与贾似道直接交恶，受到了贾似道的打击报复。

文天祥是怎么与贾似道交恶的呢？

咸淳六年（1270）六月，贾似道突然又称自己病了，要求退休回绍兴。这还了得，贾似道是度宗的主心骨，在大敌当前内外交困的当口，听说贾似道要走，低能的度宗一下变得六神无主，赶紧叫右丞相马廷鸾、同签书枢密院事赵顺孙出面劝阻，同时自己下诏挽留。这起草诏令的事，正好轮到兼任学士院权直的文天祥头上。

贾似道辞职退隐的把戏已玩过多次。咸淳元年（1265）三月，度宗刚当上皇帝，贾似道在理宗下葬后，即借口援引惯例，上章要求辞去相位，也不管度宗答应与否，径自回到他在绍兴府的私第。然而，不久他就被朝廷的大轿抬回了临安，因为他在辞相的同时，暗地里又指使荆湖安抚使吕文德谎报军情，称蒙古军攻打下沱（湖北枝江县东南）甚急，搞得度宗惊惶失措，直感到离开了贾似道一天也不得安生，赶紧派人跑到绍兴府求他归朝。这无疑是给了度宗一个杀威棒。见这一招颇灵，咸淳二年（1266）正月，贾似道又要弃官，度宗竟不顾君臣名分哭泣拜求，

① 《文天祥全集》卷七《贺江左丞相除湖南安抚使判潭洲》。

在江万里的斥责下才得以收场。咸淳三年（1267）二月，又故伎重演，又把度宗搞得哭哭啼啼地哀求。咸淳四年（1268）五月重新来过，度宗跟着重新来过。这回，咸淳六年（1270）又来了。

贾似道玩这套把戏，一是想通过要挟度宗，抬升自己的权威，获取更大更多的权力和好处，同时因为他推行公田法、推排法，得罪了许多官僚和将领，在统治集团中陷入孤立，想借此转移矛盾，减轻压力。他的目的达到了，如咸淳元年（1265）四月，度宗特授他为太师，封魏国公；咸淳三年（1267）二月，又授平章军国重事，位在丞相之上，准他一月三赴经筵，三日一朝。

司马昭之心，路人皆知。因此只要这出戏一上演，为皇帝起草诏令的官员就知道该怎么做，无非是配合贾似道，奉承颂扬他一番。

但这次碰到的是文天祥。

景定二年（1261）初任京官时，文天祥虽然给贾似道写了一封不卑不亢的信，但对他的印象并不算坏，甚至觉得他还是个能相。

当时正值鄂州解围不久，贾似道一面隐藏着一个弥天大谎，一面指使同党门客撰文编书吹嘘他的战功。一个叫廖莹中的门客编写了一本《福华编》，其中一阕《木兰花慢》咏道：

> 请诸君著眼，来看我，福华编。记江上秋风，鲸鼇涨雪，雁徼迷烟。一时几多人物，只我公，只手护山川。争睹阶符瑞象，又扶红日中天。因怀下走奉櫜鞬，磨盾夜无眠。知重开宇宙，活人万万，合寿千千。凫鹥太平世也，要东还，赴上是何年？消得清时钟鼓，不妨平地神仙。[①]

① 唐圭璋:《全宋词》，中华书局1965年版。

贾似道被吹成以手护山川、扶红日的旷世奇才。还有，他力推公田法和打算法，为朝廷敛财、缓解财政危机，遏制军中将帅贪污、擅用军费，确乎颇见成效。这也是朝中称他周公、魏公，度宗极度依赖他的部分原因。

可时间一长，文天祥不仅看到了远处的他，也看清了近处的他；不仅看到了正面的他，也看清了背面的他；不仅看到了他的表面，也看清了他的内心。

贾府与皇宫相隔着西湖，文天祥亲眼看到，早晨上朝的钟声响过，贾似道才下湖。船不是撑过来的，是系在一条粗缆绳上，由十几个壮夫推动绞盘拉过来的。更荒唐的是，贾似道还带着蟋蟀上朝议政，廷上不时传出虫鸣声，有一次蟋蟀从他的水袖里跳出，居然跳到了皇帝的胡须上。

文天祥知道，而今襄樊已经危在旦夕了，贾似道仍怠于政事，公文由胥吏抱回家，包括前线送达的边报，全由门客廖莹中、堂吏翁应龙裁决，他顶多是签个名。他自己拥着一群娼妓、尼姑和旧宫女，整天在西湖上游乐，被嘲为“朝中无宰相，湖上有平章”。或者同酒朋赌友在一起，日夜喝酒淫戏。一天，他趴在地上与群妾斗蟋蟀，一个熟悉的赌友见之调侃说：“这就是平章的军国重事吧？”他居然还笑，还不生气。为了玩，他可以不择手段，他酷嗜宝玩，谁有好东西不给他，就会被治罪，为得到随葬余玠的一根玉带，竟然掘坟开棺取夺。如果有谁败坏了他的玩兴，他下手极狠。一姬妾的哥哥想入府门，搅扰了他，就下令把人家捆起来扔进火堆。另一姬妾倚楼望见俩少年，夸了一声美哉二少年，贾似道说：好，我让他们来聘娶你。过了一会儿，贾似道召集诸姬妾说：刚才收到俩少年的聘礼。打开一看，竟是那个姬妾的头颅。

至于贾似道在朝中独断专行，笼络亲信，排除异己，不要说耳闻目睹江万里等人的遭遇，文天祥自己在被他的反复捉弄中，便有切身体会。

贾似道的所作所为证明他是个假道学家，他推行公田法、打算法背后的动机，就不能不让人生疑。他要求亲征前线，谁又知会不会指使人向皇帝巧言劝阻呢。

因此，当文天祥替皇帝草拟诏书时，绝不去曲意吹捧，而是奉行公道直道，义正辞严地拟写了两稿。第一稿说贾似道去职有违人心，不同意他去职，要求他“尚鉴时忱，永绥在位”，措辞还算委婉。而第二稿就没那么客气了：

> 周公相成王，终身未尝归国。孟子当齐世不合，故致为臣。盖常情以去就为轻，惟大臣以安危为重，苟利于国，皇恤其身？若时元勋为我师相，先帝付托，大义所存；太母留行，前言可覆。胡为以疾而欲告休？药惟医所以辅精神，惟安身所以保国家。古者之赐几杖，虽当七十，而不得引年；我朝之重辩章，虽年九旬，而尚使为政。勉厘重务，勿困眇怀！所请宜不允。[①]

文中显有批评之意，说像周公、孟子这样的贤人，都以国家安危为重，不以身体原因言退。古代大臣七十岁还不得引退，我朝年过九十者还在问政。你贾似道不过五十多岁，身为师相，何以借口有病而告退呢？有病可以吃药，安身本为保国。还是勉力工作吧，不要只想着

① 《文天祥全集》卷三《又拟进御笔》。

自己。

宋朝的规定，凡草拟之诏令，先要经“当国”过目，再送皇帝，贾似道把得更严。文天祥知道送给贾似道必经篡改，偏不送他，而是直送度宗。这样做倒不是怕他篡改后对他有什么利，满朝的恭维够他受用的，文天祥这样做，就是要声张公道、直道，就是要表达对你贾似道胡作非为的不满。

他当然知道这会招致贾似道的打击报复，影响自己的仕途，但他不在乎。几年前任江西提刑秉公道执法，触犯了宵小之人，被黄万石弹劾罢官时，他曾赠与相命先生杨桂岩一首诗，表达要想留取清名就得准备招祸的胸臆。这次离任宁国府来临安前，又遇到了那位相命先生，并再赠他一首诗：

贫贱元无富贵思，泥涂滑滑总危机。
世无徐庶不如卧，见到渊明便合归。
流落丹心天肯未？峥嵘青眼古来稀。
西风为语岩前桂，若更多言却又非。[①]

本来是为了报效国家而非利禄富贵出来当官的，岂料几次出仕屡被罢官或调任，有的任期只一个多月，甚至还未上任即被罢免，仕途如同雨后湿滑的泥途步步藏着危机。世上既然没有像徐庶那样举贤荐能的人，不如学诸葛亮高卧南阳躬耕陇田；如果见识有如陶渊明，能不为五斗米折腰，就应该辞官归隐。但怀着赤子之心想归隐，上天能答应吗？而有经验、有眼力的识才之人却又少之又少。你也别说什么鹏程万里、

① 《文天祥全集》卷一《宣州罢任再赠》。

前程远大的话，免得弄得人心烦。

当官，还是不当官，是一对矛盾。文天祥的态度是：达则兼济天下，穷则独善其身，能当就当，不能当就不当。

虽然文天祥绕过贾似道，但在诏令下达前，贾似道当然要先看到。文天祥草拟的诏令当然不合他意，于是他指使别的直院官按照自己的意思重拟诏令，并当然地为皇帝所采用。

诏令一出，文天祥十分气愤，立即上奏章，“引先朝杨大年在翰林草诏，以一字不合真宗圣意，明旦援唐故事，学士做文书，有所改为不称职，当罢，因亟求解职，丐祠引去”[①]。贾似道一怒文天祥草拟诏令不给自己看，二怒没有吹捧自己，心里恨得要死，暗地里指使台臣张志立弹劾文天祥，表面上却假惺惺出面慰留，还装模作样地对改用诏令解释了一番。早就领教了贾似道阴险狡诈的文天祥不为所动，再次上奏求去，不等批复就整束行李准备出发。

罢免令下来了，罢免了文天祥的所有官职，甚至连祠禄都不给。

这是文天祥第三次被逐出官场，第四次被罢官。

这次被罢官，使文天祥对官场的丑陋更加深恶痛绝。如前所述，他给友人朱埴写了一封信，满腔的怨愤倾注笔端：

> 仆十年受用，顺境过当。天道反覆，咻者旁午。七八月以来，此血肉躯如立于砧几之上，斋粉毒手，直立而俟之耳。仆何所得罪于人？乃知刚介正洁，固取危之道，而仆不能变者，天也！[②]

---

① 《文天祥全集》卷三《又拟进御笔》跋。

② 《文天祥全集》卷五《与朱太博埴》。

这段话是痛诉，又像是在言志。“仆十年受用，顺境过当”，这反讽的言辞中激溅着冤愤，七八个月来，又何止七八个月，而是十年来，自理宗景定元年（1260）任建昌军仙都观主管，而秘书省正字，而殿试考官，而著作左郎，而知瑞州，而江西提刑，而尚书左司郎官，而知宁国府，而军器监兼崇政殿说书，兼学士院权直，兼玉牒所检讨官，自己一路追求内圣外王的人格理想，以忠君报国的社会担当，坚持行公道直道，犯颜皇上，乞斩董宋臣，对抗贾似道，因此在人心狡诈险恶、是非黑白颠倒的官场上四次罢官，三次被逐，于此也不会屈服，不能夺志，反而愈挫愈奋、愈斗愈勇，誓不与巧佞邪媚的鸟兽同群，誓不与曲学阿世之辈为伍，立于天地本性不改，纵然粉身碎骨也在所不惜。

“某生而肮脏，分也嵚崎。”肮脏原意指高亢刚直的形象，文天祥在诗文中多以肮脏自况：“肮脏难合，今世道病。”“我生独肮脏，动取无妄疾。”“伏念某，学极支离，性惟肮脏。”“某肮脏一世之沉浮人也。”对假道学盛行、士大夫日益无耻的官场，文天祥表示：“某碌碌不如人，独有愚憨，不能改其素。”发誓要自拔于流俗，坚持自己的操守。

罢令下与不下，文天祥都打点好了行李，绝尘而去。

回到家乡富川正是九月，文山用斑斓的景色和温馨的情调拥抱了他。此后写的《山中六言三首》，描写了这样的意境：

两两渔舟摇下，双双紫燕飞回。
流水白云芳草，清风明月苍苔。

鹤外竹声簌簌，座边松影疏疏。
夜静不收棋局，日高犹卧纱厨。

风暖江鸿海燕，雨晴檐鹊林鸠。

一段青山颜色，不随江水俱流。[①]

无论春夏秋冬，这就是文天祥心中的文山。自咸淳六年（1270）九月回到文山，他就在这样的氛围中读书写作，邀友人来山中饮酒和诗、弹琴赏景、钓鱼游泳，直到咸淳九年（1273）五月赴任湖南提刑，过了两年半闲云野鹤的日子。

在山中修一座山庄，是文天祥的一个心愿，但许多年只断断续续修了亭、桥和山路。这次回到文山，终于建起了住宅，其坐北朝南，占地一亩左右。

厅堂上梁之日，他依照俗例写上梁文，把文山山庄比作李愿在太行山上的盘谷，朱熹在武夷山上的桃源，以及白居易在庐山上的草堂。他将在此"举寿觞，和慈颜"，"濯清泉，生茂木"。[②]

山庄竣工，他把家眷接进山，奉亲课子，在青山绿水间同享天伦之乐。

文天祥有三位夫人，正室欧阳氏，次夫人颜氏与黄氏。与三位夫人共育二子五女。长子道生，次子佛生，五女依次为柳娘、环娘、监娘、奉娘与寿娘。根据现有记载，长子道生咸淳二年（1266）九月生，次子佛生咸淳三年（1267）正月由黄氏所出，柳娘与环娘也在这一年由颜氏所生，另三个小女生辰不详。还可以肯定的是，前四名子女都是在上一次被罢官回乡，开辟文山期间出生。

这次在文山生活的两年半时间里，道生、佛生、柳娘与环娘的年

① 《文天祥全集》卷二《山中六言三首》。

② 《文天祥全集》卷九《山中草堂上梁文》。

龄都在四五岁到七八岁之间，正值启蒙年龄。可以想象，文天祥一定会像父亲文仪一样，对孩子开始了严格的早期教育。文天祥后来写道：“予二子，长曰道生，资性可教。”[①]大弟文璧后来也记述道：佛生“为儿有巨人志，及成童，双瞳炯然，天资俊伟，书过辄成诵，父老畏其岌嶷”[②]。文天祥对二子抱有美好的期待。

还值得一提的是，与友人下棋也是这个时期的一大乐趣。文天祥爱下棋，竟自创了四十局势图象棋棋谱，“公平生嗜象弈，以其危险制胜奇绝者，命名自‘玉屠金鼎’至‘单骑见虏’为四十局势图，悉识其出处始末。玉屠盖公所居山名也”[③]。他棋瘾很大，夏天喜欢以意为棋盘，在水里与人下盲棋，一局接着一局，下得久了，对手因在水中泡得吃不消都跑了，他却愈久愈乐，早晚乐在其中，还常烫酒品棋。

文天祥嗜棋，对手无人能敌。他的棋艺有多高超？他有几个常在一起下棋的棋友，一是周子善，一是肖耕山，还有邻里刘沐、刘定伯。按文天祥的排名，他自己的棋艺第一，周子善第二，肖耕山第三，最后一名不好排，就让刘沐与刘定伯并列第四。刘定伯“嗜弈，最入幽眇，兔起鹘落，目不停瞬，剥解摧击，其势如风雨不可御”[④]，棋艺如此潇洒也只能排末尾；而刘沐的棋艺更是“坐踞河南百战雄，少年飞槊健如龙”[⑤]，他竟要“穷思一日夜”方能与文天祥对垒，可见文天祥的棋艺之高。

由此看来，山居的日子就像山中的风景一样斑斓美好。

文天祥的心情，真的就是这山中生活的镜像吗？这真的就是他的美好生活吗？

① 《文天祥全集》卷十六《集杜诗·长子第一百四十九》。
② 《文氏通谱·文献·宣慰公文辞》。
③ 《文天祥全集》卷二《纪年录·壬午》注。
④ 《文天祥全集》卷十一《刘定伯墓志铭》。
⑤ 《文天祥全集》卷一《象弈各有等级四绝品高下》。

起初或许是这样，他刚从糜烂险恶的官场归来，需要宁息心中的郁愤，安顿与调养屡屡受到的创伤，他在给友人刘民章的信中写道："诗云'京洛多风尘，素衣化为缁'。又云'羁鸟恋旧林，池鱼思故渊'。青山屋上，流水屋下，归来自有乐地。"[①]但这绝不是他的追求，这样的生活不合他的品性，退居文山是迫不得已的事。他在给另一位友人卓大著的赠诗中曾表露："天之生贤才，初意岂无为。民胞物同与，何莫非己累。"[②]在文山，他的内心深处，仍时时忧念着百姓忧乐，忧念着国家的安危和命运，期望能补世益时，在肩头承担起一份责任。

就在文天祥回到文山的当年，江南多地逢大旱，吉州粮食歉收，交了官府的征粮，农户所存无几，人们纷纷跑到邻县龙泉、永新买米，两县也不宽裕，不让粮食出境。以往遇到灾情，文家还开仓接济乡民，这年也拿不出粮食来。文天祥急乡民所急，想方设法解饥荒之困，听说赣州粮食丰收，因知州李雷应与自己是同年进士，就写信向李雷应求援。写了信还不算，因赣州山多地少，正常年份产粮不及吉州，对粮食出境管控很严，怕自己一个赋闲之人说了力度不够，又请知吉州江万顷写信与李雷应通情。江万顷是知州，又是江万里的弟弟，面子恐怕要大些。此事可见文天祥关切民生的殷诚之心。

文天祥回到文山的第二年，咸淳七年（1271），忽必烈在巩固了内部的统治地位后，正式建国号为"大元"。这一年，蒙古军加紧了对战略要地襄樊的攻势，并为切断宋军援路和粮道，调动各路兵马把守在水陆要道。六月，击败宋将范文虎率领的十万趋援舟师，夺战船百余艘。不久，又击溃夏贵的兵马，缴获舟船数百。

---

① 《文天祥全集》卷五《与刘民章》。

② 《文天祥全集》卷一《题卓大著顺宁精舍》。

前线吃紧的消息传到文天祥耳中，在他心中掀起阵阵狂澜。他在诗中写道："故人书问至，为言北风急。山深人不知，塞马谁得失？挑灯看古史，感泪纵横发。"[①]国难当头，自己却羁留深山，只能从书中的历代兴亡史联想到国运，徒抛感愤的泪水呀。他又写道："青春岂不惜？行乐非所欲。采芝复采芝，终朝不盈掬。大风从何来，奇响振空谷。我马何玄黄，息我西山麓。"[②]谁愿在山中空挨这无聊的时光？前线的消息震动山谷，而我就像病马被缚住了奔腾的四蹄呀！

"少年成老大，吾道付逶迤。"[③]痛苦啊，痛苦啊！国难当头，大丈夫当挺身而出，或运筹于帷幄或驰骋于疆场，尽一己之力杀敌立功，然而自己却被奸臣贬谪山中，难道少年时立下的宏愿就这么付诸东流了吗？"终有剑心在，闻鸡坐欲驰。"[④]焦虑啊，焦虑啊！雄心壮志虽屡经顿挫，却丝毫未减，虽身处江湖，却心存魏阙，当年晋朝的爱国志士祖逖和刘琨心怀澄清中原之志，闻鸡起舞相互激励，如今想起他们就心驰神往，热血沸腾，随时准备投奔战场，报效国家呀。

时危一日紧似一日。咸淳八年（1272）三月，刘整、阿里海牙统领的元军攻破樊城外郛东土城，宋守军两千余人全部战死。此时，经过四五年之久的围困，襄樊城内食盐、柴薪、布帛等物资极度匮乏，形势万分危急。到了这个时候，被派增援襄樊的殿前副指挥使范文虎，仍不听李庭芝调遣。援军上不去，万般无奈，李庭芝只得悬重赏从襄阳、郢州、山西招募骁悍善战的民兵三千人，以智勇服众的张顺、张贵为都统，组成敢死队，摧毁元军拦截江面的数百根铁链，突破重围，终于在五月二十五日黎明抵达襄阳城下。张顺在战斗中身中四枪六箭，死后还怒瞪双眼，满脸杀气。

①② 《文天祥文集》卷二《山中感兴三首》。

③④ 《文天祥全集》卷二《夜坐》。

八月，张贵派人潜水出城，到郢州向范文虎求援，约定在龙尾洲会师。范文虎本是奉贾似道之命前来牵制李庭芝的，他曾给贾似道写信说："我将兵数万入襄阳，一战可平。但愿无使听命于京阃（指李庭芝），事成则功归恩相矣。"[1]他表面上答应了张贵的请求，却于会师之日前夕退后了三十里。而元军却因得到宋军逃兵的报告，事先设下埋伏，当张贵率水军拼死破围而出，进至小新城时，遭到迎头拦击，致全军覆没，张贵身受数十创被俘就义。

襄樊风雨飘摇。整个南宋风雨飘摇。

而报国无门的文天祥却有劲使不上，有志无处伸，山中的死寂受够了，当初悠闲的心情早已荡然无存。他真实的内心愈来愈凸显出来。他在给友人谢爱山的诗文中写道："桑弧未了男子事，何能局促甘囚山。"[2]溪山泉石四妙毕具的文山，而今在他看来，石已经成了压在心头的心事，泉是映照憔悴的镜子，溪是匆匆流逝的岁月，山壁就像牢狱难以逾越的围墙，文山已经成了锁住男儿志向的囚山了。但这又能如何，他的胸中仍燃烧着希望和激情，"簸扬且听箕张口，丈夫壮气须冲斗。夜阑拂剑碧光寒，握手相期出云表"[3]。那些奸佞小人的诽谤排挤算得了什么呢，大丈夫气冲牛斗，以月为石磨利寒光闪闪的龙泉剑，随时准备冲出山门驰国杀敌！

他也曾托人向朝廷表达心意。听说长江要津江洲（江西九江）知州空缺，便想去江州，为此写信给江洲友人李与，让他代为与朝廷疏通。"相望一方，精神驰往"[4]，他的心情是迫切的，结果却不了了之。

朝廷似乎也没忘记他。咸淳七年（1271）冬至，朝廷任命他为湖南

---

① 《宋史纪事本末》卷一六〇。
②③ 《文天祥全集》卷二《生日和谢爱山长句》。
④ 《文天祥全集》卷五《回江州李都丞与》。

运判，可前脚任命刚到，后脚罢令也到了，还没赴任，就被台臣陈坚奏罢了。这也是他第五次被罢官。

明代学者罗洪先在为重刻《文天祥全集》写的序中总结说：

> 始，先生弱冠及第忧归。四年，授京兆幕，未上而边遽起，董奄力主和议，首应诏数其罪，乞斩之，以安社稷，且自罢免。既改洪州，复自罢。寻用故事，以馆职召，进刑部郎，而董奄复用，即又上疏求罢。自知瑞州，转江西提刑，为台臣论罢。后兼学士，为福建提刑，即又连论罢，如江西。已而，权学士院，草制忤贾似道，嗾台臣劾之，罢其少监。及除湖南运判，又论罢之。遂引钱若水例，致仕去。①

他为此评述说："人之遭蹉跌者，往往回顾而改步。三已不愠，古人难之。今罢而仕，仕而复罢，经历摧创，至于六七。志愈坚，气愈烈，曾一不以自悔，此其中必有为之所者矣。"②

文天祥终于病了，被郁闷击倒了，在床上躺了两个月。友人来信慰问，他回信说："山中度日如年，落叶肖肖，凉月堕砌，起视寥泬，安得知己，握手长吟，写胸中之耿耿，以相慰藉耶？"③在山中的每一天都经受着煎熬，个中的痛苦有谁能知？然而天地不息，他的心志亦不息，他仍然"梦与千年接，心随万里驰"④，仍是"睡余吸海龙身瘦，渴里奔云马骨高"。他无时无刻不想振衣而起、吸海奔云。

咸淳九年（1273）正月，与他感情深挚的欧阳守道老师病逝了。噩

①② 《文天祥全集》卷首《重刻文山先生文集序》。
③ 《文天祥全集》卷五《回谢教授》。
④ 《文天祥全集》卷二《病中作》。

耗传来，文天祥大恸，亲往戴孝追悼，并写了《祭欧阳巽斋先生》一文。老师治学“求为有益于时用，而不为高谈虚语，以自标榜于一时”；老师道德高尚，“常恐一个寒，常恐一人饥，而宁使我无卓锥”。这样的人本应受大用，但却落寞一生，至死家无一钱。文天祥甚为不平，“以先生仁人之心，而不及试一郡，以行其惠爱；以先生作者之文，而不及登两制，以仿佛乎盘诰之遗；以先生之论议，而不及与闻国家之大政令；以先生之学术，而不及朝夕左右，献纳而论思”。

公道直道何在！老师身上有自己的影子，自己身上有老师的影子。他为欧阳守道鸣不平，也在宣泄胸中的块垒，宣泄着自己胸中之耿耿。

也就在这个月，朝廷任命他为湖南提刑的诏令传到了文山。

第八章 楚观感慨 郁孤北顾

张贵率民兵突围失败后，襄阳、樊城岌岌可危。元军不失时机加强了对襄阳、樊城的攻势，而在宋军一方，沿江的将领范文虎、夏贵、孙虎臣、高世杰等人仍“但守地分”，仍以保存实力为要。范文虎因不听李庭芝指挥，被朝廷解除了兵权，但问题并没得到根本解决，增援仍然上不去。

咸淳八年（1272）的岁末，阿术派兵毁掉襄阳、樊城之间的桥梁，把唇齿相依的两个要塞阻隔开来，继而指挥元军分十二道猛攻樊城。经过激烈交战，元军刘国杰尽毁城南木栅，其精锐从南面突入樊城；忙兀台烧毁南岸的宋军兵船，竖云梯从西南角攻入；史弼经十四昼夜苦战，从东北角攻入；张君佐指挥炮队，使用西域炮（巨石炮）摧毁了樊城角楼。次年正月初九，宋守城统制牛富率兵七百与元军展开巷战，渴饮血水，拼死抵抗，最终身负重伤投火自尽。元军进城后见人就杀，将城中活着的军民杀得一个不剩。

接着，元军对襄阳发起最后进攻。这次西域炮被推上了主角。此前，由于多年未攻下襄樊，忽必烈遣使到诸蒙古汗国，征发新的攻城利器，征得回族人亦思马因、阿老瓦丁带着在金军和宋军炮具基础上改进的西域炮赴京师，忽必烈令在五门前做了试验，甚为满意。这种被称为“配重式杠杆抛石机”的炮具能抛掷重型的石弹和火器，炮石大数尺，在攻樊城时已显威力。攻襄阳城时，亦思马因亲自察看地势，将炮架在襄阳城的东南角，发炮后，“声震天地，所击无不摧陷，入地七尺”①，对守城军民产生了巨大震慑力，再加上劝降攻势加码，致使京湖制置副使、知襄阳府吕文焕帐前的将领纷纷逾城出降。吕文焕见大势已去，于咸淳九年（1273）二月献城投降。

这年正月，文天祥受任湖南提刑，在办妥迁葬祖坟诸事后，于四月初八动身赴任。经庐陵时，与当地官员议论了一通襄樊失守之事，甚为忧虑。又听说江万里新任荆湖南路安抚使兼知潭州，也在赴任途中，就想追上去，与这位当过左丞相兼枢密使的长辈探讨探讨国是，看自己能如何为国出力。他取道临江（江西清江县）、宜春、醴陵一路追赶，但始终没能如愿。

文天祥到了衡州（湖南衡阳）湖南提刑任所，办完交接事宜，旋往潭州（湖南长沙）拜会江万里。

文天祥素仰江万里的学问道德、风度气概，常以范仲淹、司马光相论。江万里也素知天祥的气节与抱负。师生二人性情相投、感情深厚，相谈自然无所顾忌。

他们都深忧襄樊失守，认为这不仅撕破了京湖防线，使长江门户洞开，而且对敌我双方的气势势必会产生重大影响。谈到吕文焕降元，江

---

①《元史》卷二〇三《亦思马因传》。

万里直称堪忧。吕文焕是名将吕文德之弟，其堂弟吕文福，子侄辈的吕师孟、吕师夔，吕文德的女婿范文虎，旧部夏贵、孙虎臣等人皆为军政要员。江万里说，吕文焕降元，难保这些人不会效仿。遂又抱怨贾似道，说吕氏家族能像今天这样，都是由他笼络纵容一手造成的。

江万里告诉文天祥，襄樊失陷后，为防元军东进南下，加强长江防线，朝廷在战略要地任命了一批将领，如任命汪立信为京湖制置使兼知江陵，赵溍为沿江制置使兼建康留守，黄万石知临安府等。在他看来，除了汪立信忠直知兵能胜任外，赵溍资历甚浅，黄万石怠荒政事，都不称职。说到此，江万里摇头道：这又是贾似道的主意。又斥道：范文虎与李庭芝掣肘，临阵逃跑，对襄樊失陷负有重责，给事中陈宜中乞斩此贼，贾似道却百般包庇，非但不治他的罪，反让他出任安庆府，这不是把军国大事当儿戏吗？再说派我出任荆湖南路安抚使，我都年过古稀，七十有六了，比你整整大上一倍，我就是想干也是力不从心呀！

说着悲从中来，拉着文天祥的双手慨然道："吾老矣，观天时人事当有变。吾阅人多矣，世道之责，其在君乎！"①

这次谈话让文天祥百感交集，拜别时热泪滚滚。

文天祥新任湖南提刑，也就是荆湖南路提点刑狱公事，主管一路的司法、刑狱和巡察盗贼等事。当年任江西提刑时，因改判陈银匠案而涉嫌，受到打击报复，而今他仍未改变自己，仍然奉行公道直道，竭力任事，秉公处理了一批积案。

如判决典吏侯必隆的案子。文天祥十年前在任刑部郎官时与胥吏们打过交道，对猾吏徇私枉法、舞弊成风深恶痛绝，认为"近世以来，天

① 《文天祥全集》卷十五《纪年录》。

下以吏奸为病”[1]。侯必隆是什么人？竟敢在呈押之时，套取花押；于行移之后，伪造公文。他这样做就是为了伺机营私舞弊，索取贿赂，于此绝不能姑息，如果姑息，“将来必为司存无穷之蠹”。于是严判脊杖十五，刺配千里州军，限五日押发。

对官吏量刑必重，对平民量罪也必公。如杨小三被殴致死一案。此案原判定是谋杀案，如成立，罪犯施念一、颜小三、罗小六都要被处死。文天祥查明，施犯等三人与死者并无深仇，只是共殴致死，不构成谋杀案，于是按情节轻重重新改判。颜小三用斧头造成致命伤，为下手重者，但用的是斧背，并非存心杀害；罗小六开始即出谋共殴，又加以扼喉，是有心杀害，但却不至致命，遂根据朝廷推恩贷死的政策，改判二人各处脊杖二十，刺配广南远恶州军。施犯为元谋，但下手为从，应减罪一等，决脊杖七十，刺配千里州军。[2]

在清理各州县所存积案时也是如此，凡是犯罪情节较轻的，经查实后，能释放的全都释放，“其有情理重恶，累经疏决，及恩赦不原，而手足未经槌折，膂力正自精强者”，也不叫他们再坐牢了，“与其幽囚于牢栅之中，骎寻而死，不若驱于极边”，发往荆、蜀、淮海前线，让他们披坚执锐抵抗元军，或可戴罪立功死里求生。

“古之强兵猛将，得之于盗贼囚者，正自不少”[3]，这可说是文天祥的一贯主张，理宗开庆元年（1259），他在《己未告皇帝书》中就曾提出，即使“山岩之氓，市井之靡，刑余之流，盗贼之属”，但有一技之长，均可破格以用使其替国效力。

文天祥当的是地方官，心里却时时装着社稷江山，眼中盯着抗元

① 《文天祥全集》卷十二《断配典吏侯必隆判》。
② 《文天祥全集》卷十二《审问杨小三死事批牌判》、《平反杨小三死事判》。
③ 《文天祥全集》卷七《湖南宪司隆冬疏决批牌》。

大局。

这年秋季，文天祥登上衡州石鼓书院的楚观楼，写了一首《题楚观楼》：

西风吹感慨，晓气薄登临。
半壁楚云立，一川湘雨深。
乾坤横笛影，江海倚楼心。
遗恨飞鸿外，南来访远音。①

站在萧瑟寒风中，诗人透过袅袅地气烟岚，仿佛看到了湖北残破的半壁江山，感受到已经压迫着湖南的杀伐之气，心头笼罩着深长的忧念和浓厚的愁绪。

而此时的诗人是什么模样？由于长期的内心煎熬，只有三十八岁的他，已过早地显出了老态，几年前知宁国府时，头上还只有几根白发，而今已大都斑白，连胡须也变黄变白了。

镇压秦孟四领导的农民起义，就是他配合前线抗战的行动。这支义军自广西贺州（贺县）一带起事，后打进湖南，转战二十五个郡县，杀官吏、劫富济贫，在民众拥戴下不断扩大。文天祥一向认为国内盗寇是外敌入侵的内因，他早在殿试策中就说过，外之虏寇必待内之变，内之盗贼必将纳外之侮，认为只要平定寇难，边备方可稳固。因此他主张坚决镇压秦孟四的起义。这年八月十四日，他调兵遣将，配合江万里，与广西合兵向起义军发起了围剿。

但在围剿起义军时，他对农民义众又怀有同情心。他对江万里说：

① 《文天祥全集》卷二。

“盖贼有出于田里之饥荒，激于官吏之贪黩，弄兵之情，出不得已。”[①]朝廷对起义军用的是一手招降，一手捕杀，而秦孟四也“一面受招，一面劫杀”，有人认为不如“一概杀去”，文天祥则认为“若愤招安之非策，一概杀去，却又欠斟酌”，“草间狐兔，无尽灭之理”。他特别反对杀降民、抢财物，要求严明军纪，“但一贼寨来降，其中有老幼，有财物，军人不免杀戮攫拿，此须捕督总统先明秋毫无犯，不杀一人之令，使降者以我为信”[②]。对国家的忠诚和对民众的同情，在他就不能不是一对矛盾，也许正是由于这种矛盾和犹豫，直到文天祥调离，这支农民起义军都未被剿灭。

在风雨飘摇的时势中，文天祥对外寇、对奸臣佞人贪官污吏、对罪犯和盗寇疾恶如仇，而另一方面，他对忠贤之士、对志同道合的友人、对亲人乡邻、对平民百姓，内心充满了亲情、友情、同情和怜爱之情。

他甚至是渴望着这样的感情。

这一年，文天祥多次邀约老朋友李芾相聚。李芾“为人刚介，不畏强御，临事精敏，奸猾不能欺”[③]，与文天祥意气相投，在知吉州时，便与遭诬劾回乡的文天祥结下了深厚情谊。后任浙西安抚使，因揭发贾似道营私舞弊，杖责其家人，被黄万石弹劾罢官回到衡州家中。两人重温友情，自有一番陶醉。

文天祥还与各方好友书信来往。与文天祥声应气求的进士同榜谢枋得，以家藏的岳飞故物端州石砚寄赠。文天祥刻铭语曰：“砚虽非铁磨难穿，心虽非石如其坚，守之弗失道自全。”[④]以自策操守与志节。

---

① 《文天祥全集》卷十二《与湖南大帅论秦寇劄子》。

② 《文天祥全集》卷十二《提刑节制与安抚司循环历》。

③ 《宋史》卷四五〇《李芾传》。

④ 梁绍壬:《两般秋雨庵随笔》。

在此期间，江万里过七十六岁生日，文天祥专程去潭州，献上一首古体长诗为其祝寿。

这年冬季，文天祥因思念家亲，上书朝廷请求调往家乡附近以便养亲，获准改任知赣州。

离开衡州前夕，咸淳十年（1274）的正月十五，文天祥和知州宋遇今一道，与官民同庆元宵灯会。灯会上鼓乐齐鸣、百戏展演，全城男女老少倾巢出动，气氛喜庆火爆。文天祥感慨道：为官者只有平易近人，才能使民亲近；只有使民不冤，才能获得民心；只有使时和岁丰，才能使民安居乐业。

咸淳十年（1274）正月二十五，文天祥要离开衡州了。宋遇今等新老朋友都依依不舍，前来送行，李芾更在舟中设宴相送三十里，才依依惜别。文天祥感慨不已，赋诗以记：

潇湘一夜雨，湖海十年云。
相见皆成老，重逢便作分。
啼鹃春浩荡，回雁晓殷勤。
江阔人方健，月明思对君。[①]

阔别多年重逢，却又很快分离，情何浩浩，情何殷殷，月明时分我会思念老朋友，为老朋友祝福的。

到了赣州，文天祥上书皇帝，“臣敢不老老及人，亲亲为政，由家达国，期兴逊以兴仁，以子移臣，寓为忠于为孝”[②]。表示要遵照儒家

① 《文天祥全集》卷二《别李肯斋》。
② 《文天祥全集》卷四《知赣州到任谢皇帝表》。

的纲常伦理，以仁政治理一方。他根据赣州的人文地理，制定治理方针，特别注重整顿保伍制度，加强关防检查，防止本地游民与广州游民串通为盗，引发内乱。

他要求调任离家近的赣州，理由是便于养亲，所以把祖母、母亲及全家老小二十人都接来了。当年即咸淳十年（1274）六月，祖母刘氏过八十七岁生日，他把城内外自七十一岁至九十六岁的老人，共有一千三百九十名，全都请来，搞了一次盛大的敬老活动。他牵着老祖母的手，缓步走进寿堂，与全州老人同欢共乐。这也是他实行德治与礼治的一部分。他在给友人文及翁的信中说，“老者既踊跃，而少者始皆知以老为贵”，期望能有“礼逊兴行，词讼希省”[①]。

赣州这地方山长谷荒，常有农民落草暴动，他当知州后，亲民勤政，恰又逢风调雨顺，时和岁丰，诸县难得的“民皆乐业，无持梃为盗如宿昔者”[②]。看到一片祥和气象，他欣然赋诗道：“八境烟浓淡，六街人往来。平安消息好，看到岭头梅。”[③]

然而他的内心并不平静。

也不知道是偶合，还是杨桂岩尾随而来，他在赣州又与那位相命先生相遇。看来此君逢人就说自己与文天祥怎么怎么有交情，逢人就说文天祥怎样才高德广仕途远大，文天祥便又以诗相告：“此别重逢又几时，赠君此是第三诗。众人皆醉从教酒，独我无争且看棋。凡事谁能随物竞，此心只要有天知。自知自有天知得，切莫逢人说项斯。”[④]项斯是唐代人，任过吉州刺史，葬于庐陵玉山，国子祭酒杨敬之对他非常器重，逢人便说，四处推荐，成语“逢人说项”由此而来。文天祥的意思是我

①② 《文天祥全集》卷六《与文侍郎及翁》。

③ 《文天祥全集》卷二《石鼓》。

④ 《文天祥全集》卷一《赣州再赠》。

早已把官场看透了，无意在险恶污浊的官场争斗了，你也别再到处吹嘘我了。

他在为老家富川邻居刘邦美写的墓志铭中说："翁生于世，长于世，老于世，不出乡，终其天年，有乐于其身，无忧于其心。"[①]他赞赏老人乐观处世的生活方式，甚至是有些羡慕。

然而，"山上自晴山下雨，倚栏平立看风雷"[②]。在表面的平和下，文天祥的胸中时时激荡着抗元前线的风雷。

从他的诗文里，我们看到他为社稷江山的安危担忧焦虑，看到他为自己不能在风雨如磐的危世参与大政耿耿于怀。

咸淳十年（1274）六月，元世祖忽必烈正式发布平宋诏书。七月，元左丞相伯颜挥师大举侵宋。九月，元军会师襄阳，分军三道并进，伯颜与平章阿术统帅元军主力，由中道经汉水进击郢州。

十二月，元军攻下鄂州，南宋京湖防区崩溃。随之伯颜亲率主力向沿江州郡一路掩杀。

紧迫的局势猛烈冲击着文天祥。一大早，他登上郁孤台，目光在寒冷而混沌的天地间驰游，潮湿而深重的胸臆汩汩涌流。

城郭春声阔，楼台昼影迟。
并天浮雪界，盖海出云旗。
风雨十年梦，江湖万里思。
倚阑时北顾，空翠湿朝曦。[③]

① 《文天祥全集》卷十一《乐奄老人刘氏墓志铭》。
② 《文天祥全集》卷二《云端》。
③ 《文天祥全集》卷二《题郁孤台》。

可以想象他向远方悲怆眺望的眼睛。他在风雨仕途中时时期盼着云旗盖海、义师北指——他加入其间慷慨出征的情景。

他的愿望没有落空。

宋恭帝德祐元年（1275）正月十三，文天祥同时接到朝廷的两道诏书，一是太皇太后谢道清下的《哀痛诏》，命天下各地起兵勤王；一是下达给他本人的专旨，命他“疾速起发勤王义士，前赴行在”。

这说明国家已大难临头！这说明朝廷终是没有忘掉自己！文天祥百感交集、泪雨滂沱。

第九章 毁家兴兵 坎坷入卫

咸淳十年（1274）九月，伯颜大军旌旗滚滚数百里，自襄阳开赴郢州。郢州新旧两城夹汉水而立，宋将张世杰列战舰千艘，又用铁索锁大舰数十艘阻于水上，守备坚固。伯颜只得绕过郢州，顺汉江而下，连破洋城、新城，十二月，兵抵鄂州。阿术领兵抢渡大江，大败宋军，夺战船千余。宋方从长江下游急援鄂州的沿江制置副使夏贵大恐，带三百条战船掉头东去。还有一个从长江上游来救鄂州的京湖宣抚使朱禩孙，也闻讯连夜逃回江陵。

伯颜破阳逻堡，诸将请追夏贵，伯颜笑道：不如叫他自己去向宋朝报告我们的胜利。夏贵与朱禩孙一跑，汉阳举城降元，鄂州的屏障既失，城内已无正官的守军也以城降元。

文天祥后来追忆起此事，还耿耿于怀："江陵阃帅自上而下奔救鄂渚，令朱禩孙任宣阃，乃自鄂渚走还岳阳（继走江陵）。朱与夏（贵）通任长江之责，一上而一下，使中流荡然，虏安行入无人之境，国安得不亡？呜呼痛哉！”[①]

其实，夏贵与朱禩孙临阵怯逃，只是鄂州失陷的直接原因。朝廷由贾似道一手把持，元军七月出兵之时，京湖制置使汪立信曾写信给他，批评他在国危之时不该依然醉生梦死、歌舞游乐，并提出抗元上中下三策：一是尽抽内地兵力赴江北，七千里江防，百里一屯，屯有守将，十屯为府，府设总督，要害处倍其兵，战守并用，互相联络应援，此为上策；二是释放元使者郝经等人，许输岁币，以延缓元朝用兵时日，待战备整固，则可战可守，此为中策；如若以上两策都不得行，则是天败我也，就只剩下投降这一条路，为不策之策。汪立信的目的在上策，即要求摒弃从宋太祖赵匡胤传下来的“守内虚外”之策，调集兵力全力对外。

朝廷腐败和“守内虚外”的国策才是一败再败的罪魁祸首。

也就在这个月的初九，度宗皇帝赵禥驾崩。度宗只活到三十五岁，他是长期酒色过度一夜玩三十个嫔妾玩死的。度宗生有七子，夭折四个，三个活着的为淑妃杨氏所生赵昰，皇后全氏所生赵㬎，修容俞氏所生赵昺，年龄分别为六岁、四岁和三岁。度宗一死，部分朝臣主张“立长”，立赵昰继位，贾似道则主张“立嫡”，以赵㬎继位。后宫拥有实权的谢太后支持贾似道，年仅四岁的赵㬎遂被立为皇帝，是为恭帝。谢太后被尊为太皇太后，临朝称诏，主持朝政。赵昰被封吉王，赵昺封为信王。

汪立信的献策到了贾似道手里，他一把将书信摔到地上，大怒道：“瞎贼狂言敢尔！”汪立信一目生得较小，如此毒骂，可见恨意之深。贾似道随之命台谏将其劾罢。

本来，面对元朝咄咄逼人之势，宋廷也为备战采取了一些措施，如

① 《文天祥全集》卷十六《集杜诗·京湖宣阃》。

在中央成立机速房，加强某些据点的防御，调整边防大员，由于贾似道专权，朝政腐败，使得动作迟缓甚至停滞。

鄂州“为楚上流”，南宋历来“备武不懈”，鄂州沦陷，京湖防区实际已告崩溃。伯颜令阿里海牙率兵四万留守鄂州，自己以宋降将吕文焕为先导，亲率主力顺江而下。由于沿江诸将多为吕氏部曲，宋军纷纷望风降附，元军很快便拿下了黄州（湖北黄冈）、蕲州（湖北蕲春南）、南康军（江西星子）、江州（江西九江）、安庆府、池州（安徽贵池）等州郡。

伯颜任命献城投降的知安庆府范文虎为两浙大都督，由他做向导，直捣临安。

鄂州陷落，元军杀气冲击临安，南宋朝野震惊莫名。群臣纷纷上奏，认为非得让十五年前取得“鄂州大捷”的贾似道亲自出马不可。在君臣的强烈要求下，太皇太后谢道清乃诏令贾似道都督诸路兵马，出师御敌。此前并下《哀痛诏》，命天下各地勤王。

德祐元年（1275）正月十三，文天祥在赣州接到《哀痛诏》和给他本人的勤王专旨。

看看《哀痛诏》是怎么写的：

先帝倾崩，嗣君冲幼，吾至衰耋，勉御帘帷。曾日月之几何，凛渊冰之是惧。愤兹丑虏，闯我长江，乘隙抵巇，诱逆犯顺。古未有纯是夷虏之世，今何至泯然天地之经。慨国步之阽危，皆吾德之浅薄。天心仁爱，示以星文而不悟；地道变盈，警以水患而不思。田里有愁叹之声，而莫之省忧；介胄有饥寒之色，而莫之抚慰。非不受言也，而玩为文具；非不恤下也，而壅于上闻。靖言思之，出涕滂若。三百余年之德泽，入人也深；百千万姓之生灵，祈天之祐。亟下哀痛之诏，庶回危急之机。尚赖文经武纬之臣，食君之禄，不避其难；忠肝义胆之士，敌王所忾，以献其功。有国而后有家，胥保而相胥告。体上天福华之意，起诸路勤王之师，勉策勋名，不吝爵赏。故兹诏谕，想宜知悉。[①]

国之将倾，天音也哀。文天祥奉诏，顿时泪如雨下、泣不成声。这当然不是因为诏书中对兵民疾苦轻描淡写甚至推脱责任的罪己之意，更不会在于所许官爵禄位，文天祥胸中的波澜，起自于“闯我长江”、“国步阽危”、“危急之机”、“不避其难”、“忠肝义胆”、“敌王所忾”、“有国而后有家”这样一些语句搅起的悲怆感慨，起自于忧国难、痛民艰、患奸佞腐败误国，也包括对自己抱着一腔救国救民之情、秉公秉直之举屡遭挫折的百般滋味。

文天祥说：“国有大灾大患，不能不出身捍御。”[②] 接到诏书，他忠愤激发，毫不犹豫地决定疾速起发勤王义士，前赴京城。十三日接诏，十六日他就移檄诸路，聚兵积粮。

他知道，朝廷给他的专旨称他江西提刑，就是说他回到了十一年前曾任过的官职，除了这个头衔，朝廷什么也没给，义兵与粮饷全由自己筹措。他也知道，凭自己一介书生，要募兵筹粮几乎是办不到的事，于是传檄各路，希望有人撑头当勤王军首领，自己全力相助。但他的呼吁并无人响应。看来只有靠自己了，他冥思苦想，上下奔走，写信传书，日夜勤力以求。

赣州城里有一位叫陈继周的老人，贡士出身，任州县官吏历二十八年，熟悉当地人事，在当地也颇有名望。文天祥起兵当日就登门问计。

① 《文天祥全集》卷十七《纪年录》。
② 《文天祥全集》卷十《跋彭叔英谈命录》。

陈继周详尽介绍了当地豪杰之士的情况，以及溪峒蛮民即畲族、瑶族、苗族部落武装的情况。文天祥把他及其子太学生陈逢父请为军幕，与他们昼夜策划起兵方略，调度义士钱粮。依靠他们，赣州豪杰乃至溪峒蛮民很快都发动起来，“赣州大姓，起义旅相从者，如欧阳、冠、侯等二十三家”[①]，“洞獠江民，听命效死，至不费朝廷一钱一粒，而精甲数万，来勤于阙下”[②]。

各路忠义之士，其中多有文天祥的亲朋好友，在得到文天祥举旗勤王的消息后，纷纷奔聚赣州。

文天祥又把他们派出去四处招募义兵。少时乡邻和棋友刘沐被派往家乡，鼓动族人说：“大丈夫，天地父母，江山子孙。”族人叹曰：“大哉言乎！知心契合，舍昆玉其谁欤？”[③]遂有同乡数千人相与赴难。广东摧锋军统制方兴率千余人自粤北前来聚义，被派往吉州招收乡兵。文天祥同年进士何时也被派驻吉州筹措兵财。永新人张履翁回家集合族人，并与张氏、刘氏、颜氏、段氏、吴氏、龙氏、左氏、谭氏八姓豪杰血盟举义。吉州贡士肖明哲到泰和县野陂里串联各寨，社溪人胡文可、胡文静等积极响应，并倾尽家产招募义勇。胡文可写诗曰：“剑戟挥挥过赣城，勤王又会数千兵。丹心一寸坚如铁，矢石前头定不惊。”[④]反映出民众踊跃从军的盛况和矢志爱国的一片丹心。

聚到文天祥帐下的，还有吉州敢勇军将官张云，以武功赐第的吉水人刘伯文，吉水豪侠之士邹沨，赣州三寨巡检尹玉，赣军将领麻士龙，陈继周次子陈矩、其兄之子陈逢春，曾出入荆湖军幕的蜀人张汴，广军

① 宋濂：《宋学士全集》卷一三《题文天祥手帖》。
② 陈著：《本堂集》卷七四，文渊阁《四库全书》本。
③ 文陞：《题刘氏家乘》。
④ 《文丞相督府忠义传·胡文可》。

将领朱华等。文天祥同乡好友刘子俊，诗友肖敬夫、肖焘夫兄弟，文胆金应、肖资，大妹夫孙桌，二妹夫彭震龙等，也都闻讯赴往赣州，立誓举义勤王、尽忠报国，与文天祥同生共死。

文天祥举旗一呼，很快云集各方义士上万。为表示舍身救国的意志，也为了凝聚军心，他在自己的战袍上绣下“拼命文天祥”五个字。

宋廷得到文天祥兴义勤王的消息，即任他为右文殿修撰、枢密副都承旨、江西安抚副使兼知赣州。枢密院是国家最高军事机构，副都承旨为枢密使的属官，安抚使则是一路的统帅。

文天祥迅速建起了勤王军帅府，任命了一批文官武将，并扩大募兵范围，派遣刘沐、方兴等人去邻郡及广东、湖南等地联络招募义士。上奏朝廷，把任制置两浙主管官告院的弟弟文璧调来当助手，差为勤王军主管书写机宜文字。

此时，一个叫王炎午的人来见文天祥。他对文天祥说，现在义军初具规模了，但面临着两个紧迫的难题，一是兵士军事素养不高，二是供养义军的钱粮难续。文天祥点头。这支他费尽心血仓促拉起来的新军，全都来自平民百姓，昨天他们还在田头街坊干活，不要说打仗，甚至连兵器都没摸过；至于军费，全靠在民间筹措，朝廷连一个通宝都没给，随着队伍扩大用度增加，筹措越来越困难。

王炎午有备而来，见文天祥蹙眉，便将自己的想法和盘托出。对前一个难题，他建议“请购淮卒，参错戎行，以训江、广乌合之众”；后一个难题，他建议文天祥“毁家产供给军饷，以倡士民助义之心”[①]。他本人也表示要变卖家产以献军资。

王炎午又名王鼎翁，自幼力学，专攻《春秋》，时为太学生，与文

① 王鼎翁:《生祭文丞相文》。

天祥曾有交游。听了他的建议，文天祥深以为信，并想把他留在幕府。王炎午的父亲刚去世，尚未下葬，母亲也重病在床，忠孝进退陷入两难。文天祥深为体谅，也深为惋惜，让他先回去料理家事。

文天祥完全采纳了王炎午的建议，马上派人招募有战斗经验的淮士来训练义军，同时尽以家资充作军费。这后一条文天祥也许早已想到了，把文璧调来就有把一家老小全都托付给他的打算，以后文璧知惠州，老母及一家人都随往惠州。

文天祥入仕后，从他营造文山、娶妻纳妾、交游应酬看，他的收入应当不斐。初任知赣州时他曾给友人写信说："近奉八十七之祖母，与老母俱。阖门长幼，无虑二百指，悉从官居。糜费俸粟，是皆公朝锡类之造。"[①]可为证明。现在他把家资全部贡献了出来，全部用作救国新军的军费，"公尔忘私，国尔忘家"便不是一句空话。此举一出，不令而行，人不分贫富贵贱，纷纷解囊助军，甚至破家救国，掀起捐资热潮。这一来，不仅缓解了军费之急，还极大地鼓舞了士气，凝聚了军心。

正当文天祥日夜招募人马、编训兴师之时，朝廷诏书又到，晋升他为集英殿修撰、江西安抚使，兼江西提刑，并催他从速提兵入卫京师。

朝廷为何急着催他率师赶赴临安?

攻下鄂州，伯颜率元军主力沿江而下，所向披靡。太皇太后谢道清在群臣强烈要求下，命贾似道督兵出师。贾似道犯难了，畏缩不前了。

贾似道不是握有开庆元年（1259）的"鄂州大捷"吗？他还能惧怕手下败将？也许君臣真的有所不知，当年的战功被贾似道大大地虚夸了，甚至可以说其实就是一个骗局。

---

① 《文天祥全集》卷六《与前人》。

当年忽必烈亲督围攻鄂州，贾似道奉命进入鄂州城内，直接指挥保卫鄂州的战斗。忽必烈日居五丈高台往里看，贾似道自也登高向外看。忽必烈久攻不下，采取在城墙上掘洞的战术。贾似道则在城墙内壁建造木栅，形成夹墙，破了对手穴城而入的企图。在贾似道指挥下，南宋各路援军纷纷奔救鄂渚，尤其是入川蒙军北撤后，吕文德自重庆沿江而下，进抵鄂城，使城守愈加坚固。此后，为防蒙军北上或进入江西地区，宋廷又命贾似道突围至黄州，组织起第二道防线。贾似道移司成功，提振了两淮、江西一带下游之兵的士气。

应该说，贾似道在鄂州之战中确有可圈可点处，并不像有些史家讲的那样无能无功，一无是处，甚至连忽必烈也说过抬捧他的话，所谓“吾安得如似道者用之”[①]。文天祥后来被囚元大都时，回忆起鄂州战史，说贾似道“已未鄂州之战何勇也”[②],也对他当时的表现给予了肯定的评价。

然而，蒙军退兵，鄂州解围，却并非是由于贾似道的战功。

胶着的战事持续到这年年底，战区发生了流行性疫疾，蒙军十之四五被感染，加上粮食匮乏，战斗力大减。正当此时，忽必烈之妻弘吉剌氏自上都[③] 遣使来，密报阿里不哥在漠北图谋继承汗位。这年七月，蒙哥大汗攻打合州钓鱼城时战死（一说病死）。蒙哥、忽必烈、旭烈兀、阿里不哥同为拖雷正妻所生，同为成吉思汗之孙，都有继位的资格。得到密报，谋臣郝经认为争夺汗位事急，建议忽必烈“断然班师，亟定大计，销祸于未然”[④]。忽必烈感到根基不保，决定立即退师。

① 《元史》卷一二六《廉希宪传》。

② 《文天祥全集》卷十六《集杜诗》。

③ 上都：今内蒙古锡林郭勒盟正蓝旗境内，多伦县西北闪电河畔。

④ 郝经:《陵川文集》卷三《班师议》。

恰又在此时，贾似道派宋京到元营求和，提出愿以“岁奉银绢匹两各二十万”作为条件。忽必烈抓住这个机会，允许与宋议和，自己即轻骑北上，经燕京返回开平，准备自立为大汗。

就是说，“鄂州大捷”多半是贾似道撞了个大运，这其中还有他擅自向敌求和的嫌疑。但在上报理宗时，他却一味大肆吹嘘自己的战功，把账全都算在自己的赫赫战功上，而向蒙军求和的行为却只字不提，隐瞒不报。

殊不知那边授人以柄，这边扰乱国策，以此埋下了祸根。

次年，忽必烈在集中力量对付阿里不哥之时，任命郝经为国信使出使南宋，告以忽必烈即位大汗，并要求贾似道按承诺的条件商讨和议之事。这岂不就暴露了贾似道向蒙军求和并许以岁币的事实，暴露了“鄂州大捷”的真相了吗？贾似道赶紧命李庭芝把郝经扣在了仪真（江苏仪征），百般从中阻梗。

此后，忽必烈多次遣使追找郝经，甚至因此发布伐宋诏书，责备南宋“尝以衣冠礼乐之国自居，理当如是乎？”声言将“约会诸将，秋高马肥，水陆分道而进，以为问罪之举”。[①]郝经在仪真也多次给贾似道和理宗写信，希望宋廷能履行议和使命。贾似道却以一己之私将这一切都按住不报，用种种手段遮掩过去。郝经一直想法与元朝联系，直到咸淳十年（1274）的秋季才把消息送出去，他写一帛书，曰：“霜落风高恣所如，归期回首是春初。上林天子援弓缴，穷海累臣有帛书。”[②]他将此书系于雁足放飞，在开封一带为猎雁者所得，报给了忽必烈。

忽必烈怎能吞得下这般辱弄。他答应议和，本就是权宜之计，等到镇压了阿里不哥的对抗，稳定了内部局势，正好有了借口卷土重来，发

① 《元史》卷四《世祖一》。

② 《元史》卷一五七《郝经传》。

兵围攻被宋称为“天下之脊，国之西门”的襄樊。贾似道死死捂住谎言的盖子，一概压住不报。一次，度宗说起襄樊被围已三年，形势十分险恶，贾似道回道：蒙古已退兵，陛下何出此言？度宗说是一个宫女说的，贾似道便弄死了那个宫女。自此再无人敢言边事。

咸淳十年（1274）六月，元世祖忽必烈以贾似道扣留郝经作为口实，正式发布平宋诏书，挥师大举灭宋。七月，度宗死后，忽必烈又下檄文声讨贾似道“无君之罪”，责他“贪湖山之乐，聚宝玉之珍。费顾母死，夺制以贪荣；乃乘君宠，立幼而顾位。以己峻功硕德而自比于周公，欺人寡妇孤儿反不如石勒”[①]，以昭出师正义。

伯颜打着讨伐贾似道的旗号，自咸淳十年（1274）年底至次年正月沿江一路横扫，进逼临安。而贾似道却早无当年之勇，太皇太后诏令他督兵出师，他却迟不发兵。直到听说充任元军先锋的降将刘整暴死，才上出师表。此时他还要伪饰自己的嘴脸，“自襄有患，五六年间，行边之请不知几疏，先帝一不之许。襄陷郢单，臣忧心孔疚，请行，又不知其几疏，先帝复不之许”，好像他一再自告奋勇上前线，都是被皇上阻止的，其实每回都玩阴阳两手，这边自请，那边叫人在皇帝面前吹风，用各种理由让皇帝不敢离开他。

贾似道出发了。率精兵十三万，战船两千五百艘开到前线，命孙虎臣率领步骑七万抵丁家洲（安徽铜陵北）之长江两岸，命夏贵统帅战船布列江中，自己率后军驻屯鲁港（安徽芜湖南），摆开了阵势。但贾似道并不敢与元军对决，还幻想鄂州议和的历史重演，又派那个宋京到元朝军营“请称臣、奉岁币”[②]，说是议和，实际就是投降。可伯颜不买账，

---

① 陶宗仪：《南村缀耕录》卷一《檄》。
② 《宋史》卷四七《瀛国公记》。

认为“宋人无信，惟当进兵”[①]，说若要求和，让贾似道自己来谈。其实这就是要用贾似道的谎言反套他。心怀鬼胎的贾似道哪里敢？于是双方在丁家洲展开了决战。元军在两岸架西域炮猛轰宋军，宋军溃散。夏贵望风而逃。

龟缩鲁港的贾似道也与孙虎臣一同乘孤舟狼狈地逃往扬州。文天祥后来说贾似道“已未鄂州之战何勇也”，这只是半句话，接下来的半句是“鲁港之遁何哀也”，又叹“人心已去，国事瓦解”。

元军一边进攻，一边遣使追讨拘押郝经之罪。直到此时，惊恐万状的贾似道才将拘押达十六年之久的郝经以厚礼放归。

在出兵前，贾似道曾对决战失利做出了海上迁都安排，以避免重蹈北宋“靖康之变”的覆辙。鲁港战败后，贾似道即派门客翁应龙到临安送信，同时传檄各州郡到海上迎驾。岂料此时京城已是舆情鼎沸，要跟他贾似道算账，不仅是战败的账，而是算总账，算他独揽朝政、奢侈腐化、排斥异己、妒贤嫉能以及拘押郝经的总账。朝野对他的所作所为不是不知，而是时机未到，如汪立信献策阻元，就曾把释放郝经作为一策。

文天祥后来集杜诗写了一首《误国权臣》，小序曰：“似道丧邦之政，不一而足。其羁虏使，开边衅，则兵连祸结之始也。”

> 苍生倚大臣，北风破南极。
> 开边一何多，至死难塞责。

京城掀起了倒贾的浪潮。新任知枢密院事陈宜中本是他的鹰犬，摇

---

① 苏天爵：《元名臣事略》卷二《丞相淮安忠武王》。

身一变成了倒他的干将。陈宜中向翁应龙打探他的行踪，翁语焉不详。陈宜中以为贾似道已死，立即上书“乞诛似道”[①]。太皇太后谢道清念贾似道“勤劳三朝”，认为“当曲示保全”[②]，只罢免了他平章军国重事等要职。贾似道的亲信被贬的贬，杀的杀，翁应龙也被处死。

宋军鲁港之败使水陆主力尽失。元军腾嚣东下，一路势如破竹。沿江诸郡守将或降或遁，至三月初二建康（今南京）失陷。其失陷，“则江东之势去矣”[③]。

勤王诏书下达后，各地文武官员畏葸不前，只有文天祥、张世杰、李庭芝、李芾等少数几个人起兵响应。

勤王军寥寥，各地守将相继投降，临安也有大臣潜逃。京城难保，茫然无措的朝廷接二连三下诏令催文天祥等人火速入卫京师，并再以太皇太后的名义下诏曰：“我朝三百余年，待士大夫以礼。吾与嗣君遭家多难，尔大小臣未尝有出一言以救国者，吾何负于汝哉！今内而庶僚畔官离次，外而守令委印弃城，耳目之司既不能为吾纠击，二三执政又不能倡率群工，方且表里合谋，接踵宵遁。平日读圣贤书，自负为何，乃于此时作此举措？或偷生田里，何面目对人言语？他日死亦何以见先帝？”[④]

这已是绝望中的挣扎了。可又怪得了谁呢？孝宗前溯几朝皇帝都昏庸无道，重用信赖奸相佞臣，这些人党同伐异，迫害忠正，使“贤者不得行道，不肖者得行无道；贱者不得行礼，贵者得行无礼”[⑤]。士风日坏，

① 《宋史》卷四七《瀛国公记》。
② 《钱塘遗事》卷七《罢贾似道》。
③ 《宋史》卷四二一《李庭芝传》。
④ 《钱塘遗事》卷七《朝臣宵遁》。
⑤ 《鹤林玉露》乙编卷三《末世风俗》。

士大夫无耻便在所必然。

接到诏令，文天祥于四月率领他的救国新军从赣州北上吉州，与在吉州的诸郡义兵会合，以三万之众结为大屯，准备赴难京师。

岂料入卫之路又是一波三折。

到达吉州，赣州传来八十八岁老祖母刘夫人去世的消息，文天祥让文璧陪同母亲护柩回富川老家，自己按礼制上书请求解官守孝。祖母去世当然要按礼制请求“丁忧”①，而国难当头之际，皇帝当然也会“夺情”起复。果然，等六月十五日刚安葬了祖母，朝廷起复的诏令也到了，但这次不是要他赴京城临安，而是命他率部留屯隆兴府（江西南昌），经略九江。这是怎么回事？朝廷不是急着催他入卫京城吗，怎么突然又变卦了？文天祥疑惑不解，也心有不甘，便再上书请求等守孝期满再复官。但朝廷不许，仍催促他移兵隆兴府。

原来这又是江西安抚副使黄万石从中捣的鬼。咸淳元年（1265）文天祥任江西提刑，就是被此人放黑箭罢的官。黄万石一向嫉恨文天祥，文天祥也一贯视他是卑劣小人。这次他见文天祥起兵勤王一呼百应，被授江西安抚使，声望和官职都在自己之上，便又出来捣乱。他上奏诬蔑文天祥的义军是乌合之众，形同儿戏，于抗元无益。又唆使抚州（江西临川）守臣巴必岊向枢密院告状，谎称文天祥的宁都六姓义军在乐安、宜黄抢劫，并扰及抚州。这些又正好被并不真想抗元的新任丞相陈宜中所利用。

谢太后迫于压力罢黜贾似道后，任王爚为左丞相兼枢密使、陈宜中为右丞相兼枢密使。老臣王爚“清修刚劲”，而陈宜中则是个见风使舵的小人。王爚主张严惩弃城逃跑的知隆兴府吴益，没收降元的知平江

① 丁忧：古代官员在父母去世后去官守孝的礼法制度。在严“孝”的宋代，官员必须归乡守制三年，但在国难时艰之际，朝廷也会对某些位高权重的大臣加以“夺情”，起复。

府潜说友的家产，陈宜中都从中作梗。王爚提议丞相出征，并协调张世杰等诸将出师，陈宜中也不答应。其实陈宜中跟贾似道一样，也是个投降派，三月下旬，忽必烈派来劝降的廉希贤被守军所杀，陈宜中致信伯颜，表示“前杀廉希贤乃边将所为，太皇太后及嗣君实不知，当按诛之。愿输币，请罢兵通好”[①]，也是一副卖国嘴脸。但伯颜不予理睬。王爚与陈宜中“不能画一策，而日坐朝堂争私意”[②]，矛盾十分尖锐。

提拔文天祥并催他领兵入卫，是王爚的主意，陈宜中本来就不同意，黄万石说文天祥起兵是“猖狂”之举，“儿戏无益”，诬告信一到，他便撺掇谢太后下诏，命文天祥留屯隆兴府。

文天祥接诏后异常愤怒，立即上奏申辩。

文天祥写道：

> 天祥待罪一州，忠愤激发，不能坐视，移檄诸路，冀有盟主，愿率兵以从。……惟是帅司，无兵无将，无官无吏，无钱无米，徒手自奋，立为司存，今已结约赣州诸豪，凡溪峒剽悍轻生之徒，悉已纠集，取四月初一日，提兵下吉州，会合诸郡兵丁，结为大屯，来赴阙下，忽得留屯隆兴指挥，观听之间，便生疑惑。缘天祥所统，纯是百姓，率之勤王，正以忠义感慨使行，此曹锐气方新，战斗可望胜捷。[③]

极力申诉勤王义军成军不易，士气可用，如果长时间守在城里，必会挫伤士气，以致溃散。

---

① 《续资治通鉴》卷一八一，宋德祐元年（1275）四月辛酉条。
② 《宋史》卷四五一《陈文龙传》。
③ 《文天祥全集》卷十七《纪年录·注》。

此时，也有友人劝阻他说，元军“三道鼓行，破郊畿，薄内地，君以乌合万余赴之，是何异驱群羊而搏猛虎？”文天祥的回答是：国家危急，“征天下兵，无一人一骑入关者，吾深恨于此，故不自量力，而以身徇之，庶天下忠臣义士将有闻风而起者。义胜者谋立，人众者功济，如此则社稷犹可保也”[①]。每与身边人谈此话题，他总是泪流满面地说：“乐人之乐者忧人之忧，食人之食者死人之事。”表明自己的选择是不可改变的命运。

文天祥强烈要求朝廷收回留屯隆兴成命，“容天祥照累降旨挥，将所部义兵来赴阙下”。然而未被获准，得到的答复仍是“留屯隆兴”，并糊弄说这样做“非但为隆兴守御计，异时随机用事，其为效与勤王等”[②]。文天祥义愤难平，驻义军于吉州不动，继续以为祖母解官守丧相抗。

此事传到京城太学生耳里，激起了他们的义愤，他们上书“数宜中过失数十事”[③]，指斥他听信谗言阻挠文天祥率兵勤王。朝中正直的大臣也与之响应。针对陈宜中指文天祥“猖狂”，有人写诗相驳：“出师自古尚张皇，何况长江愆扰攘。闻道义旗离澧口，已驱北骑走池阳。先将十万来迎敌，最好诸君自裹粮。说与无知饶舌者，文魁原不是猖狂。”[④]迫于巨大压力，陈宜中借故出京。在此之前，王爚也因与陈宜中交恶负气离职出走。但接替他们的代理丞相留梦炎，是陈宜中和黄万石的同党，他仍按陈宜中的布置行事，要文天祥去经略九江，改由黄万石入卫京城。

文天祥说要为祖母解官守丧，心里却急着带领勤王军赴京卫国。当

① 《宋史》卷四一八《文天祥传》。
②④ 《文天祥全集》卷十七《纪年录·注》。
③ 《宋史》卷四一八《陈宜中传》。

得知抚州巴必昱诬告义军抢劫，又愤而上书澄清事实，揭露其阴谋："宁都六姓，招募数千人，驻吉州候旨入卫，未尝有一足至抚州境内。守臣张皇诳惑，欲阻挠勤王大计。"①

就在为文天祥的勤王军进京问题纠缠不休之时，前线战事也正吃紧。继占领建康之后，元军又接连攻降了镇江、京口、江阴军（江苏江阴）、无锡、宁国府、常州、西海州（属江苏连云港）、东海州、平江（江苏苏州）、广德军等地，拱卫临安的防区在急剧缩小。惶恐不安的宋廷被迫任命主战派将领张世杰为保康军承宣使、总都督府军，部署反击。

张世杰，范阳（河北涿县）人，早年曾为北方金将张柔部下，张柔降蒙古后投奔南宋，因屡立战功，由小校升至都统制。开庆元年（1259）和咸淳四年（1268）率兵援守鄂州、襄樊，都有忠义表现。此次伯颜主力自襄阳大举攻宋，正是张世杰这个硬骨头坚阻，使元军只得绕过郢州进击鄂州。鄂州失守后，张世杰响应勤王诏令，提兵万余经江西入卫临安，并挥师收复平江、安吉、广德、溧阳及常州等州郡。

六月，张世杰与刘师勇、孙虎臣等调集战船万余艘，准备在镇江的焦山与元军决一死战。此时京城守卫空虚，兵力捉襟见肘，谢太后才不得不决定传文天祥入守京师，并以诬告罪名降了巴必昱等人的官职。

七月初七，在被耽搁了三个月后，文天祥的勤王军终于得以开赴临安。八月中旬到达衢州，下旬抵达临安，于西湖之畔驻扎。沿途一路士气高昂，纪律严明，所过秋毫无犯，给了黄万石之辈一记响亮的耳光。

就在文天祥开拔前的七月初二，焦山决战打响。张世杰命令以十船为一方，没有主帅号令，不得起锚。这本是表达决死的意志，却不想被

---

① 《文天祥全集》卷十九《附录》。

元将阿术抓住他在战术上的弱点，选出善射的千名兵士，分两翼乘巨舰用火箭夹攻宋军。火箭借助风势引燃了帆篷和舱樯，江面上烟焰蔽日，宋军拼死搏杀，却因战船用铁索连在一起，欲攻难进，欲走不能，士兵多赴江溺亡。张世杰无法再指挥部队，只得率部南走，落得大败。这是继鲁港之后的又一次惨败，此一败，“宋人自是不能复军”。[①]

在此情况下，朝廷对文天祥的到来显示出应有的重视，出自王应麟之手的诰词对他的勤王之举大加褒扬：

> 自吾有敌难，羽檄召天下兵，惟卿首倡大义，纠合熊罴之士，誓不与虏俱生。文而有武，儒而知兵。精忠劲节，贯日月，质神明，惟宠嘉之。投袂缨冠，提兵入卫，师律严肃，胜气先见，宗社生灵，恃以为安。[②]

经过三个月的折腾，文天祥终于得以抵达最需要保卫的南宋心脏，也可说是抗元的最前线。他准备践行自己多年的志向，不顾一切地与入侵者兵刀相见，血拼一场。

① 《元朝名臣事略》卷二《丞相河南武定王》。
② 《文天祥全集》卷十七《纪年录》。

第十章 初战受掣 力阻乞降

文天祥到了临安，朝廷给他的任命是权工部尚书兼都督府参赞军事。这个任命意味着什么呢?

此时，陈宜中与王爚由于龃龉不断，都离开了相位，当政的是右丞相留梦炎。留梦炎是淳祐四年（1244）的状元，当过枢密使，算是资深大臣。此人是陈宜中好友，入朝后依附陈宜中架空王爚，文天祥入卫受阻，就是他俩和黄万石联手所为。陈宜中虽然跑回了永嘉（浙江温州治所）老家，但还兼着枢密使、都督诸路军马之职。他们都是所谓主和派，也就是投降派，对有碍他们行事的人都加以阻防，张世杰的亲兵一进临安府就被撤换，文天祥当然也不能例外。

工部尚书管的是土木工程之类的事，且不论；兼都督府参赞军事，即留梦炎和陈宜中帐下的参谋，也就是说在无形当中收走了文天祥对勤王军的指挥权。

文天祥力排阻挠来临安，为的是亲自率军参加保卫国都的战斗，为的是亲赴战场杀敌救国，若是被剥夺了兵权，一切都无从谈起。文天祥识破了诡计，要求辞免所授职务以示抗议。朝廷当然不准，果真免去文天祥的职务，必将招致人们的唾骂，还可能引起勤王军的对抗。于是在八月二十六日再下旨，内批："文天祥依旧（权）工部尚书，兼督赞。除浙西、江东制置使，兼江西安抚大使，知平江（江苏苏州）府事。"[①]知平江府，这是要把他从临安打发出去。文天祥后来在集杜诗《苏州》中说："予领兵赴阙，时陈宜中归永嘉，留丞相梦炎当国。梦炎意不相乐，出予以制阃守吴门（平江）。"文天祥仍然不从，仍要求辞免。朝廷似乎急着催文天祥赶紧上路，说是秋风浸至，事不可缓。谢太皇太后也下旨："令文天祥不候辞朝，疾速前去之任。"[②]并给文天祥加了一个端明殿学士的荣誉头衔。

十月初，经谢太后多次敦请，并罢去王爚相位，将上书抨击陈宜中误国的太学生刘九皋等人关进监狱，陈宜中又回到临安，再任右丞相，与改任左丞相的留梦炎共同都督诸路军马。此前的九月，元军继续清除临安外围宋军据点，攻入泰州致守将孙虎臣自杀，击溃扬州都统姜才的反攻，陷吕城（江苏丹阳吕城镇）降伏守将张彦，对常州形成围攻之势，并有情报说元军正调兵遣将，即将对临安发起总攻。临安城里早炸了锅，文武百官纷纷作鸟兽散。

陈宜中一回朝，就紧锣密鼓地做求和的安排。他怂恿朝廷把吕师孟擢为兵部尚书，把吕文德追封为义郡王。吕师孟是吕文焕的侄儿，吕文德是吕师孟已故的父亲，也是吕文焕的哥哥，而吕文焕在襄阳降元后被元军重用，成了攻宋的先锋。陈宜中这样做，就是想通过这叔侄俩建立与元朝议和的桥梁。谢太后当然支持陈宜中，只要能保住摇摇欲坠的

①② 《文天祥全集》卷十七《纪年录·注》。

朝廷。

吕文焕降元后，吕师孟本是抬不起头来的，这么一来，那个降元的叔叔竟成了他的政治资本，他自己成了求和救国的柱石。吕师孟顿时变得趾高气扬，不可一世，大言不惭地兜售投降论调。

陈宜中回朝后做的另一件事，就是立遣文天祥去平江府。

文天祥作出了出师平江的决定。虽然他知道陈宜中想的是把自己支出临安，好顺顺当当地实施他议和的计划，但此时常州告急，他渴望率领自己的勤王军抵前迎敌，尽快与元军兵刀相见。

但他又实在不能容忍投降派的嘴脸，实在不甘让投降派操纵国家的命运。在离开临安前，他利用向皇帝辞行的机会，上了一份奏折。奏折劈头就批评道："朝廷姑息牵制之意多，奋发刚断之义少！"接着，像当年乞斩罔顾国危的奸臣董宋臣，乞斩鼓吹投降论调的吕师孟，以求振作将士之气。

反对求和，何以救国？文天祥提出了挽救时危的具体方案：

> 今宜分天下为四镇，建都督统御于其中，以广西益湖南，而建阃于长沙；以广东益江西，而建阃于隆兴；以福建益江东，而建阃于番（鄱）阳；以淮西益淮东，而建阃于扬州。责长沙取鄂，隆兴取蕲、黄，番阳取江东，扬州取两淮，使其地大力众，足以抗敌。约日齐奋，有进无退，日夜以图之。彼奋多力分，疲于奔命，而吾民之豪杰者，又伺间于其中。如此则敌不难却也。[①]

① 《宋史》卷四一八《文天祥传》。

可以看出，这与他在《己未上皇帝书》中提出的“仿方镇以建守”的主张是一致的。因为“宋惩五季之乱，削藩镇，建郡邑，一时虽足以矫尾大之弊，然国亦以寝弱，故敌至一州则破一州，至一县则破一县，中原陆沉，痛悔何及”，所以须打破祖宗守内虚外的陈规，在各地建立军事大本营，加强地方战力主动御敌，并发动民间力量实行全面抗战。

实事求是地讲，这个方案如果在十六年前得以实施，还不失为良策，但在太皇太后泣书勤王应者无几的今天，却难以有效。但其足以表达他抗元的意志和抱负。而投降派斥其“议论阔远”，否定的首先也是抗元的意志和抱负。至于杀吕师孟，那不等于要陈宜中和谢太后自杀吗？

呈上奏折，文天祥愤而率兵直赴平江。

此前，为了催促和安抚他，朝廷封文璧为直秘阁，主管崇道观，以便用祠禄养亲，又以文璋充浙西制司内机。还特赐文天祥一副重二十两的金注碗和一副重十五两的金盘盏，以及绸缎、龙涎香、镀金香盒、龙茶若干。

此时伯颜已升任右相，正率蒙军主力向临安进军。其主力兵分三路，右军自建康出四安镇（浙江长兴西南四安山下），攻独松关（浙江安吉南独松岭，接余杭县界）；左军出长江攻占江阴军，由海道经华亭（上海松江县）至澉浦（浙江海盐西南）；还有一路，即以吕文焕做向导的中军，由伯颜和阿塔海率领进攻常州。

几乎与文天祥到达平江的同时，伯颜亲到常州城外督攻。他派人百般诱降，但知常州姚訔、通判陈炤、都统王安节、刘师勇等人守志愈坚。伯颜恼羞成怒，驱赶城外居民运土筑垒，连人带土一起筑入垒中，又杀百姓熬成膏油，抛到城下牌叉木上，用火箭射燃，日夜攻城不息。

依傍运河的常州是军事重镇，常州失守，元军可顺运河进攻平江和临安。文天祥急派朱华、尹玉和麻士龙率兵三千驰援，与陈宜中亲派的淮将张全先后抵达前线。这是文天祥勤王军的首战，他极为看重，派出得力将领，本以为张全是久经沙场的战将，故将勤王军交由陈宜中派来的张全指挥。岂料张全既无统驭之才，又存狭隘的地方观念，甚至还别有用心。十月二十六日在常州外围虞桥接敌，张全让麻士龙率部独自与元军交战，自己领着两千淮兵，在常州东南运河西岸按兵不动，看着寡不敌众的麻士龙部战败，麻士龙战死，非但坐视不救，反退兵到运河东岸的五木。五木是朱华所部广军驻地，张全接下来的举动更让人不解。文天祥后来说：朱华要构筑防御工事，“如掘沟堑，设鹿角，张全皆不许朱华措置，殊不晓其意”[①]。

二十七日，元军攻打五木，张全又把朱华顶到前面。朱华率广东义军英勇抵抗，从辰时苦战到未时，从早上直打到下午，打得十分顽强。而张全却“隔岸不发一矢，有利灾乐祸之心”。孤立无援的朱华渐渐不支，渡河向后退却，当泗水的义士攀住张全的兵船时，又出现了令人发指的一幕，张全非但不予援救，反下令砍断义军士兵攀住船沿的手指，致使许多士兵落水而亡。到了傍晚，元军又绕过山头攻击尹玉的赣州义军。面对数倍于己的元军，尹玉领五百义军毫不畏惧，与之死战。尹玉冲杀在前，亲手杀敌数十人，浑身上下多处中箭，成了血人，仍带箭与敌搏杀。当他伤重力竭被元兵围住时，仍威震敌胆，怯敌不敢靠近，最后被四支长枪架在颈上，用木棍活活打死。此后他的部下仍然浴血奋战，无一人投降。这场战斗从天黑打到黎明。五百义军除四人脱险外，全部战死，而敌军的尸体也堆满了田野。

三个回合，三场酷战，尹玉、麻士龙、朱华，三位将领只朱华一人生还。

---

① 《文天祥全集》卷十三《指南录·吊五木》。

五木之战是文天祥勤王军在战场上第一次亮相。对这一仗应该怎么看？文天祥后来在《吊五木》序中叹道：“呜呼，使此战张全稍施援手，可以大胜捷。一夫无意，而事遂关宗社。”他是多想打胜这一战呀，但投降派阻止了他。他对自己的勤王军首战的表现是肯定的，他看得很清楚，当他的部属要构筑防御工事时，张全从中阻挠，“殊不晓其意”；当他的部属与敌血战时，张全隔岸不发一箭，“有利灾乐祸之心”。是张全帮助元军打败了义军。这其实也是宋朝败于元以致败于金的一个缩影，是末世王朝自身的没落打败了自己。

张全的卑劣行径无异于助虏卖国！文天祥怒火中烧，本想杀张全以警众人，无奈他无此权力，只得请求都督诸路军马的陈宜中查办。其结果是不了了之。

增援的南宋军队既败，常州城破，姚訔、陈炤战死，仅有刘师勇领八骑突围。伯颜大开杀戒，下令屠城，全城上万人被杀，仅有七人伏于桥坎下幸免。忽必烈下诏南伐，曾宣布将士勿得妄加杀掠，并特别叮嘱伯颜：“古之善取江南者，唯曹彬一人。汝能不杀，是吾曹彬也。”[①]要他效仿北宋初年大将曹彬灭南唐时的敛杀。但伯颜南下后，蛮悍历史的惯性仍时常爆发出其嗜杀的个性。都统王安节被俘后也不屈被杀，元人说：自渡长江，宋朝武官忠义者，唯王安节一人。常州被屠后恍若鬼境。文天祥后来作《常州》一诗痛悼：“山河千里在，烟火一家无。壮甚睢阳守，冤哉马邑屠。苍天如可问，赤子果何辜。唇齿提封旧，抚膺三叹吁。”

几乎是同时，元军之右军攻克四安镇，独松关告急。独松关也是通向临安的咽喉要地，朝廷急令文天祥放弃平江，进驻余杭，援防独松

① 《元史》卷八《世祖五》。

关。这是陈宜中、留梦炎的主意。然而这又是一个“殊不晓其意”，因为平江同是咽喉要地，不能不守，如果放弃，伯颜便可率主力经平江直捣临安；更为重要的是，独松关战事既紧，恐怕文天祥星夜奔援也赶不及，而驻临安的张世杰前往增援则要近得多。文天祥于是上书：“辞以吴门空虚，愿分兵戍守。”[①]他不知道，朝廷把他调出平江，又舍近求远命张世杰去守平江，这不能不说是投降派避战求和的伎俩。朝廷当然不许文天祥的意见，催令又到，文天祥只得把平江防守的重任交给通判王举之和都统王邦杰，赶赴独松关。

果然，文天祥还在途中，独松关便已告失。更要命的是，他一离开平江，张世杰还未到，王举之和王邦杰就打开城门，向元军投降。

文天祥只好回兵临安。一回到临安，就听说京城正掀起一波质疑他的风浪，说他刚一离开平江，平江就投敌，这是不是他文天祥故意为之呢？这在朝野引起了极大的恐慌。文天祥听得此言异常愤慨，心想又是投降派搞的鬼，便将朝廷给他的调令公示在朝天门，还事实以真相，才打消了人们对他的猜忌。

此时，元军三路兵马一路飙进，冷厉的刀锋已经触到了临安的鼻尖，宋廷文武百官十有九去，连左丞相留梦炎也逃回了衢州老家。留梦炎逃跑后，谢太后命吴坚为左丞相，在朝堂宣布时，来上朝的文官只寥寥六人。

朝中垂帘听政的谢太后操纵着五岁的小皇帝，而把持着军政大权的陈宜中主使着谢太后，在他们心目中，求和是唯一的出路。他们梦想“绍兴和议”的历史重演。绍兴十一年（1141），南宋与金签订了“绍

① 《文天祥全集》卷十七《纪年录·注》。

兴和议”，高宗向金称臣奉表，并以向金割让唐、邓二州及商、秦一半地盘，每年贡银二十五万两、绢二十五万匹的代价，讨得与金维持近半个世纪相对稳定的局面。

十二月初四，他们先是派柳岳带着国书去见伯颜。柳岳近乎哀求地流着泪说：自古礼不伐丧，年幼的皇帝正在守孝，乞能和议？而今事情发展到这种地步，全是贾似道失信误国所致。十二月十七日，又派兵部侍郎吕师孟、礼部侍郎陆秀夫、刑部侍郎夏士林前往平江向伯颜求和，表示德祐皇帝愿向元世祖忽必烈称侄并纳币，不行就再退一步，降称侄孙，给忽必烈当孙子。十二月二十四日，再遣柳岳为工部侍郎、洪雷震为右正言，出使元朝祈请小国之封。

对谢道清、陈宜中卑躬屈膝一味向敌人乞求“和议”，不惜当孙子、当附庸国的行径，以文天祥为代表的爱国将士坚决不答应。

文天祥不答应。他对张世杰说：“今两淮坚壁，闽广全城，王师且众，何不与之血战？万一得捷，则罄两淮之兵以截其后，国事犹可为也。”[①] 此时文天祥有勤王军三万，张世杰握重兵五万，诸路兵力尚在四十万，淮东仍坚固，闽广未失一地，如跟元军血拼，不是没有翻盘的可能。张世杰拍案赞同。于是两人一同上奏朝廷，决意抗战到底。

湖南安抚使兼知潭州李芾不答应。元将阿里海牙围攻潭州三个月，李芾坚拒劝降和屠城威胁，每天登城以忠义勉励将士，率诸将分守，虽伤亡惨重，将士们乃至城内百姓仍殊死战斗，打退敌人数十次进攻，并致阿里海牙身中箭伤。潭州沦陷后，受李芾之托，部将沈忠洒泪杀了李芾和他全家，放火烧毁他的住宅。沈忠随后回家杀了自己的妻子，自刎殉国。参议杨霆投园池而死。李芾的幕僚陈亿孙、顾应焱、钟蜚英皆

① 《钱塘遗事》卷八《诸郡望风而降》。

死。寓居城中的知衡州尹谷，为次子举行了汉族冠礼，穿上朝服携全家老少引火自焚。城中居民多全家自尽者，遗体填满了水井，树上挂得到处都是。他们以此决绝的意志与城共存亡。

江淮招讨使汪立信不答应。元军逼近建康，在此募兵的他知道建康守不住，叹曰："吾生为宋臣，死为宋鬼，终为国一死，但徒死无益耳，以此负国。"于是率数千人马奔高邮，想以江汉为根据地进行抵抗。鲁港兵败后，江汉一带的守臣望风逃遁，汪立信知道局势已无法逆转，说："吾今日犹得死于宋土也。"遂摆酒席请宾佐痛饮，托付家事，"夜分起步庭中，慷慨悲歌，握拳抚案者三，以是失声，三日扼吭而卒"。[①]

江西都统密佑不答应。元军进逼江西抚州，密佑迎敌于进贤坪。所向披靡的元军喝问：来者归降，还是作战？密佑壮声对答：是来战斗的！便指挥士兵向前冲击。密佑挥舞双刀在箭雨中与敌厮杀，不久陷入重围，面部中箭。他一把拔出箭头，按住伤口大叫：孩儿们，用力杀敌！又身中四箭三枪，仍率数十勇士死拼。从早上直杀到太阳西斜，终于杀出一条血路，不料桥板断裂摔昏被俘。元军为他疗伤，命叛臣吕师夔赠他金符、许以官职，又命他儿子来劝降。密佑的儿子说：父死，儿何处存身？密佑斥责道：你去行乞于市，说是密都统之子，谁不怜你！说完，解开衣服自请就刑。慷慨就义时，在场的元兵都为他的忠节大义流下了眼泪。

江西招谕使兼知信州谢枋得不答应，他的部将张孝忠不答应。德祐二年（1276）正月初一，当元军来攻时，谢枋得令前锋高呼："谢提刑来也！"亲自领兵迎敌。他的部队跟文天祥一样，是从民间招募的勤王义军，虽缺乏训练，未得朝廷的粮饷和武器，却怀着忠义爱国心奋死拼

---

① 《宋史》卷四一六《汪立信传》。

杀。战至安仁（江西余江锦江镇）团湖坪，部将张孝忠挥舞双刀，左冲右突，一口气杀元兵一百余人，直到身中数箭牺牲。元兵打扫战场时，见他怒瞪双眼，半卧尸众间，不禁跪拜，由衷地赞叹：“真壮士也！”

浙江富阳县尉谢徽明不答应。正月初五，元兵杀向富阳，谢徽明闻讯立刻拔刀上马，带兵出战。谢枋得的这位伯父，已是八十多岁的老叟，当时富阳没有知县，由他这个县尉代理县事。他不会不知道自己绝非杀气正盛的元将的对手，不会不知道富阳县的那几个兵丁难挡元军锋芒，也不会不知道此一去再无回头之路。但他却要抛出生命以表达坚决抗战的意志。结果一交手他就阵亡了，跟随他上阵的两个儿子君恩、君赐，不顾一切上前抢夺遗体，也饮血被杀。

文天祥的老师和恩相江万里不答应。元军攻破饶州，病退居此的江万里坐守不动，誓与城共存亡。当元兵快到家门口时，他拉住门人的手说：大势不可支，我虽不在位，当与国家共存亡。说完，便和他的儿子江镐及随从相继投水自尽。

文天祥的政敌、叛将黄万石的部下米立也不答应。都统米立战败被俘，元军派黄万石劝降，黄万石恬不知耻地说：连我都投降了，你还有什么必要硬扛呢？米立反驳道：我虽是一名小卒，但三世食宋之禄，国亡当死，决不与投降者为伍。不屈殉国。

陈宜中、谢道清之流向敌人乞怜，要给人家当孙子，让国家当附庸国，那些血融民族大义、骨铸民族气节，以鲜血和生命与敌相搏的爱国志士绝不答应，他们的忠魂绝不答应。

可是陈宜中、谢道清执意要与元军议和。谢道清降诏“以王师务宜持重为说”[①]否决了文天祥和张世杰的作战要求。

---

①《宋季三朝政要》卷五。

然而，此一时，彼一时，你就是乞怜当孙子，当附庸国，也不能让“绍兴和议”的历史重演了。为什么？因为当年宋高宗怕被押金营的徽钦二帝回归，从而威胁到自己的帝位，是在宋军反击金兵捷报频传、金兵节节败退的当口，以解除韩世忠、张俊和岳飞三员大将的兵权，杀了岳飞为条件，向金朝乞得和议的。而今你谢道清、陈宜中哪有这个资本？

伯颜断然拒绝了谢道清、陈宜中乞求和议及开出的条件，他容不得你作为一个国家继续存在，还自作多情地“赦吕文焕，令通好罢兵”①，他要的是你“效钱王纳土”②，要的是你彻底趴下，彻底投降，彻底灭亡。

几回遣使求和遭拒，把谢太后吓破了胆，竟然要“用臣礼复往”，就是以臣礼与伯颜打交道，就是撕掉遮羞布投降。对此连陈宜中也感到难堪。谢太后哭着说：如能保住宗庙社稷，称臣也不必计较。

回望宋太祖灭南唐的历史，这又是一个绝妙的讽刺。当年北宋以摧枯拉朽之势进攻南唐，李后主屡屡遣使到北宋入贡，卑辞厚礼，请求缓师。使臣李铉对宋太祖说：南唐一向称臣事宋，百依百顺，何以无罪兴师？乞缓兵以全一邦之命。宋太祖抽剑作答：不须多言，江南亦有何罪，但天下一家，卧榻之侧，岂容他人鼾睡乎！而今，这出历史剧又毫无二致地重演了，只不过是宋太祖的后代充当了屈辱的角色。

对谢道清、陈宜中千方百计、苦心求和的行径，文天祥忧心如焚。无论如何也不能投降。与张世杰合诸路兵力背城血拼的建议不被理睬，他已在考虑临安失陷后的出路了。他把义军主力调到临安西大门富阳，安排精锐两千卫戍宫廷，利用与陈宜中接近的机会，建议请太皇太后谢氏、太后全氏和恭帝赵㬎三宫迁到海上，吉王赵昰和信王赵昺二王分守

① 《续资治通鉴》卷一八二。
② 《元史》卷一二七《伯颜传》。

闽、广，开辟抗元基地，保存宗室再图复兴。谢太后对此也不理会。

德祐二年（1276）正月初八，文天祥又提议，由福王赵与芮和沂王赵乃猷亲领临安府尹，以稳民心，自己担任副职少尹辅佐他们，誓死保卫宗庙。此提议又如石头扔进死水不起波澜。

见说不动谢太后和陈宜中，急得文天祥跑到六和塔下，再次找到握重兵在此的张世杰，想联合他守城抗战，说："京师义士，可二十万，背城借一，以战为守。"[①]但此时张世杰已对守临安不抱希望，他反劝文天祥回江西据守，说自己也将转往两淮活动。

也是在正月初八这一天，谢太后派遣的监察御史刘岊到伯颜营中，向元朝奉表称臣，还给忽必烈恭上"仁明神武皇帝"的尊号，提出每年向元朝献银二十五万两、绢二十五万匹，乞求能保留南宋现有的版图和赵氏小朝廷。伯颜同意在长偃（长安镇）议降，其他再作商议。

外寇势凌京门，自己所有的抗战建议都遭否决，而朝廷的乞降活动愈演愈烈，使得文天祥绝望了。

闭目犹见光亮，睁眼一片漆黑，左冲右突，八方无门，文天祥在青灯孤影下愤笔写下《赴阙》一诗，宣泄内心的苦闷。

楚月穿春袖，吴霜透晓鞯。
壮心欲填海，苦胆为忧天。
役役惭金注，悠悠叹瓦全。
丈夫竟何事？一日定千年。[②]

在国家蒙难的危急中，我文天祥挺身而出，抱着精卫填海的决心，

① 《文天祥全集》卷十七《纪年录》。
② 《文天祥全集》卷十三《指南录·赴阙》。

组建义军从江西奔赴京城勤王，却屡遭诽谤和阻挠，救亡计策又不被采纳，劳碌奔波却于国事无补，既深为有负皇恩而惭愧，又为朝廷苟安误国而喟叹。这都是为了什么呢？这都是为了挽狂澜于既倒，扶大厦之将倾，定邦运于一日呀！

正当文天祥陷入苦闷绝望之时，正月十三，有一个人到西湖上来求见文天祥。此人叫杜浒，字贵卿，天台人，性刚猛，是前丞相杜范的侄儿。元军逼近京城，身为游侠的他自发纠合临安四千义士保城救国。他不找别人，而是带着四千义军投到文天祥帐下。文天祥听了他的来意，大为振奋，极赞他的大义之举，与之慷慨倾谈，相见恨晚。从此，文天祥多了一个忠肝义胆的得力助手。

好心情很快就被糟心事淹没了。当晚，朝廷传出消息，说伯颜约陈宜中于十五日去长偃，商签称臣投降条款。文天祥忧愤又起，连夜去陈宜中家中竭力劝阻。陈宜中表示接受文天祥的意见。他十五日也确实没有去长偃。但他想的不是国家，他是怕卖国罪名由自己背，更怕去了被扣住回不来。

正月十八，元军三路大军在临安北郊皋亭山（浙江余杭镇西南）会师，距临安不到三十里。伯颜指定要宋廷丞相去乞降，陈宜中拖了几天不去，宋廷遂遣监察御史杨应奎到伯颜的大营，送上传国玉玺和降表。降表写道：

谨奉太皇太后命，削去帝号，以两浙、福建、江东西、湖南、二广、两淮、四川见存州郡，悉上圣朝，为宗社生灵祈哀请命。伏望圣慈垂念，不忍臣三百余年宗社遽至陨绝，曲赐存全，则赵氏子孙，世世有赖，不敢弭忘。[①]

伯颜接受了宋朝的传国玉玺，具体洽降事仍指名要右丞相陈宜中出议。陈宜中无奈，干脆连夜逃往永嘉清澳老家，成了继留梦炎之后逃跑的第二个丞相。

在此前后，张世杰率军走庆元（浙江宁波），陆秀夫、苏刘义、刘师勇等向东南沿海转移。吉王赵昰已改封益王、信王赵昺改封广王，他们如文天祥建议的，在驸马都尉杨镇等人的护卫下转往婺州（浙江金华）。

此时，只有文天祥一个人仍想着抗战。他要把调往富阳的勤王军再调回京城，却被谢太后诏令阻止："今遣使议和，卿宜自靖自献，慎勿生事，乃所以保全吾与嗣君也。"[②]

但谢太后需要文天祥。十九日早晨，谢太后任文天祥为枢密使，中午即升右丞相兼枢密使，都督诸路军马。右丞相陈宜中跑了，满朝遗臣中，谁能在与元军的洽降中保住她和小皇帝的身家性命呢？她选中了文天祥。

朝中遗臣也需要文天祥。他们聚集在左丞相吴坚府内商议，而今谁能在与元军的洽降中力避更大的灾祸呢？众臣一致推举文天祥。

文天祥是坚定的抗战派，他会答应出使洽降吗？如果答应出使洽降，他会有怎样的举动呢？

① 《宋史》卷四七《瀛国公记》。
② 《钱塘遗事》卷八《诏罢兵》。

第十一章

面斥敌酋 陷身虎口

德祐二年(1276)正月二十，文天祥与左丞相吴坚、同知枢密谢堂、安抚使贾余庆、中贵官邓惟善，来到设在皋亭山因明寺的元军大营。但他不是来洽降，而是来谈判的。

穿过刀枪森列的卫兵，文天祥气宇轩昂地径直走到堂中坐下。

待众人坐定，元朝右丞相伯颜向文天祥发问:“丞相是来谈投降之事的吧?”

看着坐在虎皮椅上的伯颜，文天祥辞色慷慨地说:“此事乃前丞相经办，非予所与知。今太皇太后以予为相，予不敢拜，先来军前商量。”

文天祥此时的身份颇微妙。谢太后在一天之内任他为枢密使，又任右丞相兼枢密使，是想叫他替代陈宜中到元营洽降。文天祥看透了谢太后的私心。他想起朱熹说的:天下者，天下之天下，非一人之私有者。他不接受所授官职，也决不接受洽降的任务。

既如此，他还是想到元营来一趟，因为“国事至此，予不得爱身，且意北尚可以口舌动”[①]，劝其撤军，否则“三宫九庙，百万生灵，立有鱼肉之忧”，同时也想“欲一觇北，归而求救国之策”[②]。既要来谈，又不能作为伯颜指定的“当国”来洽降，文天祥便辞右丞相不拜，而以旧职端明殿学士的身份前来。这是他个人的决定，在谢太后和伯颜眼里，他还是右丞相。文天祥被称为文丞相，也是由此开始的。在文天祥内心，他也未必不把自己看作丞相，他自称丞相，也是由此开始的。

听了文天祥的这番话，伯颜一时有些困惑，便敷衍道：“丞相来商量大事，说得是。”

现在由文天祥来发问了：“本朝承帝王正统，衣冠礼乐之所在。北朝欲以为国欤，欲毁其社稷欤？”

宋朝是国家合法的朝廷，而你元朝前身蒙古汗国祖先，曾是中原政权的地方官，现在却大举兴兵侵宋，理所不容。何况忽必烈的攻宋诏书中，只以贾似道拘留使节郝经违背和约为由，也并没有说要消灭宋朝。文天祥的质问有理有据。

伯颜想的当然是灭宋，但只得按忽必烈诏书上的话应付道：“社稷必不动，百姓必不杀。”

文天祥抓住伯颜的破绽，提出了自己的主张：“尔前后约吾使多失信，今两国丞相亲订盟好，宜退兵平江或嘉兴，俟和议情况奏议北朝，看区处如何？”

伯颜沉不住气了。今天叫你来是谈投降事宜的，怎么反要被你牵着鼻子走，落入你的缓兵之计呢？于是面露骄横之色，连威胁带狡辩地与文天祥争论起来。

文天祥毫不示弱地坚持自己的主张，甚至说：“能如予说，两国成

① 《文天祥全集》卷十三《指南录·自序》。

② 《文天祥全集》卷十三《指南录·后序》。

好，幸甚！不然，南北兵祸不已，非尔利也！”

伯颜被激怒了。文天祥的强硬态度令他惊愕，他还从未见过宋朝的哪一个使臣敢这样对他说话，他不相信眼前这个一身书生气的对手真能扛到底，于是出语凶狠，甚至以死恐吓。

岂料文天祥没有一丝恐惧，反冷笑道：“吾南朝状元宰相，但欠一死报国，刀锯鼎镬，非所惧也！”

面对一腔正气的文天祥，理屈词穷的伯颜无计可施，只得收敛怒容不说话了。

文天祥就这样把洽降变成了据理抗辩。

与文天祥同来的几个人，吴坚是个胆小怕事的老儒，谢堂遇事一向唯唯诺诺，贾余庆更是个私念缠绕的卑鄙小人。他们在文天祥与伯颜舌战时不知所措、惶恐猥琐的神态，更反衬出文天祥大义凛然的气概，在场的元军将领无不为文天祥相顾动容，为之叹服，称文天祥是大丈夫。文天祥有诗《纪事》记录下了这一幕：“单骑堂堂诣虏营，古今祸福了如陈。北方相顾称男子，似谓江南尚有人。”

目的没达到，还碰了一鼻子灰，伯颜的气恼可想而知。过后经与诸元将商议，决定以降表中仍称小皇帝“宋国主”及未称臣为由，放吴坚等四人带回去更改后再送来，并派宋朝降臣程鹏飞随往，办理一干受降事宜。但没让文天祥回去，独独将他扣留在了元营。

这些勾当都是瞒着文天祥干的。当晚，当文天祥发现吴坚等人返回临安，独把自己拘留在元营时，得到的解释是：北朝的决定，都是向南朝大臣面呈圣旨；而南朝每传圣旨，北朝使者却从未到过廷前，今派程鹏飞面奏太皇，亲听处分。等他回来后，再与丞相商量，大事定下来，丞相便可返回。

意思很明白，就是你文天祥此番来洽降，并没有按圣旨办，而是肆意妄为另搞一套，所以要把你扣下来，以免你回去后再从中捣乱。

文天祥闻之大怒，直奔伯颜帐前，怒目厉声地斥责道："我此来为两国大事，彼皆遣归，何独留我？"

伯颜语气平和地答道："勿怒。汝为宋氏大臣，责任非轻，今日之事，你我还要商量，愿能暂留几日。"

文天祥哪里肯信，仍坚决要求放归，"辞色甚厉，不复顾死。译者再四失辞。予迫之益急，大酋怒且愧，诸酋群起呵斥。予益自奋。文焕辈劝予去，虏之左右，皆啧啧嗟叹，称男子心"。又有诗曰：

狼心那顾歃铜盘，舌在纵横击可汗。
自分身为齑粉碎，虏中方作丈夫看。[1]

凭你再怎么说，他也是不会放虎归山的。当晚，伯颜派万户忙古歹、安抚唆都做"馆伴"，即下榻馆所的陪伴，看着文天祥，还在他的住处周围布置了重兵把守，将他软禁起来。

吴坚等人带着降表回临安后，谢太后按伯颜的要求做了改动，第二天又由贾余庆、吴坚、谢堂等带到了元营，并带来了谢太后令南宋各州降附元朝的手诏及三省、枢密院的檄文。

伯颜接受了降表，宣告南宋正式投降。

文天祥被引进大营时，仪式已结束，贾余庆等人正要离去。落座后，当得知昨日还是安抚使的贾余庆已顶替自己当上了右丞相，并领头向元朝呈降表献国土，顿时勃然大怒。他腾地站起，大骂贾余庆卖国偷

① 《文天祥全集》卷十三《指南录·纪事》。

生，奴颜婢膝，不齿丑类。

在文天祥的骂声中，贾余庆等人匆匆出门登车返回。文天祥也要走，却被卫兵拦住。文天祥异常愤慨，质问伯颜何以如此，何以失信。伯颜无语。文天祥痛斥伯颜身为丞相，却是卑鄙小人龌龊行径，劈头盖脸一顿臭骂，越骂越凶。伯颜面露愠色却无言以对，只得闷不作声。

这时吕文焕上前来劝解说："丞相息怒，稍候一二日即可回阙。"

吕文焕一边劝，一边把文天祥往一旁拉。这简直就是火上浇油。你个叛将！你是想讨好伯颜吧？昨天在大营与你相邻而坐，我都没拿正眼看你，你有什么脸来劝我。文天祥一把将他的手甩开，用极鄙夷的口吻斥骂他是叛逆遗孽，当用诛乱贼法处之。

吕文焕也恼了，顶嘴说："丞相何故骂文焕是乱贼？"

文天祥斥道："你身为大将，以城降敌，国家不幸至今日，汝为罪魁祸首，汝非乱贼而谁？三尺童子皆骂汝，何独我哉！"

吕文焕心有不服，辩解说："襄阳苦守六年，粮尽援绝，朝廷不救，我自奈何？"

文天祥即予驳斥："力穷援绝，死以报国，可也。汝爱身惜妻，既负国又辱没家声，而今合族为逆，万世之贼臣也！"

见骂到了自己身上，在一旁的吕师孟忍不住横插进来，指着自己的鼻子挖苦说："丞相上疏欲见杀，何为不杀取师孟？"

又跳出一个不要脸的！去平江前曾乞斩鼓吹投降的此贼，此时只恨手无"击贼笏"，文天祥怒目喝道："汝叔侄皆降北，不灭汝族，是本朝之失刑也，更敢有面皮来做朝士？予实恨不杀汝叔侄！汝叔侄若能杀我，我为大宋忠臣，正是汝叔侄周全我，我又不怕！"

吕师孟自找没趣，再不敢多嘴。在场的元军将领皆噤声敛气，神情凝肃。

文天祥这一通痛骂，一骂贾余庆卖国偷生，二骂伯颜卑鄙无信，三骂吕氏叔侄乱贼叛逆，骂得大义凛然，一身正气，连敌人也叫好。伯颜暗地里也吐舌赞道："文丞相心直口快，男子心！"唆都后来在与文天祥闲聊时也说："丞相骂得吕家好！"

以上内容的史料，均取自文天祥《指南录·纪事》的序文。这里要特别说一下，《指南录》是文天祥诗歌创作的一个分水岭。他此前的诗，虽也可见感时忧怀的上品，但由于生活相对安定，内心跌宕起伏不大，大多显得安逸平淡，且不痛不痒的酬唱甚至游戏之作居多，论其平庸也不无根据。而自德祐勤王慨然奋起之后，他将自己对人格理想的追求与抗元救国的壮举和磨难相激相冲，在诗中抒发饱经丧乱的忧愤情思和惨戚感慨，用以作为铸炼理想人格的手段，诗风一变而为沉郁怆凉、雄放悲壮，写下了一首首惊天地泣鬼神的黄钟之作。《指南录》之后的诗还有一个显著特点，即追仿杜甫"以咏歌之辞，寓记载之实"的纪事手法，自觉地写志存史，诗前多有小序，诗序结合，并经他亲手编订成《指南录》、《指南后录》，为后人研究他的心灵史及其背景留下了翔实的资料。

其他人都回临安去了，独文天祥被拘元营，这未必不是谢道清想要的结果。她派文天祥来洽降，难道不知道他是什么样的人吗，不怕他把事情搞砸吗？但换个角度，遍数满朝大臣，还有谁比他更适合充当与伯颜讨价还价的棋子呢，有谁能像他那样敢在悍敌面前伸张道义呢？就是最终将他抛弃了，还可在伯颜那里得一筹码，又借伯颜之手除去了身边的一个绊脚石，这难道不是一个高招吗？对这样的结果，文天祥也不是没有料到，行前杜浒也认为断不可来，竭力劝阻。但"予不得爱身"，他太想以自己的口舌对局势有所干预了，退一步讲，即使自己的努力不达目的，至少也能窥探元营的虚实，回去好研究对策。明知有危险，又要自投陷阱，不能不说是文天祥无法避开的命运。现在真的被扣元营，不能阻止朝中投降派的耻辱勾当，更不能带领勤王军以武力抗争，文天祥还是痛悔不已，他的诗里充满了自责之意。

貔貅十万众，日夜望南辕。
老马翻迷路，羝羊竟触藩。
武夫伤铁错，达士笑金昏。
单骑见回纥，汾阳岂易言。[①]

正当他惦着自己的勤王军，为自己的失算铸成大错而伤感时，又传来了令他更为痛心的消息。正月二十五，伯颜命镇抚唐古歹、宋官赵兴祖，把他的这支勤王军给遣散了，包括杜浒在临安招募的四千人，都发给文书，令他们各归故里。这个打击来得太大，致使他伤心得痛哭流涕。他写下了一首首诗。他责备自己，“誓为天出力，疑有鬼迷魂”[②]，“但知慷慨称男子，不料蹉跎愧故人”[③]；他思念战友，“如虎如熊今固在，将军何处上金台？”[④]“恨我飞无翼，思君济有航。麒麟还共处，熊虎已何乡？”[⑤]他思之深，“思我故人兮怀我亲，怀我亲兮思故人”；怀之切，“怀哉怀哉，不可忍兮，不如速死！”[⑥]

方兴将军、朱华将军，你们在哪里？陈继周、陈逢父你们父子两人在哪里？邹沨、张汴，我的豪杰义士在哪里？我的同乡好友刘沐、刘子

① 《文天祥全集》卷十三《指南录·铁错》。
② 《文天祥全集》卷十三《指南录·所怀》。
③ 《文天祥全集》卷十三《指南录·愧故人》。
④ 《文天祥全集》卷十三《指南录·思方将军》。
⑤ 《文天祥全集》卷十三《指南录·思蒲塘陈》。
⑥ 《文天祥全集》卷十三《指南录·思小村刘》。

俊在哪里？我的妹夫彭震龙，我的诗友肖敬夫、肖焘夫兄弟，你们在哪里？武进士刘伯文、同乡将领张云你们在哪里？肝胆相照的战友们，你们在哪里呀？“南国应无恙，中兴事会长”[①]，无论你们在哪里，相信你们都不会甘心放下武器，都会为复国中兴继续战斗。

伯颜却难度文天祥的内心。几经交道，他深为钦佩文天祥的气节和品格，认为这样的人能为己所用，对征服南宋民心，收拾江南残局，将大有助益。你是个硬骨头不假，但现在宋廷投降了，勤王军也解散了，你就是再大丈夫，再大英雄，恐怕也要万念俱灰，没必要再扛着了吧？于是便指使唆都来试探。

唆都与文天祥聊天来了。聊着聊着，话头一转说：“大元将兴学校，立科举，丞相在大宋是状元宰相，无疑也能当大元宰相。丞相常说国存与存，国亡与亡，说这是男子心，但现在天下一统，你要是做上大元宰相，那又是怎样风光！丞相啊，听我一声劝，以后就别再提国亡与亡了。”文天祥当然明白唆都的用意，当即严辞拒绝，说着说着竟悲从中来，忍不住痛哭失声。回到住处仍觉块垒在胸，又写诗以记：“虎牌毡笠号公卿，不直人间一唾轻。但愿扶桑红日上，江南匹士死犹荣。”[②]

我心里想的是扶桑红日重新升起，就是死了，也不会佩虎牌戴毡帽做你的什么公卿。

又一次，唆都、忙古歹问度宗有几个儿子，帝㬎是第几子。文天祥说度宗有三子，帝㬎是第二子。又问第一子、第三子是否封王，今在何处。答曰一封吉王，一封信王，在大臣护送下出临安而去。唆都和忙古歹显出惊讶的样子，追问究竟是去了哪里。文天祥坦然地说：“非闽即广，宋疆土万里，尽有世界在。”唆都像是满不在乎地说：“既是一

① 《文天祥全集》卷十三《指南录·思蒲塘陈》。
② 《文天祥全集》卷十三《指南录·唆都》。

家，何必远去？”文天祥冷笑道：“何为怎地说？宗庙社稷所关，岂是细事？”虽然朝廷投降了，但南方大地上众多的军民并没有屈服，鹿死谁手还待时日。也许唆都是想提醒说：连二王都跑得没影了，你何苦再撑持呢。文天祥却以诗作答：“一马渡江开晋土，五龙夹日复唐天。内家苗裔真隆准，虏运从来无百年。”①

古有司马睿将军渡江建立东晋，有人面龙身神扶日匡复江山，今日其谁？是二王，还是一种不灭的信念？

再一次，唆都问文天祥为何离开平江，文天祥说因奉诏入卫。又问他有多少兵，回说有兵五万。唆都喟然叹道：“天也！若使丞相在，平江必不降。”文天祥反问说你怎么知道？唆都说：“相公气概，如何肯降？但累及城内百姓。”不管唆都是真话还是假意，文天祥斩钉截铁地说：“果厮打，亦未见输赢！”也许唆都是想调侃他，让他想想自己的兵能否与强大的元军对抗，而他却借机表达了自己的心志。仍作诗以记：“气概如虹俺得知，留吴那肯竖降旗。北人不解欺心语，正恐南人作浅窥。”②

唆都诱降的试探，试出的是不屈的志节气概，得到的回答仍是热血抗辞。

见诱降无望，唆都就派手下的一个属官来陪伴或者说监管文天祥，自己忙别的重要的事去了。

新派来的人叫信世昌，字云父，东平府（今属山东）人，曾任元朝太常丞。两下里一聊，文天祥得知此人自认北宋遗民，对宋仍有眷眷之情，且是个知古今、识道理的儒士，便心生好感，与他挺聊得来。信世昌能作诗，常向文天祥讨教诗法。有一首赠给文天祥的诗这样写道：“东

① 《文天祥全集》卷十三《指南录·二王》。
② 《文天祥全集》卷十三《指南录·气概》。

风吹落花，残英犹恋枝。莫怨东风恶，花有再开时。”文天祥说：你是喻我不忘王室，而王室之必能中兴呀。由此可见，他们的交往对文天祥是个慰藉。文天祥很感激他，在写给他的诗里口吻非常亲切：“我爱信陵冠带意，任教句法问何如。”[①]

唆都忙什么去了呢？除了查封临安的府库，收缴宋廷各部门的印章文件，撤销各官府机构和禁卫军一干要事外，他还要忙于受降的善后事宜。

二月初五，伯颜导演了一场宋朝降元的受降仪式。

六岁的小皇帝赵㬎率领百官，拜表祥曦殿，宣布退位，向元朝乞为藩辅。

作为这个仪式的一部分，伯颜又命南宋右丞相兼枢密使贾余庆、左丞相吴坚、同知枢密院事谢堂、同签书枢密院事刘岊和家铉翁等五人，以“祈请使”身份，捧着降表去大都（今北京），上给元世祖忽必烈。

二月初八，贾余庆、谢堂、家铉翁和刘岊四人在北新桥上了北去的船。吴坚此前以老病求免，得到伯颜批准。

船要开动之时，伯颜突然决定要文天祥、吴坚也一同北上。

伯颜为什么要叫自己去，文天祥当然知道。祈请使的使命实际上就是让最高权威确认受降的合法性，同时裁夺赵氏宗室在交出江山后乞求保住谢太后等人性命的要价。文天祥岂肯被逼着作为这样一个使团的附庸去大都？于是他写好家书，安排好后事，打算以死殉国。

但是到了最后时刻，他又改变主意答应随行北上。这是怎么回事？

对于跟随“祈请使”北上，文天祥写了九首《使北》表达自己的感受和想法，其中一首写道：

① 《文天祥全集》卷十三《指南录·信云父》。

初修降表我无名，不是随班拜舞人。

谁遣附庸祈请使，要教索虏识忠臣！

我文天祥与赶修降表、随班拜舞的贾、刘之辈绝不是一路人，你叫我跟随他们北去，我倒是要叫你们见识见识什么叫忠臣。

第十二章

历难闯险 镇江走脱

德祐二年（1276）二月初九，文天祥在料峭的冷风中登上了北行的船。

跟随他上路的有十一人，有路分金应，总辖吕武，帐前将官余元庆，虞候张庆，亲随夏仲，帐兵王青，仆夫邹捷、李茂、吴亮、肖发，此外，还有一个杜浒。上月十九日，在文天祥的府第，宾客们聚在一起议论文天祥该不该去元营洽降，陈志道等人都说去了好，唯独杜浒断然以为不可，陈志道不知怎么想，竟然气势汹汹地把杜浒赶出了门。现在果然如杜浒所料，文天祥被元军扣留，并押解北去，这一去必是凶多吉少。当时慷慨陈辞的宾客们都去哪儿了？陈志道也不知所终，唯独杜浒不请自到。在元军围逼京城的危急时刻，杜浒自发募兵四千，别人不找，单投文天祥帐下，而今又主动要求随往，使得文天祥大为感动，大感宽慰，赞他“天下义士也”[①]。杜浒被宋廷临时授了个礼兵部架阁文字，

① 《文天祥全集》卷十三《指南录·杜架阁》。

即管理档案的官职。

船沿着京杭运河北行，第二天泊谢村。岸上传来鸡叫声，这是沿途第一次听到鸡叫，也就是说第一次到了有人家的地方。

文天祥决定就在此处逃走。他悄悄通知杜浒，约好在凌晨行动。

原来，伯颜逼他跟随“祈请使”去大都，他坚决不从，想以一死彰显志节，但在最后时刻，是家铉翁的一句话改变了他的主意。家铉翁对他说：“死伤勇，祈而不许，死未为晚。”意思是自杀不是勇者的行为，到了大都还有抗辩报国的机会，如不成再自决也不迟。

如果是别的人劝他，他不会理睬，独家铉翁可以。二月初五，小皇帝退位后，伯颜命诸执政大臣签署以宋廷三省、枢密院名义下的投降檄文，传谕各州郡归附大元。宰执们都乖乖地在谕降檄文上署了名，唯独家铉翁就是不签，惹得叛臣程鹏飞翻了脸，当场要把他捆起来带走。家铉翁毫无惧色，呵斥道：“中书省无缚执政之理！”[①]家铉翁是个忠勇的硬骨头。其他几个是什么人？“贾幸国难，自诡北人，气焰不可向迩。谢无识附和。吴老儒畏怯不能争。刘狎邪小人，方乘时取美官，扬扬自得。”而“惟家公非愿从者，犹以为赵祈请，意北主或可语”，因此“冀一见陈说，为国家存一线，故引决所未忍也”[②]。

但文天祥放弃自杀，答应北去，并不是要到元廷上去同忽必烈理论高低，而是受家铉翁启发有了新的想法。他告诉家铉翁，他想在北去的途中寻机脱逃，回头寻找益王赵昰和广王赵昺以图兴邦，召回勤王军义士再举抗元。

入夜，船上鼾声四起，眼看着行动的时间一点一点迫近，谁知到二更时，河面忽然驶来一条舟船，上载二三十名元军，有个姓刘的百户跳

① 《文天祥全集》卷十三《指南录·则堂》。
② 《文天祥全集》卷十三《指南录·使北》。

过船来，把文天祥等人赶到他的船上。见刘百户操中原口音，文天祥开始还想疏通他，刘百户哪里肯依。原来，他和家铉翁在出发前的对话，被贾余庆听了去，并向伯颜告了密，还献计说，文天祥是个危险人物，到了北方应将他囚禁在沙漠中。上路后，贾余庆仍不放心，又撺掇负责押解的元将铁木儿对文天祥严加防范。铁木儿不敢大意，就在这天早上，他亲自驾了一条船赶来，命一个千户把文天祥揪扯到他的船中。这个千户名叫命里，是个回族人，长得高鼻深目，脸上须毛挓挲。他对文天祥推搡辱骂，态度异常凶暴，文天祥愤懑难捺，各随从见状无不忍辱流泪。

文天祥在谢村逃走的计划就这么流产了。谢堂却通过唆都向伯颜行贿，在这儿被放了。

船继续前行，二月十一日晚泊在了留远亭。元兵在亭旁点燃篝火，备好酒菜，让祈请使上岸与众元将一起喝酒。

文天祥说得不错，贾余庆和刘岊都是卖国求荣的卑鄙小人，几杯酒下肚，他俩就装疯卖傻地竞相向元将卖乖。贾余庆疯言疯语骂个不停，把宋朝有头有脸的人物骂了个遍，竭力向元将乞欢，而元将则报以嘲笑。刘岊则津津有味地用淫言浪语取悦元将，也遭元将斜眼鄙夷。叛将吕文焕对此丑态实在看不下去，叹息道：“国家将亡，生出此等人物！”降将尚且慨叹，文天祥更是悲愤不已。

元将虽鄙视，却也被逗得来了兴致，干脆将此当作佐餐取乐的节目，从船中叫来一个村妇，要她跟刘岊睡觉。这村妇也是个不要脸的，叉开双腿一屁股就坐到刘岊怀中，元将们又起哄要她搂抱刘岊做交媾的动作。家铉翁憎恶唾骂道：真是衣冠扫地，殊不可忍！文天祥怒写《留远亭》，痛斥贾、刘一个是“甘心卖国罪滔天，酒后猖狂诈作颠，把酒逢迎酋虏笑，从头骂坐数时贤”；一个是“落得称呼浪子刘，樽前百媚佞旃裘，当年鲍老不如此，留远亭前犬也羞！”[1]臭他个百年千年。

二月十四日，船到平江。抚今思昔，文天祥对驻守平江时，朝廷严令他去援救独松关，以致叛将献城投降，仍耿耿于怀，愤愤于心。元朝宣抚使安排了酒菜和妓女，在接官亭设宴接待，文天祥称病卧在船上，拒绝赴宴。

这时，几个早早等候在码头上的平江府旧官吏要求上船拜见，许多老百姓得知文丞相路过，也围拥到岸边，个个涕泪横流。此情此景让他不禁百思交集，感慨万千：

楼台俯舟楫，城郭满干戈。
故吏归心少，遗民出涕多。
鸠居无鹊在，鱼网有鸿过。
使遂睢阳志，安危今若何？[2]

若不是朝廷严令催促，我定会像张巡、许远为阻截安禄山叛军死守睢阳（河南商丘）那样，就是城中粮绝，杀马、煮树皮，甚至捉麻雀老鼠充饥，也要战斗到底；如能把元军阻在平江，临安能否保住也未可知，就是像张巡、许远那样被俘殉国，也比今天做阶下囚强呀！

文天祥在平江深得民心，这本又是一个脱逃的时机。押解的元军却也嗅到了不祥气息，生怕出事，只停留了一个多时辰，便匆匆解缆开船，还派三百骑兵沿运河两岸护送，在夜暗中一口气急奔九十里。

船到无锡，想起十八年前陪弟弟文璧去临安考试经过此地的情形，如今山河依旧，国是全非，无尽悲凉涌上心头，写下诗句“夜读程婴存

---

① 《文天祥全集》卷十三《指南录·留远亭》。
② 《文天祥全集》卷十三《指南录·平江府》。

赵事，一回惆怅一沾巾”[1]，表达自己的心志和无奈。

船过五木，想起部将尹玉、麻士龙和五百勤王义士在此浴血奋战、为国捐躯，胸中卷起万顷波澜，写诗“中兴须再举，寄语慰重泉”[2]，决意要以复兴宋室来告慰九泉之下的忠魂。

船经常州，也写诗抒怀，为守城军民顽强抵抗、“壮者睢阳守”叫好，又为元军陷城后嗜血杀戮、“冤哉马邑屠”而肝肠摧裂，发出“苍天如可问，赤子果何辜”[3]的呼喊，痛责敌人的野蛮行径。

一路北行，一路煎熬。煎熬着文天祥内心的，还有苦于找不到脱逃的机会。

启程后第十天，二月十八日，到了江南运河北端的镇江。文天祥更是焦急万分，因为再往北去，就进入了元朝控制的地界，脱逃的机会将荡然无存。

此时，元朝大将阿术为阻击两淮宋军进援临安，正坐镇瓜洲，与镇江隔江相望。听说宋廷祈请使到了镇江，感到自己在这个大事中不能缺席，马上邀请他们渡过江来一见。文天祥虽是被当作危险分子押送元大都的，但由于他的特殊身份和名望，也在被邀之列。

阿术有勇有谋，西讨南征打了百余仗，皆临阵勇决，所向摧陷，自倨甚高。而今作为胜利者接见失败者，自然是骄横傲慢，不可一世。贾余庆、刘岊这种小人的巴结奉迎是可想而知的，就是吴坚和家铉翁也不得不趋势应酬。可文天祥偏不买账，自始至终怒目而视，一声不吭。阿术要他们以祈请使的名义给李庭芝写劝降书，众人都签了名，唯文天祥

① 《文天祥全集》卷十三《指南录·无锡》。
② 《文天祥全集》卷十三《指南录·吊五木》。
③ 《文天祥全集》卷十三《指南录·常州》。

不予理会。阿术看出文天祥心有不服，又无计可施，对押解的人说：“文丞相不语，肚里有偻罗。”由于瓜洲与扬州等地的宋军对峙，为防不测，相见后又把他们送回镇江听候发落。文天祥写《渡瓜洲》以记：

眼前风景异山河，无奈诸君笑语何？
座上有人正愁绝，胡儿便道是偻罗。①

文天祥肚里是有“偻罗”，在谢村没逃走，在平江也没走成，后头还有机会吗？他并没有放弃最后的努力。

回到镇江，元军安排祈请使住在镇江府衙中，文天祥不愿跟贾余庆、刘岊这些丑角朝夕相见，更重要的是要避开众多视线，他看到吴坚因病留在船上，便也托故返船，住到运河岸边一个叫沈颐的乡绅家中。

沈颐家不像府衙有那么多元兵守卫，派来监视的王千户，虽“狠毒可恶，相随上下，不离顷刻”，连睡觉都与自己“同卧席前后”，但文天祥仍能避开他，与杜浒、余元庆密谋脱逃的事。《指南录·定计难》记道：

至镇江，谋益急，议趋真州（江苏仪征）。杜架阁浒与帐前将官余元庆实与谋。元庆，真州人也。杜架阁与予云：“事集，万万幸；不幸谋泄，皆当死，死有怨乎？”予指心自誓云：“死靡悔！”且办匕首挟以俱，事不济，自杀。杜架阁亦请以死自效，于计遂定。

① 《文天祥全集》卷十三《指南录·渡瓜洲》。

要逃跑，首先要确定往哪儿逃。长江南岸都被元军占领，只有江北还有宋军控制的重镇。文天祥想到了扬州。淮东制置使李庭芝镇守扬州，他坚决抵抗元军的围攻，多次杀死劝降元使，烧毁招降榜文，朝廷降元后，他仍死守城池，元军带来谢太后的降元诏书，他也拒不奉诏，在城墙上对招降使说：“奉诏守城，未闻有诏谕降也！”投营先投帅，扬州应是首选。

余元庆认为不可，说阿术拥重兵坐镇瓜洲，正堵在镇江和扬州之间，要穿过阿术的封锁线去扬州难上加难。他主张去真州，真州现由安抚使苗再成把守，虽在镇江上游，须溯江而上，但真州就在江北岸边，元军无法形成严密的防守。余元庆就是真州人，熟悉周边情况。文天祥、杜浒觉得有道理，便决定逃往真州。

指心盟死誓，持匕表决心。或者脱逃，否则就是一个死。

脱逃的故事惊心动魄，困难重重。

要逃往江北，最基本也是最重要的条件是要先搞到船。这却又是最大的难题。船倒是有，长江两岸舳舻如林，连亘不绝，小划子也不少，但战时都成了军用物资，被元军征用或被严加管制，百姓手里无船。文天祥被王千户身前身后盯着，行动不便，找船的事就靠杜浒和余元庆张罗。为了找船，杜浒每天喝酒装醉，疯疯癫癫的，碰到物色中的对象就东拉西扯跟人家聊，聊到国是如见对方显出丧国之情，觉得可以相托，就把他拉到一边，赠以银两，告以密谋，请求帮助找船。可一连找了十多个愿意相助的人，事情却始终没有办成。

杜浒买酒装疯也不是全无收获。镇江没有城墙，元军在街头巷尾设了许多关卡，从住所到江边有十来里路，没有向导是走不出去的。杜浒结识了一个养马的老兵，每天请他喝酒，还送他钱，老兵答应带路，说有一条避开哨卡的路，只须穿过三四条小巷，就可到达一处荒野，离江边就很近了。可是杜浒无法搞到船。

一晃八九天过去了，船还是没搞到。看风声好像祈请使很快就要开拔，如果开拔只有以一死报国了。

俗话说天无绝人之路，就在这节骨眼上，余元庆遇到一个故交，巧在此人正是为元军管船的。余元庆几句话略一试探，知道此人虽替元军做事，却心在宋廷，就把计划和盘托出，承诺事成后为他请封承宣使，并赠银千两。这位老友一口答应，但说："吾为宋救得一丞相回，建大功业，何以钱为！"只要求文天祥给他写个批帖，作为日后凭证。文天祥得知喜出望外，写诗感慨道："经营十日苦无舟，惨惨椎心泪血流。渔父疑为神物遣，相逢扬子大江头。"[①]楚平王杀了伍子胥的父兄，还要杀伍子胥，他逃到江边走投无路时，一位大义渔父奇迹般地出现了。当年伍子胥赠宝剑，而今文天祥赠批帖，以感谢重义轻利之人。

二月二十七日，就是余元庆遇到故交这一天，沈颐家忽然来了个元兵，也是个姓刘的百户，是专管宵禁的。文天祥搞清了他的来路，想起元军实行宵禁，虽有老兵带路，但万一遇到巡逻的元兵怎么办？就问他，当官的有事要夜出，怎么才能通行？刘百户说，只要提着官灯，就可随意往来。文天祥看着刘百户手提的官灯，朝杜浒点点头。杜浒心领神会，当刘百户离开时便跟了出去，与他套近乎，把他拉到妓舍喝酒，让他稀里糊涂地同自己结拜为兄弟。夜幕落下，杜浒扔下钱让他在妓舍过夜，刘百户要杜浒也留下。杜浒面有难色，说改日吧，我随丞相在此，要我玩，须等到夜晚安置丞相睡下，我才好出来。杜浒便约他后天晚上再来。杜浒说：后天晚上来，只怕宵禁不许夜行。刘百户忙说：我送你灯，派小番跟着你，不妨事，你尽管按时来好了。杜浒再三叮嘱一

---

① 《文天祥全集》卷十三《指南录·得船难》。

定要叫小番把官灯按时送到。

船有了，向导有了，宵禁期间夜行的官灯也找好了。事不宜迟，文天祥决定二十九日夜间行动。他派出两人先到船上去，约好在甘露寺下等候。

到了二十九日，大家早早做好了夜间行动的准备，不料到了午时，元军突然命令文天祥过江去瓜洲，从瓜洲启程北行。元军催得还很急，因为贾余庆和刘岊等人已经都去了瓜洲，文天祥和吴坚不住在府治，最晚接到命令。如果听命过了江，十日来的苦心筹措都将前功尽弃，逃脱后再举抗元义旗以图复国兴邦更是无从谈起。没有别的办法，文天祥决心抗命，他推托说时间已晚，来不及收拾，要求明日再与吴坚渡江。幸而元军没有怀疑，答应了他的要求。

刻不容缓，今夜必须逃走！

文天祥与随从共十二人，除了先上船的两人，还有十人，一起走目标太大，必须分头行动。去江边要经过向导老兵的家门，就分出三人，先去老兵家等候。

对于甩掉小鬼缠身的王千户，文天祥自有办法。当晚他摆酒设宴，说一为辞别乡土，二为酬谢房主沈颐，请王千户作陪。一切如愿进行，席间沈颐被灌得大醉，接着王千户被灌得不省人事。为何让沈颐先醉再灌醉王千户？文天祥是怕沈颐日后受到牵累。

在王千户的如雷鼾声中，文天祥等七人换了衣服准备出发。谁知又起变故，先去向导老兵家等候的一个随从急匆匆跑来，说不好了，老兵变卦啦。怎么回事？原来，老兵喝醉了倒在床上不起来，他老婆问来家中的这三个陌生人是什么人，老兵闭口不答，他老婆说要唤起四邻来问个究竟，现在留下的二人正同他老婆周旋呢。这一听就明白，老兵是和老婆作局讨价还价呢。杜浒赶紧派人叫那二人把老兵架了过来，拉到文天祥面前，拿出三百两银子系在他腰间。老兵想的就是这个，顿时笑眉笑眼醒了酒，答应带路。

杜浒把老兵藏在屋里，自己站在门外等候刘百户手下的小番。二更时分，果然来了一个提着官灯的半大小子。杜浒急忙喊出老兵，带上小番就走。文天祥闪身跟出了门，随从们也一个个自黑暗里跟上。春夜乍暖还寒，路旁人家的灯火在身边匆匆闪过，因为有官灯提照，一气穿过了三四条小巷，都无人查问。到了人家渐尽处，杜浒给了小番一些银子，要他先回去，把灯交给自己，约好明天到某处把灯还他。这小番十五六岁，没什么见识，刘百户支使他来送官灯，也没说是要去妓舍，要去哪里他并不知道，拿上银子就回去了。

杜浒提着灯，和老兵走在前头，众人跟行，眼看出了市区，却又虚惊一场。在市井尽头，元军把十来匹马拴在路口，设了哨卡。余元庆潜行到前面，发现守卡元兵都睡了，就向众人招手。文天祥一行十余人悄悄上前，一个一个踮着脚尖绕过马群，岂料警觉的马群突然骚动起来。一旦惊醒了元兵，那还了得，所有的一切将皆成泡影，文天祥的心猛然抽紧，拔出匕首藏于袖中，随时准备自决。所幸元兵睡得很死，马的动静也不大，他们侥幸又闯过一关。

一踏上荒凉的野地，众人就甩开脚步紧赶了一阵，不多久便赶到江边的甘露寺下。

把老兵打发走，众人回头都来找船，但近看远看都不见船的踪影。众人愣住了。是出什么意外了吗？是余元庆的朋友爽约了吗？江边一片空旷，如果天亮前走不了，必会落到循踪追来的元军手里；那时就是上了船，光天化日之下恐也难逃巡逻船的阻截。怎么办？众人都焦灼不堪。

余元庆决不相信他的朋友会爽约。他不顾水寒刺骨，撩起裤管和衣襟，跳入水中沿江岸往僻静处去寻找。

文天祥伫立江岸，望着沉重的夜幕，做了最坏的打算。他有一首《候船难》表达了当时的心境：“待船三五立江干，眼欲穿时夜渐阑。若使长年期不至，江流便作汨罗看。”此刻正是度时如年，他又抽出匕首，以备元军追来就自杀。转念又不忍自残身躯，又想如元军追来就投入大江，学屈原葬身清流。

江上似有小船驶来，接着传来扣人心弦的橹桨之声。余元庆涉水寻了一二里，终于把船找来了。这是一条贩私盐的船，先期派上船的两人怕被发现，让船停在了一处隐蔽的地方等候。

又是一次绝处逢生。文天祥一行上了船，立即向上游驶去。众人松了口气，只盼船划得更快些。岂料拐出江湾，但见江岸停满了元军的船只，绵延数十里，打梆唱更，气焰很盛。他们的小船无路可走，只好一路硬着头皮从元兵的船旁经过，此时如有人查问，后果又难预料。

小船驶得步步惊心，众人担心的事终于发生了。船到七里江，忽遇元军的巡查船，船上元兵喝问道：“什么船？”这边的艄公回说是“河豚船”。元兵不信，大声诈道：“是歹船！”意思是奸细船。这一诈又把众人惊出一身冷汗。说话间巡查船就往前靠。又不能不说是侥幸，此时正逢江中退潮，巡查船搁在浅处动弹不得了。就像屁股后头点了一把火，小船飞驶而去。

惊魂甫定，江上忽转东南风，小船顺风而行变得轻快起来。艄公立船头且拜且祷，说这是“神道来送”。问是什么神，回是“江河田相公”。既得顺风，文天祥满以为五更就可到真州城下。哪知“江河田相公”帮忙不帮到底，船行半途风又停了，天色已亮，离真州还有二十余里。众人既担心元军的巡逻船追来，又怕被岸上的哨骑发现，都忧心如焚，一时间有的划桨，有的撑篙，可以拉纤的地方上岸拽缆拉纤，能上手的都上手。真州的城楼已隐约可见了，可船急不如人心急，真个是“自来百里半九十，望见城头路愈长。薄命只愁追者至，人人摇桨渡沧浪”[1]。

到了距城门五里地的江边，众人谢过艄公上了岸。真州的城壕是通往长江的，涨潮时小船可从长江直抵城门下，可此时已退潮。真州城外一片荒凉寂静，途中遇到几个人，一看他们这般模样，就提醒他们要小心，说昨天早上还在这儿撞到了元军的哨骑。众人的心又一紧，纷纷加快脚步，唯恐元军的追骑猝然而至。还好，直到城门下，也没发生什么意外。

众人一颗心落了地，随从仰头对城上的宋兵高喊：“快快开门，文丞相在镇江走脱，径来投奔真州！”

文丞相是个什么样的人，城中将校无人不知。守将苗再成得报又惊又喜，亲率将校出城相迎。

文丞相是个什么样的人，城中百姓也久有所闻。当其一行入城后，聚观者夹道如堵。

此时此刻，文天祥猛然想起苏东坡所说“被天津桥上人看煞”的情景，又想起二十年前自己中状元赴状元局时的盛况，一时慰喜莫名，尤其是看到满城汉冠服饰，更是激起了劫后还乡之情，心头奔涌着“重睹天日”的欢欣和兴奋。

经历了重重艰难险阻，文天祥终于逃出虎口，回到宋军守土。脱险的整个过程，文天祥用《脱京口》组诗作了详尽描述。组诗由《定计难》、《谋人难》、《踏路难》、《得船难》、《给北难》、《定变难》、《出门难》、《出巷难》、《出隘难》、《候船难》、《上江难》、《得风难》、《望城难》、《上岸难》和《入城难》十五首组成，诗名均落在一个“难”字，诗前均有纪

---

① 《文天祥全集》卷十三《指南录·望城难》。

实小序。

一个“难”字，饱蘸着喜怒哀乐悲恐惊的生死体验，折射出了执着的信念和坚定的意志。

文天祥被安顿在州衙的清边堂。稍事休息，苗再成把他迎到州衙，请他向真州的将校和幕僚讲述他们急切想知道的临安的消息。

真州与临安不通文书已有数月，对朝廷投降、临安沦陷虽有所闻，却不知就里。当文天祥讲述了他的所历所感后，苗再成及在座无不血热泪流，言辞激烈，发誓要杀敌复仇。

苗再成慷慨激昂地说：“两淮兵力，足以复兴，惜天使李公（淮东李庭芝）怯不敢进，而夏老（淮西夏贵）与淮东薄有嫌隙，不得合纵。得丞相来通两淮脉络，不出一月，兵连大举，先去北巢之在淮者，江南可传檄定也！”

文天祥问：“如两淮合纵，如何用兵？”

苗再成兴冲冲地把酝酿已久的谋划和盘托出，他说：“先约夏老以兵出江边，如向建康之状，以牵制之。此则以通、泰军义打湾头（扬州东北），以高邮、淮安、宝应军义打扬子桥（扬州南），以扬州大军向瓜洲。某与赵刺使孟锦，以舟师直捣镇江。并同日举，北不能相救。湾头、扬子桥皆沿江脆兵守之，且怨北，王师至即下。聚而攻瓜洲之三面，再成则自江中一面薄之。虽有智者，不能为之谋。此策既就，然后淮东军至京口，淮西军入金城（江苏句容北）。北在两浙无路得出，虏师可生致也。”[①]

他的图谋是，统合两淮宋军连兵大举，由淮西牵制建康元军，淮东

① 《文天祥全集》卷十三《指南录·议纠合两淮复兴》。

各军对敌重镇围的围、打的打，得手后再围歼瓜洲阿术本营，于此哪怕阿术再有雄才大略，恐也只能徒叹奈何了。两淮肃清后，再定两浙，那时连元军的后路都给断了。

这是一个无法实现的计划。为什么？不说别的，就说夏贵，拉他一道干是万不可能的，这还不是说他与李庭芝早有矛盾，而是他已于二月二十二日投降了元军，不但自己投降，还想拉知镇巢军（安徽巢县）洪福投降，因未得逞，他就亲领元军骗开城门，杀了洪福全家。由于消息闭塞，苗再成无从得知此情。

然而这无疑又是一个于兵道于现实都清醒的谋略，并恰与阿术的下一步攻略针锋相对。夏贵举淮西诸城投降后，阿术的对手就剩下了李庭芝把守的扬州，他正调动元军断其援军、粮道和退路，同时把各据点宋军分割开来各个击破，最后逼剿李庭芝。

文天祥自然也不知夏贵降元，当听了苗再成的谋略，顿时喜不自禁，这不仅在于他从苗再成的沙盘中看到了宋军尚存的实力，看到了扭转整个时局的希望，而且这个谋略也与去年九月他出知平江府前提出的“仿方镇以建守”，变分地而守为联合进攻的建议相契合。文天祥的激动与迫切之情从他的诗中不难看出：“清边堂上老将军，南望天家雨湿巾。为道两淮兵定出，相公同作歃盟人。”[①]

事在国家复兴，文天祥立即秉笔急书，给李庭芝和夏贵各写一信。苗再成也各写信附后。继而经商议，文天祥又给朱涣、姜才、蒙享等诸将及各州知州写了信，相约共举复兴大计。苗再成同时四面派人去说明其方略。

快哉，快哉！逃跑途中积压在胸中的阴霾一扫而空。真个是酣畅淋

① 《文天祥全集》卷十三《指南录·议纠合两淮复兴》。

漓呀，自进入元营谈判以来从没有像今天这样痛快过，以至自揭竿勤王抗击元军以来还从没有像今天这样痛快过，以至自二十年前考中状元入仕以来还从没有像今天这样痛快过！

希望也搅沸了苗再成的一腔报国热血。第二天来清边堂时，他从袖筒里取出一幅李龙眠画的汉苏武忠节图，请文天祥题诗。文天祥自小就崇拜一身正气、躬忠体国的义节之士，发誓要做他们那样的人，苏武是供奉在他内心祭台上最为耀眼的一个。目睹此图，遥想苏武穷边，霜鸿夜渡；近看国事艰危，遍地烽烟，自然是“抚卷凄凉，浩气愤发，使人慷慨激烈，有去国思君之念”，诗思缘情大发，一口气连写七律三首，题于卷后。第一首有句云：“烈士丧元心不易，达人知命事何嗟。生平爱览忠臣传，不为吾身亦陷车。”第二首有云：“忠贞已向生前定，老节须从死后休。”“甘心卖国人何处，曾识苏公义胆不？”第三首有云：“铁石心存无镜变，君臣义重与天期。纵饶夜久胡尘黑，百炼丹心涅不缁。”①文天祥的爱国志向与苏武，与苗再成是息息相通的。

苗再成走后，文天祥仿佛站在了高山上，向北看，只见贾余庆等几个可怜虫在灰暗昏蒙的道路上踽踽而行；向南望，但见千千万万忠义军民翻卷云旌呼啸奋起。文天祥自幸亦自豪，又挥笔写下新的诗行：

公卿北去共低眉，世事兴亡付不知。
不是谋归全赵璧，东南哪个是男儿？②

逃脱之路一直与随时准备自决的匕首同行，如今一条命在刀尖刃口闯荡了过来，不是为一己争口气，而是要为抗击强虏，匡扶正义，为复

① 《文天祥全集》卷十三《指南录·题苏武忠节图》。
② 《文天祥全集》卷十三《指南录·真州杂赋》。

兴赵宋江山重整旗鼓大干一场。

然而世事难料！次日，即三月初三早晨，文天祥一行随陆、王二位都统出小西门巡视城防，不料二位都统突然转身打马急回城中，闭上城门，把文天祥一行关在了城外。

这是怎么啦？猝然而至的变故让毫无察觉的文天祥惊愕得目瞪口呆。

第十三章 磁石丹心 九死南寻

文天祥倡议诸将共举复兴大业的书信，于次日即三月初二一早送到李庭芝的手上。李庭芝派出提举官当晚就把复信交给了苗再成。但完全出乎苗再成预料，这封信并不是回应连兵大举，而是要他杀了文天祥！

为什么？因为李庭芝断定，文天祥绝不可能从元营逃脱，即使逃脱了，也万不可能有十二人全部逃脱的道理。得出此判断，是因为之前得到从元营逃回的朱七二的报告，说元营盛传文丞相已降元，现正被派往真州赚城。你想，元军营垒刀枪森严，文天祥一个宰相能让他轻易逃脱吗？相反，连谢太后、陈宜中都投降了，他文天祥就不会投降吗？李庭芝相信了朱七二的话。他做事武断决绝，对劝降的元军来使一律捆绑斩杀，加上在严酷形势下内心的恐惧和多疑，使他认定文天祥就是元军派来的奸细。所以他在回信中严斥苗再成："何不以矢石击之，乃开城门放之使入？"要他杀了文天祥以表明心迹。

看了李庭芝的信，苗再成大为惊骇。昨日文天祥突来，他也并非未加防范，进城后只让文天祥一人骑马到州衙，其他人在接受检查后才解除戒备。但经过接触，他对文天祥的赤忱之心深为敬重，感到无愧所闻。他不相信文天祥会为敌所用，如果一个忠节丞相冤死在自己手里，自己将成为千古罪人。但李庭芝毕竟是自己的上司，再把文天祥留在城中会惹来麻烦。犹豫再三，苗再成决定不留文天祥，也不杀文天祥。但不杀得有个不杀的说法。经与幕僚紧急商议，终于拿出了一个对策。

三月初三，也即文天祥到达真州的第三天，苗再成约文天祥一行去巡视城防。早餐后，先是由一位姓陆的都统陪同他们登上小西门城楼察看，随后又来了一位姓王的都统，领着他们转出了城门。出了城，王都统忽地对文天祥说："有人在扬州供得丞相不好。"说着，拿出李庭芝的文书让他看，只见文上说，一个从元营逃回的人交代，元营中相传有一个宋朝丞相，正被派往真州赚城。文天祥一惊，正要细看，王都统一把收了文书，与陆都统倏然打马归城，关上了城门。

文天祥一行就这样被逐出了真州城。

真个是天有不测风云！方才还是长虹贯日，天清气爽，一转眼就是风雨如晦，暗无天日。这一切委实来得太突然了，突然得让人来不及反应。一国丞相逃脱敌营，却被己方将领逐出城外，文天祥蒙了，接着是难言的痛苦："早约戎装去看城，联镳壕上叹风尘。谁知关出西门外，憔悴世间无告人。"[1]冤啊奇冤，但又诉冤无门。这是怎么回事？他的第一反应是苗再成中了元军的反间之计，可又想，元军并不知自己逃到了真州，怎么会在自己到真州的第二天就诈入扬州？难道是李庭芝多疑，接到自己的书信后作出错误的判断，铸下了这般奇冤吗？

---

① 《文天祥全集》卷十三《指南录·出真州》。

风云突变，天地倾覆，杜浒崩溃了，性格刚烈的他仰天号哭，几次不顾拦阻，挣扎着要跳入城壕自杀。其他人也都面色如土，痛愤莫名。

面对城门，城门紧闭。转向旷野，旷野无路。正当四顾茫茫，“莫知所为”之际，忽从城中转出两人，自称是义军头目，一是张路分，一是徐路分，说是受安抚使苗再成派遣来送行的，问丞相要去哪里。

文天祥想着要当面与李庭芝澄清事实，便说：“必不得已，唯有去扬州见李相公。”

张、徐二路分说：“安抚谓淮东不可往。”

文天祥毋庸置疑地说：“夏老素不识，且淮西无归路，予委命于天，只往扬州。”

二路分相视一眼，连声说：“且行，且行。”

岂知此一去，又是一个十五“难”！

徐路分和王路分引着文天祥一行走了一程，又有五十名携带弓箭刀剑的兵丁跟了上来，并送还了文天祥一行的衣被包袱。二路分牵出两匹马，要文天祥和杜浒骑上赶路。

又行了几里地，二路分交首一嘀咕，挥了下手，五十兵丁停住脚步，纷纷捉刀在手。野地里忽地波涌起诡异的气息。二路分请文天祥下马，说有事要商量。文天祥边下马边问商量何事？二路分说借几步说话。文天祥向道旁迈了几步。二路分又要他就地坐下。

难道这就要下手了？杜浒想冲过来，被兵丁拦下。死也要站着死，文天祥头一昂，说有什么话就站着说吧。

二路分说：“今日之事，非苗安抚意，乃制置使遣人欲杀丞相。安抚不忍加害，故遣某二人来送行。今欲何往？”

文天祥再说一遍：“只往扬州，更何往？”

路分说:“扬州杀丞相奈何?”

文天祥说:“莫管,信命去!”

路分又说:“安抚令送往淮西。”

文天祥说:“淮西对建康、太平、池州、江州,皆北所在,无路可归。只欲见李制置使。若能信我,尚欲连兵以图恢复,不然就从通州(江苏南通)渡海去南方。”

路分说:“李制置使已不容,不如只在诸山寨少避。”

文天祥一口拒绝:“做什么?当生则生,当死则死,今决于扬州城下。”

路分说:“安抚办船在岸下,丞相可从江行,或归南,或归北皆可。”

也可去北,就是说也可投元?听得此话,文天祥顿有受辱之感,阴下脸道:“这是何言?如此,则安抚亦疑我矣!”

听得此话,二路分脸上露出了歉意。他们完成了苗再成交给的任务,证实了文天祥的心迹。其实苗再成根本不用试探文天祥,他这么做,是为了好向李庭芝交代。他派兵一路试探是假,护送是真。送走文天祥,真州城里便贴出告示,说已将文丞相押出州界外。

二路分长出了一口气,说:“安抚亦疑信之间,令某二人相机行事,丞相是个忠臣,某如何敢加害?既真个去扬州,某等可送去。”

文天祥庆幸自己没有说造成误解的话,也长舒了一口气。他拿出一百五十两银子赏给五十兵丁,答应到扬州后每人再加十两。又许诺赠金各百两给二路分,用作护送的酬报。

二路分带大家拐上另一条道,说这才是去扬州的路。原来先前走了半天,是走在去淮西的路上。这又是苗再成的恻隐之心。李庭芝正要杀文天祥,把他们往扬州送,不是明明让他们去送死吗?但文天祥去扬州如此坚决，也就只好从命了。这时天色渐晚，行人绝迹，兵丁张弓挟箭，人人心里都绷着弦。开始二路分还给文天祥向远处指点，那儿是瓜洲，那儿是扬子桥，日暮时分踏上元军控制的地界后，便再不说话，一行人寂如衔枚，生怕遇到元军的伏兵和哨马。

他们的担心并非多余。自三月初一一大早发现文天祥失踪，镇江就闭城三天大肆搜查，并往大小通道上增派哨马巡逻追捕。被疑与此相干的从仆、馆伴，甚至千户和总管等，统统抓起来投进监狱，还累及许多无辜百姓。文天祥想保护的沈颐也未能幸免，别说他，就连刘百户也绑起来下了大狱。

夜幕接地，二路分告辞，留下二十人相随。又走了十几里，这二十人也要回真州了。他们告诉文天祥，这一带每天有人用马往扬州贩货，叫“马垛子”，都是夜间行路，跟着“马垛子”走就可到达扬州的西门。走前没忘了要文天祥兑现银两。

文天祥一行赶上一拨“马垛子”，跟在后头，三更时分果然到了扬州的西门外。从昨日早晨被骗出城，他们一直在马不停蹄地奔波，心情又高度紧张，再加上饥肠辘辘，此时早已是疲累不堪，见路旁有座庙，叫三十郎庙，便踏着零乱的石阶拥了进去，也顾不上屋顶已垮塌、地面肮脏不堪及暮春之初风寒露湿，倒头便睡。

就是再疲再累，又怎能睡得死，当扬州城中四更鼓响，也就打了个盹的时间，就撑持起来。这时西门外已聚集了上百乡民，他们凑上去，坐在城壕边等着开城门。天渐渐亮了，城上守军警惕地注视着人群，不时地厉声喝问。文天祥几次想上前叫城，却又怕自己一行的外地口音引起怀疑。

这时文天祥反倒进退两难了，叫城吧，说不定真的会招来矢石相加，若不入城，元军哨马不定何时会突然冲过来。还有，自己一心想跟李庭芝当面澄清，取得信任，以图同心协力抗元救国，但李庭芝对自己杀心如此坚决，他能听信自己吗？若死于敌手，还不失节操，要是冤死在自己人手里，就太不值了。

直奔扬州就冲着一个念头，苗再成的一再劝阻，他想都没想，现在算是回过味儿来了。城中鼓角又响，他从中觉出了杀伐的寒气，一路上的冲动已然冷却。

正犹豫间，就听杜浒说："制臣欲杀我，不如早寻一所，隐蔽一日，却夜趋高邮，转经通州渡海归江南，或见二王，伸报国之志，徒死城下无益。"

金应立即表示反对："出门便是哨，五六百里而后至通州，何以能达？与其为此受苦而死，不如死于扬州城下，不失为死于南。且犹意李制置使之或者不杀也。"

文天祥沉思着。他往城门口走几步，被杜浒拉住，转过身走几步，又被金应阻拦。正相持不下，余元庆带来了一个卖柴人。

文天祥眼前一亮，问卖柴人："能导至高沙（高邮西南）否？"

卖柴人答："能。"

问："何处能暂避一日？"

答："侬家可。"

问："此去几里？"

答："二三十里。"

问："有哨否？"

答："数日不一至。"

问："今日哨至如何？"

答："看福如何耳。"

说得不错，现在只好碰运气了。文天祥作出了取道高邮、通州，渡海到闽广追寻二王的决定。

一行十二人跟着卖柴人上路了。可走了没多久，又发生了一个变故，一个让文天祥非常痛心的大变故。帐前将官余元庆和李茂、吴亮、肖发三个仆从，带着各自携带的一百五十两银子开溜了！此四人跟随文天祥多年，并一道经历过从镇江走脱的生死磨难，在绝地之境，背弃他说走就走了。“问谁攫去橐中金？僮仆双双不可寻。折节从今交国士，死生一片岁寒心。”[①]文天祥于不齿之中混搅着眷惜和心寒。

可以想象，这个打击对文天祥实在是太大了。再加上饥饿和困顿，他在接下来的路途中真如病老之人，走个几十步，就喘得缓不过气，倒在荒草中。随从把他扶起再走，再跌倒。如此跌倒爬起，反反复复了几十次。蹭蹭挨挨走到天大亮，才走了十五里地，到了一个叫桂公塘的地方。不能再走了，这里距卖柴人的家还有一半的路途，要是碰到元军哨马，就只能束手就擒了。不远的山坡上正好有个土围子，不妨往那儿歇个脚，躲一躲。

这是一个用土墙围起的院子，几间房屋已毁于战火，椽瓦荡然无存，只剩几垛熏黑的断墙，地上马粪成堆，散发着浓烈刺鼻的马臊味。众人已经整整一昼夜没有进食，到了土围子里，饥饿感猛然袭来，只得请卖柴人帮助进城买米。卖柴人要大家忍受一日，说黄昏时就能返回。卖柴人走后，众人见四山寂然，无一人影，便在墙角清扫出一块地方，铺上衣服，有的躺下，有的坐着，很快都睡着了。但睡得都不踏实，躺下的一会儿坐起来，坐着的一会儿又躺下去。文天祥虽昏昏欲睡，却时而猝然惊醒。

他们知道，元军的哨马通常都是午前出来巡逻，午后即回军营。好

① 《文天祥全集》卷十三《指南录·至扬州》。

不容易苦熬到午后，大家松了口气，说今日可算是性命无忧了。正说呢，忽然远处传来喧嚣的人声，从墙缝向外一看，人人都倒抽了一口冷气，只见几千元军骑兵正由东向西，往土围子这边过来。一旦被元军发现，就是插翅也难逃了。众人屏住呼吸贴着土墙，紧张地听着外面的动静。文天祥感到难逃这一劫，甚至后悔不死在扬州，落得在这里死在元军的刀下。

元军走近了，杂乱的马蹄声和箭筒撞击的声音都听得清清楚楚。完了完了，如果哪个元兵探头进来，一切都完了。岂料又是一个峰回路转，恰在此时突然狂风大作，黑云四起，一阵暴雨骤至。不知是否又是神道相助，帮了他们的忙，元军只管打马加快赶路，哪还有暇旁顾？这几千元军被暴雨赶得且行且远，文天祥他们也被淋得浑身透湿。后来得知，这正是押送祈请使去大都的元军，因押着所掠老小和辎重，所以行动迟缓。原本也没那么多人马，都因文天祥在镇江走脱，队伍才变得如此庞大。

危机过去，饥渴感又翻上来。见几里外的山下有座古庙，等不及黄昏卖柴人带米来，先派吕武和邹捷去庙里汲水，弄点吃的。岂料左等右等，待二人返回，并未带回吃的，却相对而泣。由于押送祈请使的队伍经过，附近据点的元军加强了警戒，哨马打破常规，午后仍到处巡逻，吕武和邹捷撞到哨马被抓，用身上的三百两银子悉数行贿才换回条命。不过他们说，那古庙尚可遮风挡雨，庙前有口水井，比这土围子要强多了，里面只住着一个讨饭的老妇。看样子卖柴人是回不来了，众人便决定去古庙过夜。

天傍黑，文天祥、杜浒、金应、吕武、张庆、夏仲、工青、邹捷，八个人进了古庙。还没坐定，忽见进来一个手提棍棒的男子。过了一会儿，又进来三四个人。文天祥担心这些人是土匪，一攀谈，才知道是扬州的樵夫，今日砍了一天柴，进不了城，只好夜宿古庙。又一问，得知当日有几百元军骑兵直逼扬州城下，扬州自午后一直紧闭城门。文天祥想，这就怨不得卖柴人失约了。这几个樵夫架锅起火，煮了一锅菜粥，见文天祥等人饥饿难耐的样子，就分了一些给他们。几口热腾腾的菜粥下肚，虽不足果腹，但毕竟是两昼一夜头一回吃到东西，加上有位少年为大家点篝火取暖，身体渐渐地缓了过来。

与樵夫攀谈中，文天祥自称刘洙，讲了一路的遭遇，请求他们能带路去高沙。樵夫们欣然允诺。一位樵夫热情地说：你们走的不是去高沙的路，应先到贾家庄，住一天，从那里去高沙。另一位想得更周到，说：到贾家庄，我们帮着进城籴米买肉，补回几天来的饥饿，再雇两匹马，备足干粮，才好上路。文天祥想：这些人知道我们落魄于此，身上又带着金银，却毫无歹念，真是古道热肠啊。

三月初五五更时分，文天祥一行跟着樵夫离开古庙，赶到贾家庄天刚蒙蒙亮。他们在一个跟昨日差不多的土围子里歇下脚。等到中午，樵夫从城里买了大米和猪肉回来了，大家这才吃了一顿饱饭。自三月初三日奔扬州到离开扬州这一路的种种艰辛与险恶，文天祥用《至扬州》一题写了二十余首诗以记。贾家庄一首写道："行边无鸟雀，卧处有腥臊。露打须眉硬，风搜颧颊高。流离外颠沛，饥渴内煎熬。多少偷生者，孤臣叹所遭。"①备尝艰辛锻铸着正气名节，想起贾余庆这样的贪生怕死之辈就更是嗤之以鼻。日头刚西沉，一行人就跟着雇来的向导和马夫动身去高沙。

上路走了没多久，忽有五骑喧嚣着冲到眼前。马上五人自称是扬州宋军地分官，气势汹汹地挥着刀要砍人。文天祥拿出银子买命，才免遭

① 《文天祥全集》卷十三《指南录·贾家庄》。

毒手，气得他在诗中斥道："金钱买命方无语，何必豺狼骂北人！"[1]这些家伙同野蛮的北人没什么两样。真个是处处陷阱，步步惊心，此时又想不如干脆去扬州城，可又想去了扬州城注定是一死，只好还是往前走。

雇来的三人引路，三人牵马，一行人连夜赶了四十里地。一路还算顺利，到了一个叫板桥的地方却迷了路，四周都是稻田，不辨东西，他们就在田埂间乱转，弄得风露满身，人马饥乏。转到天明，又起了又湿又腥的大雾，对面不辨形影，还是转不出去。

就当大雾渐散，找寻出路时，忽然隐约看见不远处有一队元军骑兵，待躲进一片竹林，已经晚了，二十多名骑兵打着呼哨冲过来，绕着竹林大声喊叫，接着进入竹林乱劈乱砍地搜索，听到哪儿有动静举箭就射。

这可谓是这一路上最险恶的遭遇。张庆右眼中一箭，颈上挨两刀，发髻也被削掉；邹捷伏在厚厚的烂竹枝叶底下，脚被马蹄踩得血流不止；王青被元兵发现，五花大绑捆住拉出了林子。杜浒和金应也被抓，文天祥藏得离他们不远，看见他们用随身带的黄金行贿才被释放。元兵几次从文天祥身旁搜索过去，随时都可能发现他，"当其急时，万窍怒号，杂乱人声。北仓卒不尽得，疑有神明相之"[2]。元兵撤走，文天祥感到他们要烧竹林，急忙跑到对面山上，躲进了篁竹丛中。

"是役也，予自分必死。"文天祥时刻准备"慷慨为烈士，从容为圣贤"。[3]

终于，吕武跑来报告，说元军已回湾头。众人又逃过了一劫。

王青被抓走，八人还剩下七个。在贾家庄雇的三个向导和三个马夫，有逃走的，有被抓的，剩下的两人惊魂未定，说什么也不愿再带

① 《文天祥全集》卷十三《指南录·扬州地分官》。

②③ 《文天祥全集》卷十三《指南录·高沙道中》。

路，索要了许多银子离去了。

原来的乘骑也不知所终，只好徒步前行。连续几日的饥饿、疲困和内心折磨，搞得文天祥身心交瘁，极度虚弱，一路跌跌撞撞，每迈一步都十分艰难，直到遇见一群樵夫，才过了这一关。有位樵夫找来一个箩筐，让文天祥坐在里面，由六个人轮流抬着。这样大大加快了速度，当晚赶到高邮西郊，落脚在一个叫陈氏店的村子，等着天亮摆渡进城。

不出所料，天亮后到了城下，又不让进城。文天祥被人用筐抬着，张庆满脸满身血污，一行人灰头土脸衣冠不整，怎么看也不像奸细，但李庭芝传文各处缉拿文丞相，谁敢有违？战时抗令是要犯杀头之罪的。高邮城不收，也不抓，让他们另投生路。

费尽周折到了高邮，又被拒之城外，无奈只得搭船东往泰州。船行城子河上，时有散发着恶臭的元军浮尸漂过，两岸一片凄凉，偶尔见到的村庄都成了废墟。船工讲，上月初六，元军押着宋朝使臣和大批辎重北上，在这里遭到稽家庄民兵的迎头狙击，高邮宋军也拦腰痛打，激战过后，元军的尸体盈野塞河。文天祥在诗序中写道：“北入江淮，唯此战我师大捷。”[①]船工还告诉文天祥，稽家庄的统制官稽耸是位爱国志士，在此战中袭杀了奉表卖国的工部侍郎柳岳。

稽家庄在高邮东南十五里，濒临城子河。既如此，文天祥就决定中途上岸会会稽耸。

稽耸素敬文天祥忠节大义，见他特地来本庄看自己，喜不自胜，立即设宴盛情款待。随后又派自己的儿子稽德润和一名馆客护送文天祥去泰州。

船到泰州是三月十一日。了解到泰州可乘船直达通州，文天祥终

① 《文天祥全集》卷十三《指南录·发高沙》。

于踏踏实实睡了个好觉。一个多月来历尽生死和艰辛，现在总算踏上坦途，有望效力国家中兴大业了。此时兴奋、愉快的心情又赋诗以记：

羁臣家万里，天目鉴孤忠。
心在坤维外，身游坎窞中。
长淮行不断，苦海望无穷。
晚鹊传佳好，通州路已通。[①]

泰州到通州有三百里水路，元军和强盗常出没其间，文天祥想等齐几只船结伴一起走，这样就在泰州住了十天，启程已是二十一日。途中为避元军追捕，在一位乡民家住了几夜，二十四日方抵至通州西门外。

同高邮一样，通州城守对入城的人检查极严。文天祥吸取高邮被拒的教训，在接受盘查时隐瞒身份，可这样更容易引起疑心，一连几日都没让进城。不得已，文天祥只得说出自己的身份。令他没想到的是，通州守将杨师亮得报后，立即亲自出郊把他们迎进城。原来，杨师亮得到谍报，说文丞相自镇江府走脱，元军三千骑兵一路追捕到了许浦（江苏常熟）。既如此，文丞相怎么可能是奸细，受元军指派来赚城呢？杨师亮核实了谍报，坚信自己的判断，把文天祥接到州衙，安排好吃住，还帮着筹办渡海所需海舟，十分热情周到。

至此，自出使元营被扣，冒死逃脱南归，一路险象环生出生入死的噩梦般遭遇暂且告一段落。到达福州后，文天祥撰写《指南录·后序》回顾了这段经历：

① 《文天祥全集》卷十三《指南录·泰州》。

> 呜呼！予之及于死者不知其几矣！诋大酋当死；骂逆贼当死；与贵酋处二十日，争曲直，屡当死；去京口，挟匕首以备不测，几自刭死；经北舰十余里，为巡船所物色，几从鱼腹死；真州逐之城门外，几彷徨死；如扬州，过瓜州、扬子桥，竟使遇哨，无不死；扬州城下，进退不由，殆例送死；坐桂公塘土围中，骑数千过其门，几落贼手死；贾家庄几为巡徼所凌迫死；夜趋高邮，迷失道，几陷死；质明避哨竹林中，逻者数十骑，几无所逃死；至高邮，制府檄下，几以捕系死；行城子河，出入乱尸中，舟与哨相后先，几邂逅死；至海陵（泰州），如高沙，常恐无辜死；道海安、如皋，凡三百里，北与寇往来其间，无日而非可死；至通州，几以不纳死……呜呼，死生昼夜事也，死而死矣，而境界危恶，层见错出，非人世所堪。痛定思痛，痛何如哉！

一连二十余个“死”字，真可谓是死里逃生。

在通州，是闯过惊涛骇浪后一段风平浪静的日子。文天祥一边打探二王的消息，一边着手整理编辑他的诗史集子。自离开临安后，每遇事都要以诗录写心迹，到通州已写了百余首，他将这些诗编为三卷：出使敌营，被羁留北关外为一卷；从北关外出发，经吴门、昆陵、渡过瓜洲，又回到京口编成一卷；从京口逃脱，奔真州、扬州、高邮、泰州、通州编成一卷。前面已说过，自德祐之后的这些诗作，有意追仿杜甫的诗史风格，以诗记事、以诗存史的意识极强，因此多用赋笔，并在诗前用小序作为补充，有着严格的写实性和强烈的抒情性。

文天祥为这部诗集取名《指南录》，意即“臣心一片磁针石，不指南方不肯休”。[1]正如他在这部诗集的后序中说的，自正月二十到元营谈判以来，他一次次面临绝境，一次次面对死亡，之所以能顽强地挺过来，就是靠着追寻南宋二王、救国图存的坚定信念，就是为了“修我戈矛，从王于师，以为前驱，雪九庙之耻，复高祖之业”，“鞠躬尽罚，死而后已”。[2]

可是悲苦跌宕的心境刚归平静，又发生了一个令文天祥难以承受的事：金应积劳成疾，不治而亡。

金应是吉水人，性情刚烈，深明大义，追随文天祥已有二十年。文天祥起兵勤王，他任承信郎、东南第六正将；文天祥出使元营，他任江西兵马都监；尤其是文天祥被拘北上，“人情莫不观望，僚从皆散，虽亲仆亦逃去，唯应上下相随，更历险难，奔波数千里，以为当然。盖委身以从，死生休戚，俱为一人者”。[3]这样一位战友去世带来的打击可想而知。

文天祥泪水如倾，写诗悼念，在给金应下葬时，把两首悼诗焚于墓前，并在棺木上钉了七个小钉和一块木牌作为记号，以备将来取其骨归葬庐陵。

同行十二人，或死或逃，只剩下六人。

就当此时，又得到两条消息。一条是坏消息，说赵㬎和全太后被元军押往大都，行至瓜洲时，李庭芝和姜才率四万人趁夜夺驾，没有成功。一条是好消息，益王赵昰、广王赵昺已在浙江永嘉建立了元帅府，并发布檄文，号召各路忠臣义士前来勤王，共举复兴大业。

得到第二条消息，文天祥急着去觐见二王，不日便登上杨师亮为他置备的海船，往南渡海而去。

① 《文天祥全集》卷十三《指南录·扬子江》。
② 《文天祥全集》卷十三《指南录·后序》。
③ 《文天祥全集》卷十三《指南录·哭金路分应》。

第十四章 南剑开府 再举义旗

由淮入浙只通海路，在通州等着南去的达官贵人众多，一有空船马上就发船运送。空空荡荡的七星港眼下只有三条船，两条刚从台州来的三姜船已被太监曹镇雇用，还有一条是徐新班的广寿舟。文天祥急着去永嘉，正为船犯愁，凑巧去定海送文书的人办完事，被用海船送回，杨师亮就优先把这条船派给他，让他与曹镇等三条船结伴南行。

德祐二年（1276）闰三月十七日，文天祥与杜浒、张庆、夏仲、吕武、邹捷共六人，从七星港登船出发了。宋时以扬子江口为界，以北的海洋叫北洋，以南叫南洋。从通州去永嘉本可以直接南下，但因长江口的渚岛为元军所占，要去永嘉得先北上，经北洋兜一个大圈子，然后再回到南洋。这一绕就多出了许多路，焦急的文天祥说多出的路有数千里。

刚一上路，就碰上小小的意外。次日晚宿石港，白天再启程驶到十五里外的卖鱼湾，曹太监的船因退潮搁浅，只好停下来等了一日。几日后在通州海门界抛锚避潮汛时，忽见有十八艘海船慢慢地驶来，那亦行亦止的样子直让人怀疑是海盗，四只船都剑拔弩张做好了防范准备，等船驶近才松弛下来，原来那都是渔船。

闰三月二十二日，船驶入大海。文天祥是第一次在海上航行，甚至是平生头一回见到大海。他深为惊讶海天的辽阔，不由得发出“大哉观乎”的感叹。自然也写诗抒发了观海的感受，如“一团荡漾水晶盘，四畔青天作护阑”，如“水天一色玉空明，便似乘槎上太清”。①

几日后，船从北洋绕回到扬子江口。自从京口逃脱后，“是行寄一生于万死，不复望见天日”②，而今终于甩开敌人，推云望海，文天祥的心情激动万分，站在舷边吟出了他的千古名诗《扬子江》：

几日随风北海游，回从扬子大江头。
臣心一片磁针石，不指南方不肯休。

文天祥发誓，他的爱国赤忱和救国意志就像指南磁针那样坚定不移，至死不变！

这也是诗集《指南录》和其续集《指南后录》的核心意象和主题。

希望在前，辽阔、湛蓝的长天大海洗濯着文天祥心头的焦虑、苦闷和绝望，新奇的感受和明亮的抒情又回到他的笔端：

海山仙子国，邂逅寄孤篷。
万象画图里，千崖玉界中。
风摇春浪软，礁激暮潮雄。

①② 《文天祥全集》卷十三《出海》。

云气东南密，龙腾上碧空。

其小序云：“自入浙东，山渐多。入乱礁洋，青翠万叠，如画图中。在洋中者，或高或低，或大或小，与水相击触，奇怪不可名状。其在两傍者，如岸上山。丛山实则皆在海中，非有畔际。是日风小浪微，舟行石间，天巧捷出，令人应接不暇，殆神仙国也。孤愤愁绝中，为之心旷目明，是行为不虚矣。”①

当然，险情并没远去。船入东海，忽遇十几条海盗船，幸亏艄公路熟，急取灵山岩海路躲避，周旋了一夜，天明脱险而去。船过明州（浙江宁波）时，被元军发现，好在元军误以为是渔船，否则岸边数百艘元军控制的海船稍一动，便在劫难逃。

四月初八，文天祥一行终于到达永嘉。

“乘潮一到中川寺，暗读中兴第二碑。”②船一到瓯江口就溯流而上，直奔中川寺的益王帅府。他急于觐见二王，提出酝酿已久的复兴主张，不料二王与大元帅府已于一个月前移往福州。他急不可耐，立即写了个奏章请永嘉副守李珏送到福州。陈宜中等人正筹划拥益王为帝，便马上派人来永嘉与文天祥商议。文天祥完全赞同，并上书劝进，自己暂留永嘉候命。

听说文天祥到了永嘉，在临安被遣散，转到福建的勤王军旧部张汴、邹洬、朱华等人闻讯都跑到永嘉来迎接。

台州、处州（浙江丽水西）和当地的豪杰之士，也纷纷表示要追随他举义抗元。台州有个叫张和孙的义士，是宋初名将张永德的后代，陈宜中和张世杰想调遣他，他不从，文天祥到永嘉之前经过台州时，“舟

①《文天祥全集》卷十三《指南录·乱礁洋》。
②《文天祥全集》卷十三《指南录·至温州》。

泊仙岩，变姓名至张和孙家，约义举。旋入海门，率杜浒等登金鳌山，感慨哭拜高宗御座下，作《感遇》诗……至黄岩，舍舟陆行，寄诗与和孙，和孙始知为天祥，盖天祥初变姓名为清江刘洙也。和孙遂檄召壮勇，聚海艘，欲往从之”①。黄岩县的牟大昌也来相附，并在义旗上题诗曰：“大宋忠臣牟大昌，义兵今起应天祥。赤城虽已降为虏，黄山不愿为之氓。”②

从元营逃脱，从敌方追杀和己方因误解拒斥的险恶困境中挣脱出来，文天祥威望大增，举义的感召力大增。他满怀希望，期待着为中兴宋室社稷倾尽全力。

一个月后，到了五月初，文天祥终于等来了期待已久的召唤。景炎小皇帝的诏书传达，要他立即前往福安。此时福州已升为福安府。

元月，临安南宋朝廷崩溃，益王赵昰、广王赵昺如文天祥建议的，在驸马都尉杨镇等人的护卫下南逃，陆秀夫、苏刘义率军于途中追上，一路护卫到温州，进驻中川寺。陈宜中的老家清澳就在附近，陆秀夫派人把他找来，张世杰也从定海（浙江镇海）率部赶来会合。他们假托谢太后手诏，建立天下兵马都，以益王为元帅，广王为副元帅。四月，陆秀夫、张世杰、苏刘义、陈宜中等人护卫二王由海道转到福州。五月初一，众人拥益王赵昰登极，改元景炎，建立起流亡政权。小朝廷册封赵昰生母杨淑妃为太后，封广王为卫王。

文天祥奉诏百感交集，立即动身从陆路前往福安。他一路上思索着国家的命运，内心奔涌着投入复国大业的激情，又镜鉴前朝，对国家的前途充满担忧。途中在一座寺庙过夜时，他抚琴抒发了这种复杂

① 《台州府志》卷九十九《寓贤录》。
② 《黄岩县志》卷六。

的情绪：

> 松风一榻雨潇潇，万里封疆夜寂寥。
> 独坐瑶琴遣世虑，君恩犹恐壮怀销。[①]

五月二十六日，文天祥到达福安。

文天祥是以观文殿学士侍读的身份前往福安的。一到福安，便在垂拱殿被授予通议大夫、右丞相兼枢密使、都督诸路军马。任命诏书曰：

> 具官某：骨鲠魁落之英，股肱忠力之佐。仁不忧，勇不惧，坎惟心之亨；国忘家，公忘私，蹇匪躬之故。敌裔虏之猾夏，率义旅以勤王。慷慨施给铠之资，豪杰雷动；感激洒登舟之泪，忠亦天知。虽成败利钝逆睹之未能，然险阻艰难备尝之已熟。独简慈元之爱，爰升次辅之联。方单骑以行，惊破夷虏之胆；及免胄而入，大慰国人之心。天地之所扶持，鬼神亦为感泣。[②]

诏书出自陆秀夫之手。陆秀夫字君实，一字宴翁，别号东江，楚州盐城（今属江苏）人，是宝祐四年（1256）文天祥的同榜进士，与文天祥同岁，其“才思清丽，一时文人少能及之。性沉静，不苟求人和”[③]。文天祥也夸他“文笔英妙”。李庭芝守两淮，闻其名，将他召至幕中，官历主管机宜文字、参议官。元军下江南，僚属纷纷逃散，唯陆秀夫不为所动，因而被李庭芝推荐到临安，历任宗正少卿兼权起居舍人、礼部

---

① 吴锡麟:《有正味斋诗集》卷五《文丞相琴歌》。
② 《文天祥全集》卷十七《纪年录·注》。
③ 《宋史》卷四五一《陆秀夫传》。

侍郎。陆秀夫也是一位孤忠劲节之士，后与文天祥、张世杰并称“宋末三杰”。君子相惜，陆秀夫的笔下拟出一个正气凛然的文天祥，也映照出了他自己的志节。

出人意料的是，兴冲冲赶来的文天祥却辞相不拜。为什么？

福安小朝廷成立之日，任命了一批大臣，其中陈宜中为左丞相、都督诸路军马，李庭芝为右丞相，张世杰为枢密副使，陆秀夫为端明殿学士、签书枢密院事，陈文龙为参知政事，苏刘义为殿前指挥使。去年出师平江前，文天祥曾向皇帝奏道：“朝廷姑息牵制之意多，奋发刚断之义少！”而今一看到这个名单，定然会有同样的感受。一路追杀他的李庭芝在扬州且不论，他辞相不拜，是感到与掌管大权的陈宜中和张世杰共事，自己根本无法施展，只能徒有丞相之名而已。

陈宜中是怎样一个人，文天祥太知道了。这个一心只想议和的家伙，为了不触怒元军，达到议和目的，诬陷自己起兵是“猖狂”之举，阻碍自己入卫勤王；五木之战派来亲信的张全不助反扰，陷麻士龙、朱华和尹玉义军于绝境，事后又拒不查办。还有，这次追寻二王到通州时，杨师亮建议打造几百艘海船，组织水军从海上收复江淮、浙东，自己在永嘉向陈宜中具报了此事，又未得理睬。尤其不能容忍的是，临安被围时，自己建议请太皇太后谢氏、太后全氏和恭帝赵㬎三宫迁到海上，吉王赵昰和信王赵昺二王分守闽、广，以保存宗室再图复兴，他又无端反对，但到了紧急时刻，作为宰执大臣的他却甩下皇室，独自悄悄逃回了清澳老家。

到了福安，一见到陈宜中，文天祥就气不打一处来，直言责问道：“当奉两宫与二王同奔，奈何弃其所重？”

文天祥却只知其一不知其二，他提出迁都，陈宜中开始是反对的，但到紧急关头改变了想法，反率群臣入宫请求迁都，并求得了谢太后同意。问题出在陈宜中定的是次日出发，由于匆忙间没有禀奏清楚，谢太后以为是当晚出发，“及暮，宜中不入，太皇太后怒曰：‘吾初不欲迁，而大臣数以为请，顾欺我邪？’脱簪珥掷之地，遂闭阁，群臣求内引，皆不纳。”[①]结果两宫束手就擒。文天祥的责问，让他感到憋屈，但他临阵脱逃是真，只能面露愧色无言以对。文天祥又指斥他“纪纲不立，权戚用事”，使他更加闷闷不乐。

文天祥对张世杰也有看法。一见到张世杰，就问他朝廷现有多少兵，张世杰说只有自己的部队。文天祥不顾情面地叹道：“公军在此矣，朝廷大军何在？”[②]

对张世杰早先援守鄂州、襄樊，咸淳十年（1274）坚守郢州，以及同自己一样率先孤军勤王的表现，文天祥都极赞赏，但自他在焦山决战中由于战法保守导致惨败，尤其是在临安陷落前避战南遁，对他有了进一步的认识，认为他胸无大志，打起仗来不是远遁就是消极防御。所以见到他说话也不客气，等于责备他没有统领各路军队的雄才大略，搞得张世杰也大为不快。

不单是文天祥，陈宜中与张世杰之间，他们与其他大臣之间也是矛盾重重。陈宜中权戚用事，陆秀夫偏偏遇事较真，陈宜中见他不听摆布，竟又用台谏钳制反对派的惯技劾罢了他，将他逐往潮州。张世杰对陈宜中早有不满，便打抱不平说：“此何如时，动以台谏论人？”[③]陈宜中不能不顾忌张世杰手里的军队，无奈又将陆秀夫召回。而张世杰也与苏刘义不和，苏刘义原是荆湖老将，对王室忠心耿耿，拥立景炎帝有

① 《宋史》卷四一八《陈宜中传》。
② 《昭忠录·文天祥》。
③ 《宋史》卷四五一《陆秀夫传》。

功，与刚愎自用的张世杰也龃龉不断，因相隙"志郁郁不得展"[①]。

文天祥深知在事事是非处处掣肘的朝廷难有作为，便连上辞章。

文天祥不愿留在朝中，要求回到永嘉去募兵。永嘉南可保福安，北可向钱塘江流域发展，更重要的是，在永嘉那段时间，他广结浙南豪杰志士，深感民心可用。作出回永嘉的决定后，他立即给张和孙写信，要他实施聚集海上豪杰的计划，率领海上义军先收复明州（浙江宁波）。他没看错，张和孙率领的豪杰志士是一支可以信赖的力量，后来一直在当地坚持抗元，直到两年后被俘，张弘范审问他时，他大义凛然地回答："生为宋民，死为宋鬼，何怖我为！"[②]父子二人均被杀。文天祥要在海上发起反攻还想到了通州的杨师亮，在永嘉与张和孙商讨海上聚兵时，就把杨师亮欲建水军的事也考虑进来，并书信报给了陈宜中。但他不知道，陈宜中不以为信，背着他派人到通州询问，杨师亮问为何没带文天祥的书信，见来人无以回答，便对来人起了疑心，并对朝廷感到失望，一怒之下，竟投降了元军。

应该说，文天祥的想法也是符合朝廷的战略意图的。益王政权建立后，对抗元大局做了新的部署：以赵溍为江西制置使，进兵邵武军（福建邵武）；以谢枋得为江东制置使，进兵饶州（江西鄱阳）；以李世逵等进兵浙东；以吴浚为浙东招谕使、邹沨为副使；毛统由海道至淮，约兵会合；又派傅卓等由福建向江西进兵。上述的任命大多只给个头衔，都是有职无兵，兵要靠自己去招募。文天祥相信自己能再一次白手起家，在永嘉拉起一支抗元队伍。

就在国家临危濒绝之际，文天祥拿着这个计划去找陈宜中商议时，却遭到坚决反对。为什么？按文天祥的说法，"宜中既弃临安，及三山

① 《文天祥全集》卷十六《集杜诗·苏刘义》。

② 邓光荐：《文丞相督府忠义传》。

（福安）登极，欲倚世杰复东西，以自洗濯，所以阻予永嘉之行”[①]。临安失在他手，累陷两浙，若借助张世杰收复两浙，不仅能让他挽回颜面，好处还能落到他头上，若让文天祥抢了功，威望将盖过他，那他在朝中将被置于何地呢？

结果是，朝廷决定让文天祥去广州开府募兵。

从海上收复两浙的计划落空了。在等待广州谍报期间，他对诗集《指南录》作了增补，把从海上到永嘉，再到福安行在写的诗，编为第四卷加了进去。

但广州方向却传来了坏消息。广东经略使徐直谅本已派部将梁雄飞去湖南向元军请降，当得知南宋在福安建起了新朝廷，并颁诏各地勤王，转而反正，当梁雄飞带着阿里海牙的指令返回时，徐直谅命通判李性道、摧锋军将领黄俊拒梁雄飞于石门（湖南澧县西）。李性道不战，黄俊被打败，徐直谅弃城逃匿。广州于六月十三日降元。

去广州开府不成，又改到南剑州（福建南平）开府。南剑位于闽江上游剑溪、沙溪的汇合处，依山建城，地势险要，战略位置虽不如永嘉，却也可北保福安，西屏障闽江上游，素有“八闽屏障”之称。朝廷改任文天祥为枢密使、同都督诸路军马，经略江西。

文天祥领受了任职，于七月初四出发，至十三日到达南剑州。

在南剑州开府，与前一年组织勤王军全靠白手起家不同，此次动用了朝廷的资源，其规模和声势要大得多。“于时幕府选辟，皆一时名士。”[②]除了旧部杜浒、吕武、张汴外，四方来投同督府的主要人物有巩信、赵时赏、陈龙复、曾凤、谢杞、许由、李幼节、吴文焕、林

①② 《文天祥全集》卷十六《集杜诗·南剑州督》。

栋、林琦、林俞、林元甫、谢翱、缪朝宗、徐榛等，其中既有富于谋略的文官，又有久历戎旅的武将。

文官如赵时赏，宋朝宗室，其人“神采明隽，议论慷慨”[①]，知旌县（安徽旌德）时，以一县之力抵抗元军，因功升任军器太监，临安陷落后辗转入闽，到同督府任参议官。缪朝宗，江淮人，为人精练实干，孜孜奉公，曾知梅州（广东梅县），文天祥在平江时，他义投帐下，这次又从婺州赶来追随，任环卫官，主管同督府军器。徐榛，温州人，精干勤勉，文天祥让他替代已故的金应，用他典笔札、机密。

武将如巩信，其人沉勇有谋，是久历沙场的荆湖宿将，这次奉朝廷之命率军随府，任都统制、江西招谕使。另一个林琦，既能带兵，又有文才，元军围临安时，像杜浒一样，曾招集赭山（浙江萧山东北）义军投于文天祥帐下，后带领水军在海上抗元，此次也入幕听命。

许多福建的忠义才学之士，也纷纷投效同督府。泉州老臣陈龙复，文天祥的同榜进士，官至行太府少卿、福建提刑，以敦厚、清俭著名，很有声望，在同督府中任参议官。长溪青年谢翱，擅长文章，听说文天祥开府南剑，一如文天祥倾家荡产以作军资，招集乡人数百从军，任咨事参议。还有谢杞、许由、李幼节等人，都是进士及第的名士，在同督府任秘书、架阁等官职。

赣州、吉州的勤王军旧部及乡人，闻讯也陆续前来相投。文天祥少时老师曾凤从衢州来投，此前曾任衢州教授、国子监丞，文天祥不敢把他看成属吏，以师道尊之。还有许多旧部如张云、陈继周在赣州、吉州等地暗中联络，义师一到，就立即举旗响应。

文天祥开府抗元，民心呼拥。东莞义士熊飞起兵投奔南剑府，景定

① 《文天祥全集》卷十六《集杜诗·赵太监时赏》。

五年（1264）特奏进士李春叟写诗送行，云："龙泉出匣鬼神惊，猎猎霜风送客程。白发垂堂千里别，赤心报国一身轻。划开云路冲牛斗，挽落天河起甲兵。马革裹尸真壮士，阳关莫作断肠声。"[①] 情深义重，壮怀激烈。

同督府初立，文天祥即派杜浒前往温州、台州，吕武前往江淮。文天祥原先之所以要在永嘉开府，就因为他还想着与江淮宋军连兵大举，收复两淮和两浙，那儿还有苗再成、杨师亮、李庭芝这样的拥兵守国的将领，李庭芝虽不容自己，却也拒敌不降。还有，自镇江逃脱前往福安途中，他亲身感受到那儿民心可用，豪杰义士众多，像江淮间不要金钱只要一张批帖的管船人、稽家庄的统制官稽耸等，温州、台州和处州的张和孙、牟大昌等众多豪杰自不必说。文天祥派出他俩，一是到那儿招兵筹饷，一是去"结约江淮道"[②]，为连兵大举加强联络。

由此可看出，文天祥的战略姿态是北上，是进攻，是收复失地。

可就当他积极招兵聚粮，结约江淮，殚精竭虑昼夜筹划军事反攻之时，朝廷下了一道命令，要他"严趣之汀"，要他马上到汀州（福建长汀）去。

这是因为七月之后的战局又发生了变化。前方抗元重镇扬州的粮道被阿术掐断，处境更加险恶，朝廷要李庭芝到福安赴任右丞相的诏令到达，李庭芝奉诏与姜才领兵七千赴泰州，准备从海路去福安。不料他前脚刚走，留守扬州的制置副使朱焕即于七月十二日以城降元。阿术追击李庭芝到泰州，把泰州团团围住，骁将姜才背部的疽痈发作力不能战，偏将孙贵、胡惟孝等开门出降。李庭芝投莲池自杀，水浅不死，与姜才一起被俘押至扬州。阿术本想劝降并重用他俩，但叛将朱焕怕他们今后

① 《宋东莞遗民录》卷上《送熊飞将军赴文丞相麾下》。
② 《文天祥全集》卷十六《集杜诗·吕武》。

不容自己，对阿术说扬州交战死了那么多人，都是他俩造成的，怎能不杀呢？两人遂于八月十三日被杀害。

李庭芝早年投身名将孟珙帐下，才勇毕露。孟珙死前，留下遗嘱推举贾似道替代自己，并把李庭芝推荐给了贾似道。李庭芝在抗元作战尤其是在襄樊之役和守卫扬州中，英勇善战，屡次怒杀劝降者，不失忠节大义。但也有可诟病之处，驱杀文天祥就是一例。文天祥有诗曰："北来追骑满江滨，哪更元戎按剑嗔。不是神明扶正直，淮头何处可安身？"[①]元戎即指李庭芝，文天祥自镇江脱身后与死同行，李庭芝脱不开干系。不知是否此经历影响了文天祥对李庭芝的看法，文天祥说："李庭芝在扬州十余年，畏怯无远谋，惟闭门自守，无救于国。"[②]说他畏怯无远谋，是否冤枉了他？据《宋史·姜才传》记载，当扬州粮绝，元军诱降时，"庭芝以在围久，召才计事，屏左右，语久之。第闻才厉声云：'相公不过忍片时痛耳！'左右闻之俱汗下。才自是以兵护庭之第，期与俱死"。似说李庭芝犹豫动摇，被姜才劝止。落入敌手后，阿术指责李庭芝不降，姜才挺身道："不降者我也！"似也可作印证。文天祥给李庭芝的盖棺定论是："虽无功于国，一死为不负国矣。"[③]

此外，还可看看文天祥对姜才的评价。他说，姜才乃"淮东猛将，扬州前后主战，皆其人也。及泰州破被执，虏爱其才勇，啖以官爵，不肯降，骂诸负国者。临刑，含血以喷，骂虏不绝口。其英风义烈，淮人言之，无不伤叹。惜哉！"[④]与对姜才的激赞相比，文天祥对李庭芝的评价实在不高。

---

① 《文天祥全集》卷十三《指南录·闻谍》。
② 《文天祥全集》卷十六《集杜诗·扬州》。
③ 《文天祥全集》卷十六《集杜诗·李制置庭芝》。
④ 《文天祥全集》卷十六《集杜诗·姜都统才》。

“东南兵力，尽在江北，金城汤池，国之根本。高（达）以荆州降，夏（贵）以淮西降，李（庭芝）死，淮东尽失，无复中原之望矣。哀哉！”[①]正如文天祥所说，扬州既失，真州苗再成城破而死，通州、滁州、高邮、处州、温州等相继降元，抗元形势迅速恶化，

十月，元军在南宋降将王世强引导下，向福建发起了大举进攻。朝廷赶紧要文天祥的同督府南移汀州。文天祥要求到永嘉开府，是想着收复两浙和两淮。朝廷要他去广州，而南剑，而汀州，是为了让他护驾朝廷南逃。

文天祥十一月移师汀州。

刚在汀州扎营，刘沐就带领一支勤王军风尘仆仆赶来会合。继而泰和的萧明哲、赣州的陈子敬也起兵来会。文天祥因他们的到来极为兴奋。刘沐是文天祥的少时挚友，沉实有谋，圆机应变，在江西忠义之士中颇有号召力，继续担任督帐亲卫的旧职。萧明哲是吉州贡士，生性刚毅，遇事有胆气，明于大节，任督干架阁监军。陈子敬以资力雄乡里，为人忠信有谋，任督干监军。他们都是文天祥的股肱亲随。

刘沐是头一个到的。当晚，文天祥备酒接风与他长叙。他告诉文天祥，自文天祥入元营被扣，他便因勤王军被遣散回到家乡庐陵，当听到文天祥在南剑州开府的消息，他立即招集勤王军旧部前来投效。文天祥问他知不知道张云的情况。刘沐说，张云被遣散率部回到家乡，见吉州城已降元，于七月间率部夜袭元营，大战南栅门，杀敌数百，恰遇一支元军路过，义军腹背受敌，苦战到黎明，撤到江边饮水休整，受元军冲击，张云与众部下溺水而死。文天祥叹气道：休矣！又说陈继周遭遣回

① 《文天祥全集》卷十六《集杜诗·京湖两淮》。

家乡后，串联旧部，密图再举，小皇帝即位后，任他知南安军（江西大余），自己曾派人联络他和张云做好响应举义的准备，不想八月陈继周遭元军袭击，被俘不屈而死。

文天祥垂泪道，在南剑州开府时，张云、陈继周在赣州、吉州积极联络义士，准备随时起而响应，谁料如今已是阴阳两界。说至此，两人悲痛不已，起身举酒酹地，祭奠忠魂。

两位志同道合的战友几乎谈了一整夜，文天祥意犹未尽，又作诗一首，抒发患难重逢的万千感慨：

> 万里飘零命羽轻，归来喜有故人迎。
> 雷潜九地声元在，月暗千山魄再明。
> 疑是仓公回已死，恍如羊祜说前生。
> 夜阑相对真成梦，清酒浩歌双剑横。[①]

自己历经九死一生，想不到今日还能活着与久无音信的刘沐重逢，真好像是被西汉神医仓公救渡，恍如西晋开国元勋羊祜复现，前生今世，云里梦里，把酒共议抗元大计，誓以雷破九地惊天宇，月出千障照九州。

汀州位于崇山峻岭之间，文天祥在这里作出的军事部署，仍是前出进攻的姿态：他派遣参谋赵时赏、咨议赵孟濚率一部前往宁都，从元军手中夺回县城，命已在那儿聚兵的江西招谕副使邹洬接应。命参赞吴浚率部攻取雩都（江西于都），锋指距雩都不远的赣州城；另派唐仁与赣州城内义士联络；陈子敬回赣州招集义兵，控制赣水下游的皁口（赣

---

① 《文天祥全集》卷十三《指南录·呈小村》。

江口岸），断绝元军增援赣州的水路；策应吴浚攻取赣州。此外还派出武冈军教授罗开礼夺取吉州永丰县等。这一系列举措意在向江西打开出路，扭转抗元的被动局面。

然而文天祥的抵抗和进攻是孤悬的。

十一月中旬，元军攻占了建宁府（福建建瓯）、邵武军、南剑州，福安屏障尽失。此时行都福安尚有宋军十七万人，民兵三十万，淮军万余，但陈宜中和“惟务远遁”的张世杰不敢与元军决一死战，护持着小皇帝赵昰、卫王赵昺及太后杨氏乘船逃往海上。弃城逃到福安的知南剑州王积翁作为元军内应，与知福安府王刚中一道献城投降。

行朝一跑，再挫宋军本已岌岌可危的抗元信心，各郡县守将或逃或降或败，东南守备土崩瓦解。景炎二年（1277）元月，元军进逼汀州，文天祥本想据城抗敌，但同督府军大部受命在外，汀州守将黄去疾听说行朝逃往海上，按兵不动，有叛变迹象，不得已将同督府迁往漳州龙岩。

文天祥的江西攻略也受挫。派去攻打宁都的赵时赏、赵孟溁失利返归。邹㵯在宁都被俘，改名换姓假称卜课算命先生得以逃脱。夺取永丰县的罗开礼也被俘，死在吉州的监狱中。另外，同督府初立时派往温州、台州招兵筹饷的杜浒，往江淮联络义士的吕武也不得不南返，辗转于寻归同督府的途中。

原先派去攻打雩都的参赞吴浚也来到龙岩。但他不是来归府请命的，他已同黄去疾一道投降了元军，他是受元将李恒派遣来诱降的。

文天祥大怒，断然在军前将他绞杀。

第十五章

洒血攘袂 江西奏捷

率领元军攻入福建，连下建宁府、邵武军、南剑州，把南宋小朝廷驱赶到海上的，不是别人，正是几个月前文天祥被扣押在大营时的馆伴唆都。如今他已由建康安抚使升任福建宣慰使，行征南元帅府事。

得到吴浚劝降被文天祥处斩的报告，他并不像别的元军将领那样怒遣大军，以加倍的野蛮给对手以毁灭性打击，而是让南剑州降臣王积翁的淮军旧部罗辉再次去劝降。

唆都这么做，一是念旧情，由于那一段与文天祥朝夕接触，了解其为人，钦佩其忠信气节；二是唆都不仅骁勇善战，且有眼界。早年他随哈必赤平定李璮叛乱，发现当地有许多年轻人偷偷跑到宋境卖马，返朝后他却奏请不要予以治罪，而把这些小盗收入军中，结果得兵三千，升为千户。他在征战中体会到，凡宋将投降之地，攻占不费一兵一卒，反之总需付出高昂代价，如此前攻打兴化（莆田）时，死守孤垒的宋兵不足一千，他亲自临阵督战，造云梯炮石猛攻，城上仍矢石雨下，在叛官开门攻入后仍巷战终日，杀人三万多，自己损失也不小。对文天祥硬攻，恐怕更不容易，但如果能让文天祥这样的人归顺，那将极大地瓦解宋军军心，收到归一效万之功。

他对文天祥的节操是领教过的，文天祥真的能被劝转吗？他并非不抱有一丝幻想，凡事此一时，彼一时，攻下衢州时，右丞相留梦炎不就躬伏在自己脚下了吗？文天祥就是骨头再硬，也不能不识时务吧？

然而唆都与文天祥的想法正好背道而驰，两年前文天祥应诏起兵勤王时，就曾清醒地表示过，他明知道举义勤王是不可为而为之，他之所以忠义感慨而行，是因为深恨国家危厄之时无人舍身报国，他要打破这令人悲哀的沉寂，用自己的行动感召天下忠臣义士闻风而起。如今临安陷落，赵㬎与后宫被押北上，江南大部分地区为元军占领，流亡小朝廷也已逃往海上，就更需要抱定死节者挺身而出，只不过如果当初还企图在军事上有所作为，此时已经不抱太多幻想，此时他随时准备以死节撑住民族气节和魂魄的大旗。

这在去年五月写的《指南录·后序》中说得很清楚："呜呼！予之生也幸，而幸生也何所为？……生无以救国难，死犹为厉鬼以击贼，义也！赖天地之灵，宗庙之福，修我戈矛，从王于师，以为前驱，雪九庙之耻，复高祖之业，所谓誓不与贼俱生，所谓鞠躬尽力，死而后已，亦义也！嗟夫，若予者，将无往而不得死所矣！"患难中活着是侥幸，而活着的意义何在？活着不能救国难，死了做鬼也要打击敌人，是义；活着的时候为国冲杀在前，直拼到死，也是义。啊啊，终是一死！

元军南侵以来，满朝文武和士大夫的操守可怖地轰隆倒塌，愈演愈烈，到了此时，以死节力挺民族气节和魂魄，已成为文天祥的信仰，成为他成圣成贤的目标追求。如此，他怎么可能屈膝投降呢？唆都的劝降只会让他备受侮辱，让他愤怒。

但这次他没有杀罗辉。唆都做馆伴时，对自己一直好言好语，敬重之情溢于言表，“常恐予之伏死节”，不能不念这段旧情。罗辉是带着书信来的，文天祥也写了一封信让他带回去。

> 天祥至汀后，即移建，以次沦失。朝廷养士三百年，无死节者。如心先生（陈文龙）差强人意，不知今果死否？哀哉，哀哉。坐孤城中，势力穷屈，泛观宇宙，无一可为，甚负吾平生之志。三年不见老母，灯前一夕，自汀移屯至龙岩，间道得与老母相见，即下从先帝游，复何云！（唆）都相公去年馆伴，用情甚至，常念之不忘，故回书，复遣罗辉来。永诀！永诀！伏乞台照。[①]

永诀！永诀！死志已决，杀身成圣成贤的信仰已不可改变！

只要手里有兵，只要一息尚存，就不能束手待毙，就要“修我戈矛，从王于师，以为前驱，雪九庙之耻，复高祖之业”。如要抗争，最好的选择还是回到江西老家，把根据地的军民发动聚集起来与敌死拼。

三月，同督府军往西南方向收复梅州，转而向北剑指赣南。

也是在这个月，大弟文璧带着母亲曾德慈、幼弟文璋、二妹文淑孙及文天祥的妻妾儿女也来到了梅州。一起来的还有肖资，他是文天祥的书吏，为人厚道，生性温和，江西失陷后一直尽心尽力随侍文天祥的老母和家人。

从前年率勤王军自赣州入卫，文天祥便将老母及一大家子托付给了

① 《文天祥全集》卷十八《拾遗·正月书》。

文璧。从临安赴平江前，奏请朝廷为文璧乞祠，文璧因此受赐直秘阁，主管崇道观，诰词曰："惟尔哲兄，以鸿儒魁望，倡义勤王，忠于为国，而不谋家。乃命阃制，修扞我难。尔竟爽有令誉，虞侍陔养，叔出季处，恩义两尽。"[①]让文璧用祠禄养亲，代以尽孝。不久文璧受任知惠州，把老母和一大家子人接往惠州。去年十一月，接到文天祥在汀州写来的书信，便带着老母及一大家子前来团聚，在兵荒马乱中颠沛辗转多时，才历经艰辛来到梅州。

文天祥说三年不见老母，其实是两年。在动荡险恶的战乱中与阔别的老母相聚，与妻子欧阳氏和妾颜氏、黄氏相聚，与长子道生、次子佛生、女儿柳娘、环娘、监娘、奉娘相聚，与弟妹相聚，其悲喜交加的心情可想而知。但亲人中不见了长女定娘和幼女寿娘，两个孩子已于去年病死在惠州河源县的三角村。文天祥闻知悲从中来，失声痛哭，他后来在诗中写道："痴女饥咬我，郁没一悲魂。不得收骨肉，痛哭苍烟根。"[②]两个幼女被当地一位文天祥的好友谢元妥为安葬，将墓地称为"仙女桥"。

"间道得与老母相见，即下从先帝游，复何云！"与老母相见的心愿已实现，如今还有何求？唯以死节尽忠尽孝，与强虏拼尽最后一滴血！

发兵前，文天祥与帐前文武昼夜运筹，对用兵做了一番部署。为令行禁止，整肃军纪，断然斩杀了飞扬跋扈、不听号令的钱汉英、王福二将。

景炎二年（1277）五月，文天祥率同督府军开拔，拉开了收复江西之役的序幕。

---

① 《文氏通谱·附录·宸翰》。

② 《文天祥全集》卷十六《集杜诗·二女》。

在越过梅岭的进兵途中，文天祥豪情激荡，于马背上吟诗一首：

去年伤北使，今日叹南驰。
云湿山如动，天低雨欲垂。
征夫行未已，游子去何之？
正好王师出，崆峒麦熟时。[①]

越过梅岭，文天祥率主力直下赣州会昌，“时赣、吉兵皆来会”。去年底在宁都被俘的邹㵯，假称算命先生脱身后，又在永丰和兴国间聚兵，此时率兵来会合，同督府奏授他为江西安抚副使，统兵数万。以武功赐第的勤王军旧部刘伯文也来相投，奉命带着同督府文书，联络远近义士。六月初三，同督府军大败元军，夺回雩都。接着又一鼓作气进军兴国，兴国人钟绍安散尽家资招募里中义兵起来响应，兴国县反正。六月二十一日，同督府移驻兴国。

在兴国站稳脚跟后，文天祥于七月指挥三路出击，一路由参谋张汴、监军赵时赏、赵孟溁等率主力攻打赣州，一路由安抚副使邹㵯率赣州诸县兵力捣永丰、吉水，另一路由招谕副使黎贵达率吉州诸县兵力进攻泰和。与此同时，派人向各地抗元武装传达起事檄文。

同督府收复失地气势如虹，声威大振，一时间各地豪杰义士呼啸而起、举戈响应，尤其是从临安被遣返、一直在暗中蛰伏的赣州勤王军旧部，纷纷揭竿而起。

在文天祥的家乡吉州，其亲属率先举事。大妹夫孙㮚招集义勇，大妹拿出所有首饰以供军资，支持丈夫收复了龙泉县城。二妹夫彭震龙与

① 《文天祥全集》卷十三《指南录·即事》。

肖敬夫、肖焘夫兄弟等歃血起誓，攻下永新县城。肖明哲监赣县义兵，收复了万安县，到龙泉与孙㮚会合。泰和针工刘士昭与乡人密谋恢复泰和县，事败，咬破手指在帛上写下血书："生为宋民，死为宋鬼，赤心报国，一死而已！"[①]以帛自刭。同督府军在当地豪杰义士的配合下，一举收复了吉水、永丰、万安、永新和龙泉，吉州八个县一举收复了五县。

吉州以西，袁州（今属江西宜春）、南安军（江西大余）、分宁（江西修水县境内）、武宁的义军纷起，相继派人来同督府请领军令。袁州的萍乡县被吴希奭、陈子全、王梦应等人领兵收复，杀了元军头目来万户等六人。此前刘伯文带着同督府文书前往联络义兵，因仆从酒后泄密，被来万户杀害，杀了来万户，也算为刘伯文报了仇。南安军在去年元军攻陷江西时，守将杨公畿投降，独南安县不降，三县管界巡检李梓发等推举前南安尉叶茂为主，治械守城，元丞相塔出与张弘范、吕师夔率兵一万多人久攻不下，塔出一筹莫展，对张弘范、吕师夔说："城子如堞大，人心乃尔硬耶！"转而到城下劝降，遭守兵大骂，塔出差点被炮击中。二月，叶茂出降，李梓发仍坚守如故，此时与同督府相策应。

吉州以东，抚州、饶州、建昌军（江西南城县境内）志士也应时起兵。抚州的何时起兵收复了崇仁县。盱江（抚河）的进士傅卓者起兵不成被害。饶、抚之地又有进士陈莘，结约弋阳谢梦得谋取信州，事败皆死。

吉州以北，临江军、洪州（江西南昌）的义军也派人来同督府请命约束，每日都有那里的豪杰来送钱款供军资。

在南面的赣州，同督府主力在当地豪杰的配合下更是势如破竹，连

① 《文丞相督府忠义传》。

下虔化、信丰、瑞金、石城、安远、龙南，加上会昌、兴国和雩都，攻占了赣州所属全部九个县，陷赣州于孤城。

文天祥自五月率同督府军出兵江西，短短三个月的时间，实现了除赣州和泰和以外的所有战役目标，打出了一个“大江以西，有席卷包举之势”[①]的大好局面。这个战果是在两军交战一边倒，宋军逢战必败，竟日弃城失地，斗志如决堤般溃散，国家濒临毁灭的四面楚歌中取得的，就不能不越发显得可贵和辉煌。

后来文天祥被囚大都，忽必烈正在犹豫杀不杀他时，景炎二年（1277）任江西行中书省左丞的麦术丁极言倡杀，他对忽必烈说：“文丞相英才伟略，古今罕有。曩者开督府于汀州，筹略号令，本朝将帅均不可及。苟释之使去，彼必遁回江南，号召天下，为国家之大患。”[②]这无疑是一个中肯的评价。

然而这个江西大捷的战果并不能逆转大局，其价值和意义与其说是军事上的，不如说是节义上的，是民族精神和气节在一片悲观绝望的黑暗中冲天而起，光耀日月，在史册上写下了重重的一笔。

确实，取得江西大捷的胜利，固然是由于文天祥振臂一呼，激发出蛰伏于人心的爱国热忱和抗敌意志，在沉寂的大地上引发了绝地反击的滚滚熔岩，但也不能不说，这与元朝北方有警、大军北调有关。此前，忽必烈怀疑高丽侍中金方庆图谋作乱，从阿术军中抽一万精兵赴阙；同时，蒙哥的四子昔里吉等诸王发动叛乱，东犯和林，应昌（内蒙古阿巴哈纳尔旗东南）只儿斡带和六盘山霍虎起兵响应，漠南大震，居庸关以北告警，忽必烈命伯颜率大军北返讨伐，这无疑就减少了在江南的兵力。

① 《文天祥全集》卷十七《纪年录·注》。
② 赵弼：《说郛》卷九七《效颦集·文文山传》。

尽管如此，也不能不称道文天祥足智多谋，具有非凡的领军才干。

正如明代文史巨匠王世贞所评："谈者非文信公之忠，而惜其才之不称也。余以为不然。夫信公非无才者也！当咸淳之末，天下之事已去，而信公以一远郡守，募万余乌合之众，率以勤王，而众不溃。此非有驾驭之术不能也！"①

至于文天祥怎样用兵，除上所述，史无记载，但不要忘了，文天祥是个象棋高手，"平生嗜象弈，以其危险制胜奇绝者"，自创四十局势图象棋棋谱，这其中正便模拟、蕴含着战争的作战形式、用谋斗智的精华。文天祥的四十局势图与孙子兵法、三十六计必有其内在的联系，必也是数中有术，术中有数，阴阳燮理，机在其中。由此可以推想，文天祥过梅岭谋会昌、谋兴国，于兴国开督府，发兵三路，以主力攻打赣州，偏师直捣永丰、吉水，另一路进攻泰和，都不是无端而来，都必有其依势谋局的精思妙算。因此，江西大捷，不能不归功于文天祥智勇的军事谋略。

这其中当然也应包括派人四处联络义士结约起兵的举措。如此，文天祥在胜利之日就不会不为失去了吕武这样的有功之臣而备加伤心。吕武是在南剑州被派往江淮结约豪杰的，经淮东沦陷区辗转数千里回到梅州后，又挺身寇寨，化贼为兵，为同督府招回一批抗元兵士。可就当他率领数千人进军江西时，却"以无礼于士大夫，遭横逆死"②。"士大夫"是谁？吕武怎么无礼于他招致了死罪？文天祥没有说，但从他的诗中似可见端倪，诗曰："疾恶怀刚肠，世人皆欲杀。魂魄犹正直，回首肺肝热。"其小序说："其人劲烈，面折人，触忌讳不避。然忠鲠，人皆服之。"文天祥对他的人格是赞赏的，他的死是由于他忠鲠，由于

① 《弇州四部稿》卷一一〇《文天祥论》。

② 《文天祥全集》卷十八《集杜诗·吕武》。

疾恶刚肠，从而触犯了某人的忌讳。由此可看出，吕武的死必是冤死，他得罪的人无疑是最高层的统治者。自陷元营应募相从，到逃离元营，历经艰险，泛海南归，吕武一直表现得忠勇无畏，在他“死之日，一军为之流涕”，文天祥以诗表达了自己失去肝胆战友的痛惜之情。

文天祥同督府在江西连传捷报，对周边地区的抗元义军是一个极大的鼓舞。

湖南义军应声而动。衡山进士赵璠在湘乡起事，写信给同督府请命，经文天祥转呈，行朝授他军器监，号召勤王。朝奉郎张唐、前赣州通判熊桂等人，起兵收复衡山、湘潭、攸县三个县城。攸县士人吴希奭、陈子全、王梦应也与赵璠相呼应，联络同督府，聚众数千收复袁州萍乡县。此前张虎在宝庆府（湖南邵阳）发难，附近各县纷纷响应，光复新化、安化、益阳、宁乡等县，加入了抗元的浪潮。

淮西、湖北、福建、广东等地也受到震动。淮西义士刘源串联附近山寨，坚持抗元多年，这时他和安抚使张德舆在淮西起兵，司空山（湖北南漳县西北）的傅高举兵响应，两军互为犄角，新复黄州（湖北黄州）、寿昌军（湖北鄂城），在樊口（武昌西北）杀死元军湖北宣抚使郑鼎。兴国军（湖北鄂州）也告光复。黄州、兴国军新复后皆来同督府请命。广东赵溍、方兴领导的摧锋军在韶州仁化县立寨，也前来自请接受同督府统辖。福建汀州斩伪天子黄从，也把首级送到同督府报功。要说明一下，这个黄从是一支农民起义军的首领。

景炎二年（1277）五月至七月，同督府军取得了江西大捷，四方义军烽火相应，皆来请命，“所在义兵不可计数”，同督府“号令通于江淮”[①]。与此同时，张世杰回兵泉州讨伐降官蒲寿庚，附近义军起而配

① 《文天祥全集》卷十七《纪年录》。

合，其部将高日新收复了闽北的邵武军。一时间，东南一带出现了连片抗元的局面。

尽管文天祥已看清国家命运的大势，抱定了“生无以救国难，死犹为厉鬼以击贼”的死节，此时却也想：“天若祚宋，则是举也，幸而一捷，国事垂成之候也。”[①]

崆峒杀气黑，洒血暗郊坰。
哀笳晓幽咽，石壁断空青。[②]

与诗前小序不同，诗中却充斥着险恶的意象和忧虑的气息。

①② 《文天祥全集》卷十三《集杜诗·赣州》。

第十六章 空坑突围 人神共助

江西大地上掀起抗元浪潮，令远在元大都的忽必烈大为震惊。景炎二年（1277）七月，为剿灭异军突起的江西抗元力量，元廷专设江西行中书省，以塔出为右丞、麦术丁为左丞，李恒、蒲寿庚、程鹏飞为参知政事，在隆兴元帅府部署一番后，便命李恒率大军南下镇压文天祥的同督府军。

李恒是西夏国主之后，祖父在成吉思汗征西夏时战死，父亲被蒙古宗王收养，他自小在蒙古军中长大，咸淳六年（1270）任益都淄莱新军万户，因对宋作战有功升任左副都元帅。此人有勇有谋，他对文天祥的攻略是：一面出动大军镇压攻至赣州城的张汴、攻至永丰的邹洬、攻至泰和的黎贵达三军；一面亲率精兵悄悄奔赴兴国，突袭文天祥的同督府。

八月十五日，李恒率精锐突然杀到兴国，驻留兴国的同督府军所剩无几，文天祥猝不及防，只得带着同督府官员和少量兵力向永丰转移，期与邹沨会合。文天祥不知道，此时邹沨的数万民兵已被元军击溃。此前，元军的一支偏师在泰和钟步村与黎贵达相遇，黎贵达率千余同督府军死抗，战事胶着，元军转而急攻民兵身后，数千民兵皆临时招募，哪见过这阵势，转眼被元军骑兵冲了个七零八散，黎贵达落败。围攻赣州的张汴、赵时赏和赵孟潆的数万主力，也在元军铁骑的冲击下溃败。

文天祥一路急撤，李恒率轻骑穷追不舍，在庐陵东固的方石岭下追上了文天祥。

方石岭隘口有一夫当关万夫莫开之险，老将巩信决定在此死守，掩护文天祥撤离。巩信暴啸狂吼，据险挥剑拒敌，手杀元兵数十人，麾下几十名步卒也发着喊奋勇拼杀，把攻上来的元军压了下去。李恒惊异万分，不敢相信巩信以寡拒众的勇气，怀疑山中埋有伏兵，便敛兵不进。稍事喘息后，他见巩信端坐隘口巨石上，步卒们左右侍立，便命聚而放箭。奇怪的是巩信在箭雨中仍巍然不倒。李恒更加生疑，就抓来农夫带路，当从羊肠小道绕到山后，才发现山后并无伏兵。李恒得报后再攻巩信，抵近巩信的元兵大惊失色，相顾垂目无语。原来，巩信与身边的士卒皆遍体箭伤，早已战死，死前他们以命谋敌，摆好架势慑阻，真个是“犹为厉鬼以击贼”！

巩信阻击元军的这段时间，文天祥已走远。

对巩信舍身相救，文天祥感慨不忘，后来集杜诗《巩宣使信》一首：“壮士血相视，斯人已云亡。哀哀失木狖，夜深经战场。”还曾想奏请朝廷为他立庙，追封他为清远军承宣使。

文天祥的队伍里有官员、家眷和随行百姓，还带着同督府的家当，且为避元军追击，多走逼仄的山道，行动十分缓慢。途中，溃于赣州的张汴、赵时赏率部前来会合。进入永丰境内，退出县城的邹沨也率残部来会。

八月二十七日，到达永丰县一个叫空坑的山寨时，连日奔波的士兵疲惫不堪，倒地便睡。文天祥借宿在山前陈师韩家。永丰县城已失，下一步怎么办？安顿好一大家子睡下后，文天祥想把部将和幕僚招来商议。岂料还未传令，忽报元军已逼近空坑，文天祥立即发令抵抗，陈师韩却不由分说地拉他出了山寨，沿着一条小路奔逃。文天祥刚离开，追骑就冲到寨前。元军举着火把，喝问文天祥在何处，叫嚷着交出文天祥，见无人应答，被激得蛮性大发，攻破山寨血屠了空坑。

此时惊恐逃命、四处奔窜的百姓堵塞了狭窄的山道，文天祥举步艰难，五百督帐卫兵赶到，砍山树做鹿角在身后设障。路障还没设好，元军追骑旋即冲了过来，卫兵在夜色中与之杀作一团。眼看元兵步步进逼，卫兵力不能敌，就在这千钧一发的危急关头，忽然“山坠巨石，横壅于路”[①]，一块大如数间房屋的巨石从山顶震落，大惊失色的追骑被挡在了巨石的另一边。《庐陵县志》中记载：“相石在空坑，宋文天祥兵败走兴国，元兵追至，忽巨石自坠塞道，追者遂退。后人筑亭于傍，名曰‘相石’。”此是天意否？明人李鼎作《神石铭》曰：“公当宋室溃败不可为之时，犹奉其遗孤于海岛，致身竭力，奋不顾死，图欲复其宗社。一念之烈，上通于天，能感夫深山之石，使之震动奔走，以效其用，类若驱策之者。此天之所以佑之忠义，而有非人力之所能及者矣。”[②]

等元军追骑绕过巨石攀援而至，文天祥又已远去一程。

到天色破晓时，元军又将追及。此时重雾弥漫，寻丈之间不能相睹，但凭马蹄声可知追骑一步就可到跟前。情势又到危急关口，赵时赏叫把一乘轿子挡在路中央，自己坐了上去。冲过来的元兵掀开轿帘，见“轿中人风姿伟然”，大声喝问姓名，赵时赏从容回答，姓文。元兵听说文天祥体貌丰伟仪表堂堂，就以为此人是文天祥，遂一拥而上，将他

① 《文天祥全集》卷十七《纪年录·注》。

② 《庐陵宋丞相信国公文忠烈先生全集》卷一六。

捆住，闹闹嚷嚷押往帅所报功。李恒大喜，当即亲自审问，赵时赏仍一口咬定自己姓文。为慎重起见，李恒又叫轿夫来辨认，轿夫摇头说不知。又把俘虏都拉来辨认，终于有胆小者招供说：“此赵通判时赏也。”原来你不是文天祥，而叫什么赵时赏，你好大的胆子，竟敢冒充文天祥耍弄本帅！李恒无比懊丧，转而大怒，下令把他押解到隆兴府处置。

经赵时赏阻挠，文天祥与元兵又拉开了距离。

护卫着文天祥且战且走的督帐卫兵，战死的战死，打散的打散，在这个过程中，有几个打散的伤兵跑回到文天祥夫人欧阳氏的身边。正当夫人惊诧他们为何跑回，急问文天祥的安危时，元兵追骑已林立在她跟前。欧阳夫人，文天祥次子佛生、次女柳娘、三女环娘，佛生的生母黄氏，环娘生母颜氏，均被元军所俘。在把文天祥的一妻、二妾、一子和二女押往帅所的途中，欧阳夫人一心想死，只要遇到水塘和悬崖就跳下去，但由于元军严加防范，始终未得机会。

宝祐三年（1255）十二月中旬，文天祥兄弟俩同父亲文仪赴临安考试，途经玉山县时，一个和尚指着文天祥说“此郎必为一代之伟人”，接着的一句是：“然非一家之福也！”这个和尚的话应验了。

空坑之陷损失惨重，多名同督府将领和幕僚战死或被俘遇害。

环卫官缪朝宗在混战中不愿被俘，上吊自杀。参议官张汴在溃散时换了士兵衣服，隐藏在草丛中，仍死于乱兵。在厮杀中，通判张日中身中数十枪战死。司农少卿彭茂才足部受箭伤，抱愤而死。机要秘书谢杞，督干架阁许由、李幼节皆死不见尸。

督帐亲卫刘沐因长期超负劳累，到空坑终于病倒，仍率军殿后护卫文天祥，在交战中失利被俘，押至隆兴元军帅府后，面对诱降怒骂敌人，斥责元军非理侵宋，元军恼羞成怒，将他施以裂刑致死。他的长子同时被杀，次子死于空坑兵乱。赵时赏被押解到隆兴，谁来劝降都会被劈头盖脸臭骂一顿，让他指认其他俘虏的身份，他一概回答："小小签厅官耳，执此何为？"助其解脱。赵时赏和刘沐临刑前，刘沐想辩白几句，赵时赏断喝道："死耳，何必然！"也被施裂刑就义。同督府架阁吴文焕、督遣林栋等人，均被俘至隆兴杀害。

还有一些将领逃脱后继续斗争。邹㵯在空坑之战中率领残部与敌血拼，死伤涂地，最后幸而脱险，窜身溪峒，联络各地豪杰与元军相抗。陈子敬跑到黄塘聚兵，联结山寨，誓死不降，元军派重兵攻陷山寨，其下落不明。刘子浚溃败后收散兵于洞源，与各处抗元义军相呼应。曾明孺装死躺在死人堆中，幸免于难，后收集散兵，与弟良孺继续追随文天祥抗元。

文天祥后来为追怀战友写了许多诗，如哭刘沐诗曰："王翰愿卜邻，嵇康不得死。落月满屋梁，悲风为我起。"①

自元廷专设江西行中书省，遣大军镇压江西义军以来，一些州县得而复失，投到同督府麾下的各路首领和义士也相继殉节。

李恒派叛将刘槃进攻永新，文天祥的二妹夫彭震龙及肖敬夫、肖焘夫兄弟率孤军死守弹丸小城，刘槃久攻不下，后策反亲信张履翁做内应破城，彭震龙大骂刘槃卖国，被押到吉州腰斩。肖敬夫、肖焘夫这两位文天祥第一次勤王时就追随的义士也被杀。永新破城后，彭震龙余部继续抵抗，八月初二，被围困在城郊袍陂峡谷中，张、刘、颜、段、吴、龙、左、谭八姓豪杰誓不投降，率三千余族人投入袍陂潭就义。大妹夫孙臬在家乡龙泉抗击元军，拒守有日，后为亲信所卖，被押隆兴杀害。肖明哲在家乡泰和县被捕，也遇害于隆兴。泰和野陂的胡文可、胡文静兄弟，其兄与肖明哲同时被捕遇害；其弟被捕后拒绝诱降，大义凛然地说："吾宁死不负赵宋！"践行了其兄写给他的诗句："丹心一寸坚如铁，

① 《文天祥全集》卷十六《集杜诗·刘沐》。

矢石前头定不惊。”元兵杀了他，把他的首级送到帅府，并屠其家族数百人。人称胡氏兄弟家族“胡勤王家”。

江淮、荆湖、广东等地响应同督府的义军也多在元军的反扑下落败，收复的州县再告沦陷，首领如吴希奭、王梦应、赵璠、熊桂等，有的战死，有的被俘遇害，有的仍在顽强战斗。

短短四个月，文天祥率同督府军越梅岭入江西，迅速打出一个烽火如潮的气象，转即又全面溃败，你可以找出诸如义士初聚军事素养不济，可以找出缺乏统一意志和指挥得不到友军配合支援等原因，但这都不是根本，根本在历史大势。同督府军奋起本来就是不可为而为之的抗争，当一个王朝腐朽到包括最高统治者在内的大小官僚几乎都是寄生在它身上的蛀虫和毒瘤时，它的垮掉就已注定了，这时偶发的逆转迹象只能是它在落幕之前的回光返照，改变不了历史的走向。然而在这个时候，文天祥在历史的大跌宕大起伏中奋起抗争，则是他以及他所代表的民族精神和民族气节作出的抉择。

不要说军盛和兵衰，不要说胜捷和溃败，半年前，一家人团聚时，还十几口子济济一堂，空坑兵溃后的今天，文天祥身边只剩下老母、长子道生和小女监娘、奉娘老少四人，真可谓妻离子散，家破人亡。

在如此残酷的打击下，文天祥没有倒下，他仍然“如精钢之金百炼而弥劲，如朝宗之水万折而必东”[①]。然而此时的“东”，如果说是指希望尚存的小朝廷，更多的却应是指他的理想、信念和意志。想想他一年前写《指南录·后序》时抱定的死节：“生无以救国难，死犹为厉鬼以击贼，义也！……所谓誓不与贼俱生，所谓鞠躬尽力，死而后已，亦义也！嗟

① 《文天祥全集》卷十七《纪年录·注》。

夫，若予者，将无往而不得死所矣！”想想他在少年时面对先贤遗像就立下的誓言：“殁不俎豆其间，非夫也！”便可认定，此时的“东”，就是为追求自己的人格理想，捍卫自己的民族尊严，抛出生命抗争到底的信念和意志。

可以说，他早已抉择了今天。

空坑兵败后，护卫文天祥老母的肖资保全了同督府的大印。文天祥又“收散兵复入汀，而南剑、建宁、邵武多有归正者，诸畲军皆骚动”[①]。

元军遣兵进而围剿，文天祥甩开敌人，于十一月到达循州（今广东龙川），入冬后屯兵南岭（广东紫金县东南）。在南岭期间，传来广州沦陷、广东制置使张镇孙被俘的消息，加上山中缺吃少穿，夜间没有蜡烛靠燃竹照明，跳蚤和山蛙扰得人无法睡觉，使得招谕副使黎贵达信心崩溃，图谋叛变。文天祥察觉后断然将他斩首，以稳定军心。

文天祥“行兵以法，不少假贷：在梅州，都统王福、钱汉英跋扈，立斩之；在漳，吴浚降元来说，天祥缚浚缢杀之；在循，黎贵达潜谋降，亦执而杀之。浚与贵达，皆其幕府士也”[②]。文天祥此时为严法治军，杀图谋叛变的手下大将，可见他仍是意气风发，战斗不息。

孤军困屯终不是事，文天祥派人四处探寻行朝下落，由于元军刘深、唆都此时也在率领水陆大军围追南宋行朝，堵塞了道路和消息，探寻一直没有着落。

① 陈仲微：《广王本末》。
② 《陈士业先生全集》之《恒山存藁卷二·宋少保信国公传》。

第十七章 万折必东 南岭被俘

文天祥的同督府第一次从南剑州移驻汀州，是景炎元年（1276）十一月。就在这个月，流亡小朝廷弃福安入海南逃。浩浩荡荡的船队到达泉州的时候，福建、广东招抚使兼提举市舶蒲寿庚前来谒见，请流亡政府驻驾泉州。蒲寿庚是个阿拉伯富商，曾因协助官兵击退猖獗的海盗有功，被朝廷授官，得以把持这个港口城市的外贸达三十年。张世杰看出他并非真心实意，甚至是不怀好意，没有买他的账，而是将船队转移到了潮州。由于数十万人漂泊海上，缺少船只和给养，张世杰又反身泉州，抢夺了蒲寿庚的海船和财产。蒲寿庚大怒，索性撕掉伪装，杀尽泉州的赵宋宗室、士大夫和淮兵，以城降元。小朝廷在潮州也无法立足，又转往惠州。

同督府军取得江西大捷的景炎二年（1277）七月，小朝廷已移至广东的浅湾（南澳岛）。此时，张世杰见元军撤减了兵力，按捺不住缠绕在心头的国仇私恨，又亲率淮兵攻打泉州，报复蒲寿庚。汀州、漳州地区的农民起义首领陈吊眼和畲族女豪杰“许夫人”，也率义军前来会攻。蒲寿庚自知无力抗衡，采取龟缩战术，凭你怎么叫城，就是坚避不出。张世杰费了两个月的工夫，也没打下来，加上元军开始反扑，只得收兵至浅湾。

十一月，元军元帅刘深率舟师从海路攻打浅湾，张世杰不敌，拥小皇帝退走秀山（广州南珠江口）。后来又向井澳（广东珠江口外大横琴岛、小横琴岛海湾间）转移，途中陈宜中见事不可为，借口去占城（今越南中南部）调兵，从此一去不返，再一次私自逃跑。十二月，井澳遭到飓风袭击，舟船沉毁无计，兵士溺亡过半，小皇帝惊恐成疾。刚收拢残兵，刘深又攻至，小朝廷仓皇逃往谢女峡（香港九龙）入海。

景炎三年（1278）三月，船队迁到碙州（广东雷州湾外硇洲岛）。四月，年仅十岁的小皇帝赵昰病死，谥端宗。随行遗臣认为这是行朝气数已尽的兆头，多想自谋生路。这时陆秀夫出而大呼：“度宗皇帝一子尚在，将焉置之？古人有以一旅 、一成[①] 中兴者，今百官有司皆具，士卒数万，天若未欲绝宋，此岂不可为国邪？”[②]在他的鼓动下，众臣于四月十七日拥立八岁赵昺为帝。陆秀夫受命左丞相，与拜少傅、枢密副使的张世杰共撑危局。五月初一，改元祥兴，是为祥兴元年（1278）。幼帝虽立，却朝政不堪，每逢朝会陆秀夫仍正笏肃立，见垂帘听政的杨太后对群臣犹自称奴，常常凄然泣下，以朝服拭泪致衣袖尽湿，左右无不悲戚。

这期间，文天祥于二月出南岭进军海丰，三月，驻屯海丰县南的丽江浦，同时命弟文璧收复了惠州。到了五月，文天祥终于与行朝取得联系，并得知赵昰病死，赵昺做了小皇帝。六月，文天祥将同督府移至

① 五百人为“一旅”，方圆十里为“一成”。

② 《宋史·陆秀夫传》。

海滨的船澳，上疏自劾督师无功，并奏请入觐皇帝。不久，行朝诏书到了，这份出自陆秀夫之手的诏书不认为督师无功，反对他大加奖谕：

> 才非盘错，不足以别利器；时非板荡，不足以识忱臣。昔闻斯言，乃见今日。卿早以魁彦，受知穆陵（理宗），历事四朝，始终一节。虏氛正恶，鞠旅勤王；皇路已倾，捐躯殉国。脱险机于虎口，涉远道于鲸波。去舛就汤，可观伊尹之任；归周避纣，咸喜伯夷之来。方先皇侧席以需贤，乃累疏请身而督战，精神鼓动，意气慷慨。以匈奴未灭为心，弃家弗顾；当王事靡盬之日，将母成行。忠孝两全，神明对越。虽成败利钝非能逆睹，而险阻艰难亦既备尝。如精钢之金百炼而弥劲，如朝宗之水万折而必东。①

行朝奖谕文天祥的言辞可谓毫无保留，然对他入觐请求却“优诏不许”。这个不许，是张世杰不许，不是小皇帝不许，小皇帝做不了这个主，就是说杨太后做不了这个主。不许的理由是随时准备迎候陈宜中还朝。这个理由无需深究，其背后的龌龊一眼就能看穿，不外乎张世杰怕资历和威望远在自己之上、一贯秉奉公道直道的文天祥入朝，会制约自己擅权，限住自己的手脚。此时朝中大权不在小皇帝手里，而在陆秀夫和张世杰两个文臣武将手里，但陆秀夫只能掌笔权，真正的实权掌握在拥有兵权的张世杰手里。一个激赞，一个不许，从两人对文天祥的态度，可见出他们人格的高低和格局大小。

文天祥自劾督师无功，却要为跟随自己艰苦转战的部属表功授职。

---

①《陆忠烈公全书·奖谕文天祥诏》。

他又上了一个奏疏，请求任命邹沨为右文殿修撰、枢密都承旨、江西安抚副使兼同督府参谋官，赵孟濙为遥县郡团练使、左骁卫将军、江西招捕使兼同提刑督府咨议官，杜浒带行军器监、广东招谕副使兼同督府参谋官，邹臻带大府寺丞、同督府参议官，陈龙复带行兵郎、广东招谕司使兼同督府参议官，章从范带行阁门祇候、同督府计议官，丘梦雷、林琦、葛钟各带行架阁、同督府干办公事，朱文翁同督府准备差遣。行朝很快降旨特予准奏。此前文璧也被任命为权户部侍郎、广东总领兼知惠州。

未几又奏请任命反正归宋的陈懿知潮州，张顺权知循州，李英俊为梅州通判暂权州事。行朝也一一准奏。

每回上奏疏，文天祥都奏请入觐。他也并非一定要见八岁小皇帝，而是要见张世杰和陆秀夫等朝中大臣，与他们面对面商讨救国大计。但张世杰就是不肯。去行朝遭拒，文天祥打算去广州，此时广州失而复得，到那里或可规复两湖。但收复广州的凌震和王道夫却视为来争夺自己的地盘，又不便明着反对，就耍了个花招，派了一些船只说是去迎接文天祥，中途却找了个借口又折回了广州，让文天祥的打算落了空。

张世杰除了不让文天祥入朝，别的要什么给什么，不要也给，文天祥为部下授职的请求全数照准，还赏金三百两犒劳同督府军，八月又加文天祥少保、封信国公的荣誉头衔，并封其母曾德慈为齐魏国夫人，同督府文武官员也各升官职。一个一个封赏的诏书都出自陆秀夫手笔，但文天祥知道，这里面多半是张世杰的主意。张世杰并非一个胸怀坦荡乐于成人之好的人，他一方面坚拒你入朝，一方面又大方地给你好处，他干吗这么做？这不明明白白告诉你，你文天祥一门心思想入朝，不就是要攫取权力、博取功名吗？那我们就达成默契，你想要的我都给你，你也别一个劲地往皇帝身边钻了。这对文天祥是极大的曲解，极大的侮辱。都什么时候了，还为争权夺利这么兄弟阋墙无休无止地内耗，真是病入膏肓不可救了！文天祥怒不可遏，写信给陆秀夫，说：“天子幼冲，宰相遁荒，诏令皆出诸公之口，岂得以游词相拒！”[①]直截了当地谴责了张世杰阻拦他入朝的行径。陆秀夫捧书，只是苦笑和默然。

文天祥受阻船澳期间，当地正流行疫情，军中大批士卒染疾而亡（有说死者过半）。文天祥的老母曾德慈也不幸于九月初七病故，享年六十五岁。自德祐元年（1275）江西沦陷后，老母时而跟着文天祥，时而跟着文璧，在兵戈纷乱中过着颠沛流离的日子，但她一直淡然处之。曾德慈入殓时，在场的有文天祥和长子道生、小弟文璋，从惠州闻讯赶来船澳的大弟文璧，还有近几年跟在老母身边服侍的二妹文淑孙。老母入殓后，由文璧、文璋、淑孙和道生护送灵柩至惠州，暂时殡于河源县义合乡古氏之里。

入朝不准，去广州无望，文天祥想到了潮阳。此时，同督府在潮阳设的分司，在陈龙复的率领下应接诸路，四方豪杰翕然响应，增兵积粮有了一定的基础。在潮阳能否“以立中兴之本，亦吾国之莒、即墨”[②]呢？即潮阳能否成为齐国赖以重振的莒和即墨呢？除了潮阳别无选择。作此决定还有一个考虑，盘踞潮州的陈懿反正归宋，经文天祥奏请，做了知潮州兼管内安抚使，可听说元将张弘范将率舟师来犯，又倒了过去。大盗陈懿叛附无常，杀人抢劫，与其他四兄弟并称“五虎”，当地上万士民请求同督府迁往潮阳，讨伐陈懿。文天祥决定进军潮阳，也是想为民除害。

十一月，同督府兵抵潮阳，击溃陈懿的同伙刘兴，俘斩于市，陈懿逃往山寨。

---

① 《宋史纪事本末》。

② 《文天祥全集》卷十七《纪年录·注》。

刚开府于潮阳，文天祥还没来得及从丧母之痛中解脱出来，又是一记晴空霹雳，长子道生在惠州病故。道生自幼聪明机灵，尤为祖母钟爱，文天祥得到他的死讯悲痛欲绝，后来集杜诗《长子》写道:“大儿聪明到，青岁已摧颓。回风吹独树，吾宁舍一哀！”次子佛生在空坑被俘，传闻已死，如今长子又夭折，自己已无后，文天祥便写信给文璧，说兄弟的儿子如同己出，要求将他的次子文陞过继给自己为子，以续宗祠香火。文璧复信说:“陞子宜为嗣，谨奉潮阳之命。”畅快答应了兄长的要求。

国家前路凶险，当朝执政排斥，又连遭失亲的不幸，需要有怎样的信念和毅力才能扛得住如此巨大的打击?

潮阳城郊有座奉祀着张巡和许远的双忠庙，文天祥一到潮阳，便前往拜谒这两位唐代爱国志士的英灵。他在双忠庙前下马，捧酒祭祷曰:“若有灵，当以乘马献。”果然，杯中酒忽自倾其半，乘马立毙于庙门前。他把马就近掩埋，后人在马冢处立“文马碣”。回到帐中，作“沁园春”词一阕:

为子死孝，为臣死忠，死又何妨！自光岳气分，士无全节，君臣义缺，谁负纲常?骂贼睢阳，爱君许远，留得声名万古香。后来者，无二公之操，百炼之刚。　人生翕欻云亡，好轰轰烈烈做一场。使当时卖国，甘心降虏，受人唾骂，安得流芳！古庙幽沉，遗容俨雅，枯木寒鸦几夕阳。邮亭下，有奸雄过此，仔细思量！[1]

① 《庐陵诗存·题张许双庙》。

词中追崇忠义，蔑击奸耻，再一次表达了自己矢志不移的信仰和为国尽忠的死节。

此时，邹沨和刘子俊从江西带领数千民兵来到了潮阳。空坑溃败后，邹沨窜身溪峒，联络一批义士，在永丰、兴国与敌抗争，因势单力孤，决定来潮阳跟着文天祥一道干；刘子俊在洞源收拢了一批散兵，流动作战，曾入广东，途中被元军击溃，再聚集起来，与邹沨一道来与文天祥会师。这两位不屈不挠、忠义报国的义士不仅带来一支生力军，还为文天祥寻找根据地提供了一个选择。《集杜诗·邹处置》小序说："是行，公（邹沨）所将皆江西头目，以取行府为名，使行府入江西，十万众立办。"邹沨请文天祥把同督府移到江西，他带来的将领都是江西人，到了那儿立即能拉起大批人马。

十二月十五日，截获一艘遇大风漂至海岸的元军战船，俘获元军水兵二十余人。从俘虏口中确知，张弘范正率大军水陆并进，向广东东南沿海扑来，文天祥立即派人把情报送至行朝。

据俘虏供述，元军水师起自明州、秀州（浙江嘉兴），陆路由泉州、漳州出发，大有一举剿灭抗元力量的架势。大敌压境，力量对比悬殊，硬抗无异于以卵击石，避其锋芒、迂回作战才是上策，文天祥决定移师海丰，以进入海丰北面的南岭山中结寨抗元。去年年底今年年初，同督府曾在南岭驻屯数月，到那儿一可以凭借熟门熟路据险御敌，二可以从南岭沿着入广东时的来路，回到遍地布满抗元干柴的老根据地江西。文天祥命赵孟溁打前锋，邹沨殿后，挥师出发。

十二月二十日午时，同督府军在海丰北面的五坡岭埋锅造饭，蓄力再行。

文天祥坐在垫着虎皮的胡床上，正准备吃饭，看见近处山上突然冒出许多人，即问左右，回说那都是捕鹿的乡人。也是，张弘范的军队不会来得这样快，也不应来得这样快。但没有料到的是，由于有大盗陈懿引路，元军进逼的速度大大加快了。陈懿被镇压后逃到山寨，对文天祥恨之入骨，张弘范打来时，便挟重贿跑去迎接，引领海路不熟的元军在潮阳顺利上岸，因同督府军已转移扑了空，随即打探到文天祥的去向，引领元军奔袭海丰，直指督帐。

正说话间，打扮成乡人的元军突然杀至帐中。文天祥惊起欲走，被千户黄惟义扑上来抓住。文天祥见摆脱无望，挣扎着扑向元兵手中的刀剑求死，不成，又从怀里掏出早已准备好的二两脑子（龙脑香），一口吞下。

文天祥顿觉一阵晕眩昏厥过去，被元兵七手八脚推上马带走。

也就在此时，大批元军的轻骑和步卒呐喊着掩杀过来。

殿后的邹㵯见救护文天祥已无望，誓不为俘，拔剑自刎，十天后伤发而亡。除了前锋赵孟溁已先行十里，还有一位徐榛得以脱险，逃过空坑大劫的同督府将领，多在此役中被杀被俘。陈龙复被追及俘获，不屈遇难，时年七十三岁。林琦被俘后伺机逃脱，又被抓俘，被用重枷锁其颈项，押至建康病死。正患重病的肖资也被抓住杀害。

监娘和奉娘，这两个跟着大人东奔西跑、吃尽苦头的孩子也死于乱兵之中。

除了充当前锋的一支军队，正在吃饭的同督府军士卒猝不及防，被元军血屠七千多人，几近全军覆没。

文天祥不可取胜，却败犹未败。对文天祥统领同督府军的成败得失，王世贞总结说：文天祥九死一生逃到福建后，组织起各方义士，以收复已失郡邑。而所遣张汴、邹㵯，遇李恒战败后，兵溃却又再聚集起来。而在举军皆大疫、死者过半的情况下，五坡之役终败给了张弘范。王世贞并将文天祥与善用兵的韩信和白起相比，就是说，同督府军和勤王义军远不是元军的对手，督府军必败无疑，但这并不能抹杀文天祥在逆境中表现出来的军事才能。

文天祥在颠簸的马背上渐渐苏醒过来，他此时的挣扎和痛苦是常人难以想象的。他后来在牢中写道："自国难后，行府白手起兵，辗转患难，东南跋涉万余里，事不幸不济，然臣子尽心焉尔矣。成败天也，独奈何哉？"[①]而今事已矣，唯有一死。他以为吞了脑子，再喝凉水会加剧药性发作，醒来后就叫着要喝水。他被元兵扶下马，掬起田间马路印里的浊水就喝。他听说贾似道的爪牙廖莹中在主子失势被放逐后，就是采用此法而死的。但这并不可靠，李时珍在《本草纲目》中说："宋文天祥、贾似道皆服脑子求死不得，惟廖莹中以热酒服数握，九窍流血而死。此非脑子有毒，仍热酒引其猳香，弥散经络，气血沸乱而然尔。"[②]文天祥吞脑子后引起腹泻，不仅没死，反歪打正着地治愈了患了十多天的眼疾。

喝了水又被押上马，但见另一伙元兵押着刘子俊走来。与文天祥交错时，两伙元兵都说自己抓住了文天祥。这引起他们的争执，于是停下再行盘问。刘子俊一口咬定自己就是文天祥。文天祥知道他是学赵时赏，想掩护自己解脱，他不能让爱将替自己顶死，何况大局已定，自己唯求一死明节，便也坚称自己才是文天祥。两伙元兵被搞得云里雾里真伪难分，就不再争，说解到帅帐再作理论。

被押到和平市的张弘正营中，两个文天祥皆大骂求死。张弘正岂敢动文天祥一根毫毛。但他通过见过文天祥的手下识别出了真假文天祥。二人仍大骂不止，帐兵举刀威胁，文天祥引颈笑道："死，末事也。此

① 《文天祥全集》卷十六《集杜诗·行府之败》。
② 《本草纲目·木一·龙脑香》。

岂可以吓大丈夫耶！”[①]张弘正倒噎，就拿刘子俊出气，把他投入油锅烹死。

七天之后，文天祥被送到潮阳张弘范的大营。帐兵胁迫他跪见张弘范，他拒斥道：“吾不能跪。吾尝见伯颜、阿术，惟长揖耳。”张弘范深知文天祥的风骨，自打圆场说：“天祥见伯颜皋亭山，吾实在傍。”[②]即命松绑，以平揖相见。叙间亦以礼相待，好言酬慰。

张弘范这么做，并非装出来的，也不仅是一种策略。其为元朝名将张柔的第九个儿子，很长一段时间，张柔为子弟们礼聘郝经为家庭教师，张弘范自小就深受儒学礼教的熏染。做官后，他力践孔子“恭则不侮，宽则得众，信则人任焉，敏则有功，惠则足以使人”的圣训，士兵有疾病，必亲去探视，战死病故的，一定要把柩骨送回故乡。这种仁心也成就了他在占领地的怀柔态度，浙东归降后，多州县一度降而复叛，杀了元使，他拒按蒙古人的惯例屠城，只杀了几个为首的人了结。他写过一首《述怀》，诗中说：“磨剑剑石石鼎裂，饮马长江江水竭。我军百万战袍红，尽是江南儿女血！”流露出面对战争屠戮生命的内心矛盾、痛苦和内疚。

同时，自小接受的教育也使他对士大夫怀有真挚的敬重之心。元军占领临安后，他做过一件为士大夫交口称赞的事。当时接管宋皇室金帛，由女真族著名学者夹谷之奇负责登记造册，后发现这批金帛中有遗失，就有人栽赃诬陷，说此事与夹谷之奇有牵连，因而将他按问（隔离审查）。张弘范出于对学者的敬重和对夹谷之奇的了解，及时找到审理这桩案子的中央特使申辩，说夹谷之奇操守一贯公正清白，是个儒家所谓行己有耻的读书人，不可能做出这种有辱名声的事。并说如果查出他

① 《心史·文丞相叙》。

② 《文天祥全集》卷十九《附录一·文丞相传》。

确实稍有侵贪，自己心甘情愿同他连坐。由于张弘范亲自过问，很快查明对夹谷之奇的不实诬陷，为他平了反。

但文天祥同他没什么好谈的，只请剑求死。

过后有人主张杀了文天祥，张弘范劝说部下道："杀之名在彼，客之名在我。"意即杀他反倒成全了他的大节忠名，而以礼相待则能显出我的宽宏大量。

张弘范把文天祥囚在海船中，严加看守，同时又从俘虏中找来他以往的随从照顾他。

第十八章

痛睹海战　恸哭国殇

在潮阳击溃文天祥的同督府军后，宋祥兴元年（1278）六月，忽必烈允准张弘范的建言，任命他为蒙古、汉军都元帅，以李恒为副，领大军进剿南宋的海上行朝。

此时，南宋流亡小朝廷正移驻厓山。

出征前，忽必烈要赐与锦衣玉带，张弘范恳以辞谢，而请求赐与合用的佩剑与盔甲。忽必烈命取出武库中最好的剑与甲任他选用。知道他担心自己是汉人，当统帅恐元将不服，特意交代说："剑，汝之副也，不用令者，以此处之。"[①]是为尚方宝剑。十月，张弘范率舟师袭击漳、潮、惠三州，李恒的步、骑袭击广州。张弘范以其弟张弘正为先锋，所到临海州县皆望风降附。外围扫清，张弘范即剑指厓山，并命李恒自广州来合攻。

厓山位于广东新会县以南数十里，是海湾间一个三面环江、南向临

① 《元史》卷一五六《张弘范传》。

海的洲岛。笔者曾驻足与厓山隔江相望的岸边，此江流叫银洲湖，银洲湖入海口，厓山与汤瓶山（今古兜山）隔岸对峙，从外海望去，“两山相对延袤，中一衣带水，山口如门”[①]。两道山脉夹护着开阔的水港，张世杰视作易守难攻的水上城郭，“以为此天险可扼以自固，始不复事转徙矣”[②]。他派人进山伐木凿石，在厓山方圆几十里的弹丸之地上建起了三十间行宫、三千间军舍。

祥兴二年（1279）元月初六，张弘范率水师从潮阳发兵。文天祥也被囚押在海船上随往。

关系到国家生死存亡的大决战在即，一场情感风暴已先自文天祥的内心爆发。十二日，船队过珠江口外的零丁洋，望着苍茫大海，文天祥难抑内心的起伏激荡，在舱内写下了《过零丁洋》一诗。

十三日兵抵厓山。从厓门口向银洲湖望去，只见宋军战阵桅樯如林，旌帆蔽日，俨然一座森严壁垒的舟城。

文天祥暗自对两军实力作了估量。“行朝有船千余艘，内大船极多。张元帅大小船五百，而二百舟失道，久而不至。北人乍登舟，呕晕，执弓矢不能支持，又水道生疏，舟工进退失据。”[③]

宋军有巨舰千余艘，将士和民兵二十余万。元军大小船只五百，一部分还未到，将士只数万，且晕船，水道不熟。论实力尚可说宋军占优势，两军决战，尚有胜算。文天祥又心生一战翻覆的期望，说：“使虏初至，行朝乘其未集击之，蔑不胜矣。”[④]并且说：“北船皆闽、浙水手，其心莫不欲南向。若南船摧锋直前，闽、浙水手在北舟中必为变，则有尽歼之理。”[⑤]

① 《文天祥全集》卷十六《集杜诗·祥兴》。
② 《金华黄先生文集》卷三《陆君实传后叙》。
③④⑤ 《文天祥全集》卷十六《集杜诗·祥兴》。

两军对决亦是两帅对决。说起来，两军统帅是燕赵同乡，张世杰曾在张弘范的父亲张柔手下当兵，在镇守杞县时犯了法，逃到南宋淮军中当兵，因屡立战功成长为高级将领；张弘范自小在父兄师友的熏陶下，雄武善射，饱读兵书，在战争中成长为文武双全的军事家。他俩都曾参加襄、樊攻防战，张世杰曾驰援有功；张弘范则向伯颜献计，在襄阳、樊城之间构筑了一个阻隔性工事“一字城”，把原是一个整体的襄、樊切割成两半，并领兵攻下了樊城。他俩也都曾参加焦山大战，张世杰统帅宋师因战法错误落得惨败；张弘范自上游回枪会攻焦山之北，率军追击南宋溃军直到圌山（今江苏镇江市东北）以东。

张世杰并没有像文天祥期望的那样，制定摧锋直前的攻势或攻防机动的战法，他不具备那样的胆识。这从他的军事布防便可看出。此次布防厓门，殿前禁军都指挥使江钲主张分兵防守出海口，认为“幸而胜，国之福也；不胜，犹可西走”[1]，张世杰则害怕兵力分散，控制不住，坚持将大船用铁链环结列阵的方案。在激烈的争吵中，江钲要张世杰不要再重蹈焦山之战的悲剧。这深深刺痛了张世杰，德祐元年（1275）七月的焦山大战，张世杰曾用铁索把战船十艘连为一方，导致万余艘战船遭火攻落得惨败。张世杰愤而借杨太后之名把江钲支往福建募兵筹饷，命苏刘义接替殿前司。他仍祭出他的保守战阵。咸淳十年（1274）九月，他在郢州就曾将千余艘战船列于汉水江面，用铁索环结大船数十艘，堵住了元军的水路。这次他也吸取了焦山的教训，在战船外体涂上了厚厚一层胶泥以防火箭和炮弩，并在舱壁上悬挂了众多水桶，可随时用它扑灭攻上船的火势。

宋军的千余艘巨舰用粗缆环结横列银洲湖上，还间或建起宛似城堞

① 《宋史》卷四五一《张世杰传》。

的楼棚。大敌进逼，张世杰下令一把火烧尽在厓山修建的宫殿和军舍，决意死战。

这样一来，两军作战的机动性和主动权无疑就交到了张弘范的手上。看清这一点的文天祥不无担忧："行朝依山作一字阵，绑缚不可复动，于是不可以攻人，而专受攻矣。"①

面对张世杰构筑起的舟城，张弘范一面调遣兵船，以长蛇阵对付一字阵；一面派轻骑登上厓山西山，杀灭守军，断绝宋军砍柴和汲取淡水的路径。同时，对张世杰展开诱降攻势，以求不战而屈人之兵，也可等待后继部队和作战时机。

被派往诱降的人姓韩，是张世杰的外甥，为加重此人的分量，出发前，张弘范把他从一个下级军官越级提拔为万户。此人登上宋军帅船，向张世杰说明来意后，张世杰怒目坚拒，斥道："吾知降，生且富贵，但为主死不移耳！"②还列举历代忠臣以死节报国的事迹自况。

张弘范耳边整日聒噪着求战的声音。有人主张先用炮火轰击，张弘范意在全歼，说："火起则舟散，不如战也。"③但他也想先用火攻做个试探。

正月十四，海上南风大作，几十条满载柴草、油脂的乌蜑小舟渐渐向宋舰靠近，当相距几十米时，这些小舟突然纵起大火，发力向宋舰冲去。

宋军却不见动静。见此，充当前锋的张弘正迫不及待地率船队大举跟进。但撞上宋舰的火舟不是被泥层隔离，就是被长木棍抵开，并没能燃及对方。正角力间，宋舰上突然锣鼓声大作，宋兵一下子冒了出来，

① 《文天祥全集》卷十六《集杜诗·祥兴》。
② 《宋史》卷四五一《张世杰传》。
③ 《元史》卷一五六《张弘范传》。

齐齐地站在船沿猛发箭矢，元兵在箭雨中多有中创，有的倒毙甲板，有的跌入海中。载火小舟顿时阵脚大乱，像没头的苍蝇四处乱窜，有的窜回自家阵营，燃及了自家船只。

张弘正惊骇失措，大喊大叫着指挥撤退。此时一船不退，仍固执地冲向宋舰。只见一员蒙古大将立于船头，抡舞一柄大刀狂嘶猛吼，模样煞是吓人。岂料尚未抵近宋军，就被潜在冰冷水下的渔民凿穿舱底，蒙古大将不谙水性，一头栽入海中溺毙。他那柄重约八十斤的大刀后来被人捞起，现存于新会博物馆。

首战击退蒙军进攻，宋军士气大振，摇旗呐喊，饮酒庆贺。

火攻果然难以奏效，张弘范想再试试诱降。张世杰的外甥不成事，正月十五，他派“李元帅”到文天祥船上，想让李元帅给张世杰写招降信。

文天祥闻之沉想片刻，转身回舱内手书一札，交给来人。临了说：“我自救父母不得，乃教人背父母，可乎？”“李元帅”不解，心想你既然写了劝降信，又何出此言？

等信札交到张弘范手里，展开一看，才知这不是什么劝降信，而是一首言志诗。

辛苦遭逢起一经，干戈寥落四周星。
山河破碎风飘絮，身世浮沉雨打萍。
惶恐滩头说惶恐，零丁洋里叹零丁。
人生自古谁无死，留取丹心照汗青。①

① 《文天祥全集》卷十四《指南后录》。

此诗就是十二日过零丁洋时，文天祥写下的伟大诗篇《过零丁洋》。

在诗中，文天祥感慨自己自始信奉儒家典籍经义，入仕后命运坎坷，吃尽苦头，四年前奉诏起兵勤王，在赣江凶险的惶恐滩头忧心国难，而今折戟沉沙义军败散，山河破碎家破人亡，自己孤零零地被押在茫茫大海上徒叹奈何。然而此生无悔，如今只求一死报国，以慷慨赴难的英雄死，留取一颗丹心彪炳恒如日月的民族精神。

这是一首泣血成珠的撼人心魄之作，一首忠骨铸魂的黄钟大吕之作。钱钟书评价说，如果说文天祥早期的诗作全属草率平庸，那么“自《指南录》以后，与初集格力相去殊远，志益愤而气益壮，诗不琢而日工”[①]。《过零丁洋》堪称文天祥这一时期的代表之作，也无愧为宋末诗坛的登峰之作。

读罢诗，张弘范稍事沉吟，连声赞叹道：“好人！好诗！”

张弘范的钦服是由衷的。张弘范也写诗，写后随手散落，后来有人为他搜罗遗作，编成《淮阳集》刻印传世，邓光荐写序文，说他的诗风好似“据鞍纵横，横槊酾酒，叱咤风生，豪快天纵……存之穹壤，要是古今一奇”。可见张弘范的诗品不低。

张弘范当然也懂得抄给他这首诗的潜台词，便不再提招降的事。

劝降再无指望，如今只有大动干戈，一决雌雄。

血腥气越来越浓烈了。文天祥望着宋军的舟城，望着咫尺外那些待战的宋军将士，深为他们在即将到来的大杀伐中的命运焦心。

他想到秦坑赵卒四十万、楚屠汉兵十万的惨烈情景。又想到孟子“不嗜杀人者能一之”的话，想到逆天者即使战胜，也不得长久，嗜杀者终将遭到上天报应。

---

① 《宋诗钞》卷一〇一《文山诗钞》。

长平一坑四十万，秦人欢欣赵人怨。
大风扬沙水不流，为楚者乐为汉愁。
兵家胜负常不一，纷纷干戈何时毕。
必有天吏将明威，不嗜杀人能一之。[①]

二十二日，李恒从广州引兵赶到。张弘范命他从厓山北面的水道绕到银洲湖，绕到宋军身后。这样一来，就把宋军的一字舟城夹在了中间。

李恒此时才赶到，那前几日去文天祥船上索写招降书的“李元帅”是谁？史家至今众说不一，存疑待考。笔者以为此“李元帅”或跟张世杰的韩姓外甥一样，是为了完成特殊使命给的一个虚衔。

完成夹围后，张弘范命令向厓山士民发起一波波喊话，说你们的陈丞相已经逃跑了，文丞相也被俘了，你们就赶紧投降吧，否则只有死路一条。这些天，断了淡水水源，宋军士民啃了干粮，只得靠喝海水解渴，致脸部浮肿，上吐下泻，处境十分艰难。

但宋军士民挟首战威勇，斗志仍高，有些将领还在夜间率小舟袭扰元军，小有斩获。

围困宋军二十多天后，部队得到休整，并摸清了水道，后继兵力也越聚越多。张弘范认为决战时机已到。

二月初六，他把主力分成四路，命三路从北、东、西三面向宋军进攻，自己亲率一路在南面厓门口外的海面待机，严令“闻金声起战，先金而妄动者死”[②]，让将士拿着盾牌，埋伏在船尾蒙着布障的“战楼”里

① 《文天祥全集》卷十四《指南后录·二月六日，海上大战》。
② 《元史》卷一五六《张弘范传》。

等待号令。

大战一触即发，大灾难看来是不可避免了。朝廷社稷为何会被逼到今天这一步？文天祥想起自己自出生以来国家遭遇的厄运，回想起自己入仕后倡政建言和在起兵勤王过程中遭到的重重阻挠和打击，感到正是正气受到抑制，才造成了今天这样的后果。

我生之初尚无疢，我生之后遭阳九。
厥角稽首并二州，正气扫地山河羞。
身为大臣义当死，城下师盟愧牛耳。
间关归国洗日光，白麻重宣不敢当。
出师三年劳且苦，咫尺长安不得睹。
非无虓虎士如林，一日不戈为人擒。①

二月初六清晨，李恒指挥战船从北面向宋军发起了进攻。两军相接，宋军各舰船上击鼓飞旗，大小将领吆喝着挥剑指挥，兵士们奋力向前，士气高旺，阵法有秩。靠近中军处，一支梭镖从突前的元军船上飞出，正中一位统领的面门，副统领挺身而出，带领兵士跳上敌船，把船上的二十多名元兵尽数杀灭。

交战正趋白热化，李恒帅船上忽传鸣金之声，元军船只纷纷掉头退走。宋军一阵欢呼。张世杰要酒痛饮，将酒盏掷于海中，乜眼敌阵。他不知，这其实是元军趁涨潮发起的一波佯攻，潮落时自退。

待到中午时分，当潮水再次上涨，张弘范的帅船上奏起了鼓乐。宋军将士听到奏乐声，以为元军帅船要举宴，戒备稍弛。岂料张弘范指挥

① 《文天祥全集》卷十四《指南后录·二月六日，海上大战》。

正面主力急赴而来，宋军还没回过神，元军已进逼到跟前。

张世杰指挥仓促应战，命各船向元军施放箭矢。虽箭矢密如雨点，却叮叮咚咚扎在船帮船篷和桅杆上，对藏在“战楼”里的元军毫无杀伤力。等箭矢的骤雨呼啸而过，张弘范忽命鸣金撤障，元兵跃上船头，船速加快发起猛攻。一时间，杀声震天，弓矢火石交作，巨大的石弹打烂了甲板船舱，火弹瓶爆炸后燃起大火，造成宋军大量伤亡和极大恐慌。

与此同时，李恒率另一支主力从宋军背后猛扑。东西两路也急进急攻。

经过一轮密集的箭矢炮石打击，元军正面主力顽强抵靠宋船，将士竞相登上甲板，与宋兵杀成一团。交战之处一片刀光剑影，血肉横飞，船船相撞浪花激溅，海风裹挟着浓烟和血腥气翻卷着旗幡。元军另三路陆续抵靠宋船，将士蜂拥而上。

早已疲惫不堪的宋兵渐不能支，阵脚大乱，甲板上血涂尸横，掉入海中的死伤者不计其数。元军越战越勇，一时间连破七艘宋船，有士卒夺步扑向樯桅，砍断旗绳，宋旗扑然掉落到甲板上。

宋军号称二十万，实际有十数万为文臣、太监、宫女、家眷及宫中杂役。充任主力的江淮劲卒虽骁勇善战，殊死拼杀，无奈大势所趋，战至未时，败局已定。张世杰见麾下的战船烟火腾腾，旗幡纷纷落下，知道已势不可转，急令战船砍断环结的绳缆，向中军聚拢。此时，部将翟国秀、团练使刘俊等已先自砍断绳缆，解甲投降。

文天祥目睹着这一切。他把自己全身心地抛入这场史上最为惨烈的海上大血战。他在炮火箭矢中左冲右突，他在刀光剑影中摇旗呐喊，他在腥风血雨中出生入死，他在国破家亡中悲痛哭殇。面对气吞江河杀红了眼的元军，他徒有扶昆仑于将倾之志，恨无挽狂澜于既倒之力。

他冲到舷边想跳海殉国，被看护的元兵死死拉住。

楼船千艘下天角，两雄相遭争奋搏。
古来何代无战争，未有锋蝟交沧溟。
游兵日来复日往，相持一月为鹬蚌。
南人志欲扶昆仑，北人气欲黄河吞。
一朝天昏风雨恶，炮火雷飞箭星落。
谁雌谁雄顷刻分，流尸漂血洋水浑。①

张世杰的帅船砍断与其他战船环结的粗缆，引十余只战船护卫杨太后夺港而去。到厓门口外的海上，见庞大的御船动弹不得，忙派小舟返回接驾赵昺。

此时天色渐晚，海上风雨交作，雾气蒙蒙，咫尺不辨人影，元军乘势杀入中军，越船放火，场面惨烈不堪。小舟穿过雨雾、火光和厮杀声，侥幸靠近御船，传令接驾帝昺。但陆秀夫不准。陆秀夫何尝不想保住幼帝的性命？但他坚定地拒绝小舟把幼帝接走，因为宋军对战场已完全失控，他生恐元军冒充前来骗诈，即使真是张世杰所派，在此乱军之中也绝无逃脱的可能。他不能让赵昺复蹈赵㬎被俘受辱的命运。看着被残酷杀戮吓得大哭大闹的幼帝，陆秀夫对天长啸，做出了一个悲尽凄绝震古烁今的决定。

陆秀夫为了国家尊严，要护持幼帝蹈海殉国！

做出决定后，他先是回到自己的坐船，手持利剑逼迫自己的妻子儿女一个一个跳进了大海。然后盛装朝服，重返御船。他向幼帝先行叩拜，然后为幼帝穿戴整理好皇冠龙袍，对他说："国事至此，陛下当为

① 《文天祥全集》卷十四《指南后录·二月六日，海上大战》。

国死。德祐皇帝辱已甚，陛下不可再辱！”[1]说罢，背起八岁的赵昺，用素白的绸带将他与自己紧紧捆缚在一起，快步走到舷边，义无反顾地跳进了汹涌的波涛。

“炯炯一心在，天水相与永。”[2]陆秀夫不死！后来陆秀夫的儿子陆繇听说父亲与幼帝的遗体被埋在海屿，便从新会县潜至厓山寻找，遍寻不着，却听到一个神话般的传说：“路闻先君抱帝溺水，御舟一白鹇奋击踯躅，哀鸣良岁，竟与笼俱溺水中。”他闻之叹曰：“相彼禽鸟，若感我先君之忠义，而为之激发者。呜呼，伤哉痛哉！”[3]

皇帝投海殉国的噩耗迅速传开，宋军战船上的臣僚、宫眷和将士顿时哭声震天。有人用刀斧凿船，他们决意追随而去。凿船的声音很快就连成了片。在战船沉没之前，人们揽肩挽臂走到舷边，决然蹈海自决。元兵惊呆了，他们还从未见过如此决绝悲壮的场面。他们不敢靠近，只要一靠近，这些决死的人就会不顾一切地同他们死拼。

这时，宋军阵中竟又响起了激越的战鼓声。伴着战鼓声，只见十数艘宋船向敌船疾驶，当靠近敌船，一群群耕牛被驱赶着猛往前冲，带着绑在尾巴上燃烧爆炸的火药，带着仇恨和怒火冲入了大海。紧跟着，宋船上的军民也挥舞兵器冲入大海，直到船上空无一人。

此情此景在文天祥胸中激起万丈悲愤，他再次挣扎着要跳入大海，怎奈被元兵强拉住不放。

杀到外围的张世杰见接驾赵昺的小舟未返，眼看天色已晚，料想凶多吉少，只好和苏刘义等人乘夜色而去。

“七日之后，海上浮尸以十万计。”元兵在清理浮尸、捞取浮财时，

---

① 《宋史纪事本末》卷一〇八《二王之立》。
② 《文天祥全集》卷十六《集杜诗・陆枢密秀夫》。
③ 《陆氏守谱》卷一《传信本纪》。

捞起一具身穿黄衣佩有玉玺的童尸，玉玺上有“诏书之宝”四个字。元兵取下玉玺，送到张弘范手上。张弘范断定这是从赵昺身上取下来的，急忙派人寻找那具童尸，可哪里还能找得到？张弘范遂将赵昺溺亡的消息上报元廷。

昨朝南船满崖海，今朝只有北船在。
昨夜两边桴鼓鸣，今朝船船鼾睡声。
北兵去家八千里，椎牛釃酒人人喜。
唯有孤臣雨泪垂，冥冥不敢向人啼。①

二月初六这一天，文天祥亲睹了厓山崩败、国家灭亡的天塌地陷之灾。他后来在《集杜诗・南海》小序中写道：“厓山之败，亲所目击，痛苦酷罚，无以胜堪。时日夕谋蹈海，而防闲不可出矣。”求死不能，他只能向南恸哭。

一场规模空前的海战平息了。炮火声鸣镝声金鼓声刀枪撞击声和惊天动地的呐喊声都远逝了。海风裹着浓厚的血腥味硫磺味，阴阴地吹拂着。海面上漂浮的宋军战船，毕毕剥剥燃着余焰，有的倾侧下沉，有的沉入海中只露出桅尖。

而在元军这边，却是杀牛宰羊、饮酒狂欢。

入夜，元军将士个个喝得烂醉如泥，横倒竖卧。在点点闪烁的桅灯下，只闻如雷的鼾声。

文天祥彻夜无眠，以饱蘸血泪之笔写下了上述这首长诗，写下了全名为《二月六日，海上大战，国事不济。孤臣天祥坐北舟中，向南恸

---

① 《文天祥全集》卷十四《指南后录・二月六日，海上大战》。

哭，为之诗曰》的这首长诗。

这是一首悲天恸地的亡国挽歌。南宋在与蒙古交战半个世纪后，立国三百二十年的赵宋王朝最终灭亡了。有人认为，厓山之战标志着一直处于上升趋势的东方文明从此转向衰败与陨落。所谓“厓山之后，已无中国”。

亡国的罪魁祸首是谁？文天祥最终迁罪于他一直与之斗争的权奸佞臣。宗国与其说是亡在了元军的手里，不如说是被自己打败，是亡在了佞臣的手里，正是丁大全、贾似道、留梦炎、陈宜中这些挟国谋私的小人排斥贤能助纣为虐，把国家推向了绝路。文天祥恨不能斩尽这些奸佞小人，投敌的留梦炎要斩，逃跑的陈宜中要斩，已死的丁大全和贾似道也要从坟堆里刨出来千刀万剐！

文天祥在这首长诗的末尾写道：

六龙杳霭知何处，大海茫茫隔烟雾。
我欲借剑斩佞臣，黄金横带为何人？

写这首诗的时候，文天祥已知张世杰与苏刘义夺港而去，但还不知道小皇帝赵昺已溺亡，他还牵挂着小皇帝的去向。

待烟火散去，张世杰返回厓山收罗残兵。

当从残兵口中得知赵昺的死信，杨太后掩胸大哭，边哭边说：“我忍死艰关至此者，正为赵氏一块肉耳。今无望矣！”①说罢也赴海而死。张世杰捞起她的尸体，葬于厓山海滨。

面对元军的重兵围追，张世杰原想移师占城，整顿军马，再寻赵氏

① 《宋史纪事本末》卷一〇八《二王之立》。

宗室为帝。但此时已由不得他了，他不得不在军中土豪的强迫下返还广东。

五月初四，船队到南恩州（今广东阳江）海上的螺岛，忽遭飓风袭击。张世杰的坐船在风浪中剧烈摇晃，部将劝他登岸暂避。他似乎预感到什么，径自默默地登上舵楼，看了一眼旁侧倾沉的战船，焚香仰天祷告："我为赵氏亦已至矣。一君亡，复立一君，今又亡。我未死者，庶几敌兵退，别立赵氏存杞耳。今若此，岂天意耶？"话音刚落，一阵浪涛涌来，他晃了几晃，急坠海中溺亡。

"长风驾高浪，偃蹇龙虎姿。"[①]张世杰在文天祥诗中的形象焕发着英雄气概。此诗的小序又写道："世杰得士卒云，每言北方不可信，故无降志。闽之再造，实赖其力。然其人无远志，拥重兵厚资，惟务远遁，卒以丧败。"

张世杰的遗体被部下捞起，葬于螺岛东端的力岸村。螺岛因此改名海陵岛。

在亡宋大海战中殉国的陆秀夫、张世杰两位爱国志士，后来与文天祥一道，被并称为"宋末三杰"。

---

① 《文天祥全集》卷十六《集杜诗·张世杰》。

第十九章 故国辞行 言志夷齐

元世祖至元十六年（1279）三月十三日，文天祥被押到广州。这里曾是宋元两军反复争夺的重镇，去年文天祥曾想据此规复两湖，遭到宋军守将凌震和王道夫的拒绝。如今二将又在何处？举目所见繁华壮丽，不啻是遍地哀叹。

万念俱灰的文天祥只存一念，只盼尽快等来元廷处死自己的命令，以一死报国。可张弘范却对他“礼遇日隆”。到达广州的第二天，张弘范设宴与诸将庆功，也把文天祥请上宾席。席间，又对文天祥展开了怀柔攻势。

张弘范起身向文天祥敬酒，说：“国亡矣，忠孝之事尽矣。丞相其改心易虑，以事大宋者事大元，大元贤相，非丞相而谁？”

文天祥最怕也最恨“国亡”二字，听到“国亡”二字，顿时泪水涟涟，声色激昂地说：“国亡不能救，为人臣者死有余罪，况敢逃其死而贰其心乎？”

张弘范又说："国亡矣，即死，谁复书之？"

文天祥说："商亡，而夷、齐不食周粟，亦自尽其义耳，未闻以存亡易心也。岂论书与不书？"[①]

伯夷和叔齐是商末孤竹国国君的两个儿子，因不满纣王的暴政逃往西周，不料积善行仁的周文王已死，周武王继而伐纣灭了商国，二人为自己投奔西周感到羞耻，不食周粟饿死在首阳山。张弘范知道文天祥用此典故，是要表明坚定的抱节守志之心，听后为之改容，不再吭声。

见场面尴尬，副元帅庞钞亦儿赶紧起身向文天祥敬酒，为张弘范打圆场。文天祥不屑拿正眼瞧他。庞钞亦儿哪里忍得下此等蔑辱，立马变脸破口大骂。文天祥早已怒不可遏，厉声与之对骂，并求速死。其他将领再不敢上来相劝，庆功宴闹得不欢而散。

回到住处，文天祥内心仍难平静，写诗一首。诗曰："高人名若浼，烈士死如归。智灭犹吞炭，商亡正采薇。岂因微后福，其肯蹈危机。万古春秋义，悠悠双泪挥。"[②]

散宴后，张弘范将文天祥的表现及不杀他的原因写成奏章，上报元廷。二十多天后，使臣带回忽必烈的圣旨，说："上有谁家无忠臣之叹，旨令善视公，以来大都。"[③]

在使臣未返回之前，文天祥见到了两位与他连筋带骨的人。

一个是与他患难与共的老部下，被他称为天下义士的杜浒。

杜浒来访时，文天祥大为惊骇。一是因为此前他听说杜浒已战死，没想到还能见面；二是短短数月没见，杜浒竟变得形销骨立，"无复人形"。杜浒告诉他，自船澳移军潮阳途中，奉命护卫海船去官富场，因

---

① 《文天祥全集》卷十九《附录·文丞相传》。

② 《文天祥全集》卷十四《指南后录·张元帅谓予国已亡矣……因成一诗》。

③ 《文天祥全集》卷十七《纪年录·注》。

无法返回去了行朝，在厓山被俘后便大病缠身。想起昔日杜浒刚猛豪放，如今落得如此凄惨的模样，文天祥不禁哽噎唏嘘。

杜浒自德祐二年（1276）率四千义士相投，自告奋勇随使元营，又同脱镇江；南剑建府后被派往温州、台州招集兵财；福安沦陷后，奉朝命回同督府，至空坑溃败，又忠劳备尽随奉年余，几年里与文天祥肝胆相照，结下了生死情谊，如今能在敌营相见，对彼此都是一个极大的慰藉。这次见面却又是生死之别。不久，文天祥就听到杜浒病故的消息。杜浒生前死后，文天祥起码为他写过四首诗。生前有“独与君携手，行吟看白云”[①]之句，死后有“辛苦救衰朽，微尔人尽非”[②]之句，可见杜浒在文天祥心中的分量。

文天祥在广州见到的另一个与他连筋带骨的人，是以另一种方式与他患难与共的大弟文璧。

文璧是听说文天祥可能将被押解大都，从惠州来与兄长告别的。去年冬，元军大举进攻广州时，文璧已以惠州降元。对于这件事，他自己在《齐魏两国夫人行实》一文中解释说：“是冬，大兵至广，诸郡瓦解不能支，天祥以身殉……璧以宗祀不绝如线，皇皇无所于归，遂以城附粤。”[③]他的理由是宋亡在即，兄长决心以身殉国，为尽宗祀不绝的孝道，所以他以城降元。去年十一月道生病死，文天祥曾写信要求过继他的次子文陞为嗣，他已复信答应，此次见面再次敲定了此事。

对于文璧降元，世人评判不一。有人拿他与文天祥相比，斥他不忠，赋诗讥之曰：“江南见说好溪山，兄也难时弟也难。可惜梅花如心事，南枝向暖北枝寒。”当时与他同在惠州的堂侄文应麟也深为不齿，

---

① 《文天祥全集》卷十三《指南录·杜架阁》。

② 《文天祥全集》卷十六《集杜诗·杜大卿》。

③ 《文天祥全集》卷十八《拾遗》。

痛哭离去。有人则认为他这是移忠为孝，“世人以文山为忠臣，文溪（文璧的号）为孝子。此论不然。文山岂不足为孝，而文溪岂不足为忠者哉？彬常谓：使文山见革斋太师于地下，文山无遁辞；文溪见理宗于地下，亦无愧色。盖二公合行心之所安，各适其义之所宜”。[①]还用孔子的“殷有三仁”之说比附。所谓“殷有三仁”，是说殷纣王淫乱不止，微子屡谏不听选择离开，比干死争被剖胸挖心而死，箕子装疯被囚全其身，虽然方式不同，但他们都按自己的本心表达了对纣王的不满，因此孔夫子称他们是“三仁”。

那么文天祥怎么看？对于这次兄弟相见，文天祥后来集杜诗四首，序中写道：“璧来五羊别，自是骨肉因缘。”诗中尽写思念之情，均未涉国事，其中一首云：“兄弟分离苦，凄凉忆去年。何以有羽翼，飞去堕尔前。”[②]据此可说他与文璧辞别时，被一片深挚的手足之情所笼罩，而从中丝毫感觉不出他有指责文璧降元的意思。

文天祥和文璧的手足之情确实非同一般。宝祐四年（1256）兄弟俩随父赴京殿试，恰父亲病重，文璧放弃考试照顾父亲，是届文天祥考中了状元。文天祥举义勤王后，文璧积极配合响应，同时受兄之托尽心侍奉母亲，照管文天祥的妻小，料理祖母和母亲的后事。道生病死，因天祥要求，文璧一口答应将次子过继给他为嗣。回首以往，文璧一直都像文天祥的一只肩膀，扛着尽孝的责任，自从挥戈勤王，尤其是临安陷落抱定死节之后，文天祥深知忠孝不能两全，更是有意地把这副重担全都交给了大弟。如今母亲灵柩还要靠文璧扶归故里，继子文陞还要靠文璧抚养成人，文璧为宗祀不绝降元，他怎么好责备呢？

文璧以惠州降元，小弟文璋随之，任同知南恩路总管府事。文天

① 《文氏通谱·文献·宣慰公文辞》。

② 《文天祥全集》卷十六《集杜诗·弟》。

祥后来在狱中写信与文璋永诀，勉其不仕，文璋听从大哥的劝告，从此隐居不仕。但文天祥对文璧从没有提出这样的要求，相反还认可了“三仁”之说。后来文璧到大都监狱看他，他在诗中还用了这个词：“三仁生死各有意，悠悠白日横苍烟。”[①]三兄弟走了三条不同的路，都不谓不仁，这也证明了文天祥对文璧人生角色的认同。

可以想象，这次文璧来广州为兄长送行，是一次凄楚而又情深意长的辞别。

使臣四月十一日带回忽必烈的圣旨，命令把文天祥押往大都。二十二日，张弘范派都镇石嵩和将官囊家歹专程押解文天祥北上。

与文天祥一道被押解北上的，还有一位邓光荐。邓光荐原名剡，字中甫，号中斋，是文天祥的庐陵同乡，少负奇气，也曾在白鹭洲书院从学欧阳守道，景定三年（1262）文天祥当殿试覆考官时考中进士。德祐元年（1275）元军侵入江西，他举家避入福建，景炎二年（1277）被行朝任为宗正寺簿。元军攻陷广州，他与友人龚竹卿避难到香山县的黄梅山。这年冬天，土匪作乱，他的妻子、四儿、四女、三妾共十二口人被捉去烧死，只他一人逃脱。次年，随驾至厓山，任秘书丞。厓山战败陆秀夫抱帝投海，他也两次蹈海自杀，被元兵钩起不死。张弘范以礼相待，劝他打消了自杀的念头，并礼聘他当儿子张珪的老师。邓光荐诗文俱佳，又与文天祥意气相投，万里役行有他相伴，甚合文天祥的心意。

此外，在五坡岭侥幸走脱的同督府将官徐榛也从惠州赶来，自愿陪同文天祥北上。另外还有刘荣、孙礼等七人相随照应。

从潮阳到厓山，再到广州，张弘范一直想方设法劝降文天祥，都徒劳无功，去大都又当如何？出发前，文天祥写了一首名为《言志》的长

---

① 《文天祥全集》卷十五《吟啸集・闻季万至》。

诗再次表明志节。其中有云："我生不辰逢百罹，求仁得仁尚何语？一死鸿毛或泰山，之轻之重安所处？妇女低头守巾帼，男儿嚼齿吞刀锯。杀身慷慨犹易免，取义从容未轻许。仁人志士所植立，横绝地维屹天柱。以身殉道不苟生，道在光明照千古。"[①]惨烈的战争结束了，新的严酷斗争开始了，他发誓要像古之圣贤伯夷、叔齐那样求仁得仁，不降其志，不辱其身，随时准备嚼齿吞刀锯，做顶天立地的殉道者，而绝不做李陵、卫律叛汉归匈那样的民族罪人。

《言志》并不为一些诗评家看好，认为南宋后期道学兴起，诗中言理之风盛行，写作多从概念出发，从而消解了诗意，《言志》亦是一例，尤其是上举诗句，就纯为理语，缺乏含蓄委婉的诗美。但也有人持相反的看法，认为言志乃诗人之本意，《言志》一诗其情真，其味长，其气胜，是那些专意诗法的精雕细镂之作无法比的。其实诗无达诂，对一个诗人，对一首诗看法截然相反，是正常现象，包括对杜甫的诗也历来褒贬不一。笔者认为，诗的根本在于表达人的生存境况和性情感悟，《言志》不失为一首燃烧着喷发着真性情真生命真精神的作品。而且，诗是诗人写的，也是时代写的，何谓国家不幸诗家幸？何谓愤怒出诗人？叫一个在国家危难中忧愤交加的爱国诗人写出的诗，迎合你安坐名山胜水环绕的亭榭间呷着香茶玩味的所谓诗法，反为南辕北辙之大谬。

文天祥怀揣着《言志》上路了。

数日后，路经韶州南华山（今广东韶关东南莲花山），夜宿山下一座寺庙。寺内供奉的六祖慧能禅师真身，已历数百年，却在战乱中被挖掉了心肝。文天祥作诗叹曰："行行至南华，忽忽如梦中。佛化知几尘？患乃与我同。有形终归灭，不灭惟真空。"[②]此诗则与《言志》不同，以

---

① 《文天祥全集》卷十四《指南后录·言志》。

② 《文天祥全集》卷十四《指南后录·南华山》。

问虚的禅意表达了对生命的感悟。

石嵩和囊家歹押着文天祥自广州出发，经英德、韶州，越过梅岭蜿蜒曲折的小路进入江西，五月二十五日到达南安军。此前他们还遵照“上旨”善待文天祥，到了南安军就不行了，就在他的脖颈和脚腕上系上了绳索。

南安军堪称一座英雄的城市。元丞相塔出曾率大军久攻不下，叹曰：“城子如堞大，人心乃尔硬耶！”江西沦陷后，守将李梓发率领军民死守城池，一直到厓山宋军兵溃，元朝参政贾居贞来招降，军民还在城头诟骂不止。三月十五日，即在厓山兵溃后四十天，终因势单力孤城破，李梓发全家自焚而死，至此许多军民还杀了家眷与敌巷战，直到流尽最后一滴血。

南安军英雄血的杀气犹存，且江西又是文天祥举义的根据地，四年前他举旗一呼，数万人挥戈，两年前取得江西大捷，东南震动。踏上这片土地，石嵩和囊家歹异常警觉，生怕勤王军旧部来拦路夺人，赶紧将文天祥锁禁在船舱里，改走贡江水路去赣州。

而文天祥却是另一番心境，他写了一首《南安军》，诗中写道：“山河千古在，城郭一时非。饥死真吾志，梦中行采薇。”[①]到南安军的次日，他就开始实施一个精心谋划的自杀行动。从这一天起，他拒绝进食，计划经过家乡时实现首丘殉节。同时，要随从孔礼带着他写的《告先太师墓文》，在赣州西面的黄金市悄悄上岸，急往庐陵在父亲文仪坟头诵读焚化，并约定六月初二在吉州复命。告父亲的墓文中写道：

① 《文天祥全集》卷十四《指南后录·南安军》。

始我起兵，赴难勤王，仲弟将家，遁于南荒。宗庙不守，迁我异疆。大臣之谊，国亡家亡。灵武师兴，解后归国，再相出督，身荷忧责。江南之役，义声四克，为亲拜墓，以剪荆棘。大勋垂集，一跌崎岖，妻妾子女，六人为俘。收拾散亡，息于海隅，庶几奋厉，以为后图。恶运推迁，天所废弃，有母之丧，寻失嫡子。哭泣未干，兵临其垒，仓皇之间，二女夭逝。剪为囚虏，形影独存。抑药不济，竟北其辕。系颈絷足，过我里门。望墓相从，恨不九原。①

在这篇告父墓文中，他向父亲的在天之灵具报了自起兵勤王后自己和全家的悲烈遭遇，感慨自己欲尽忠不得为忠，欲尽孝不得为孝，但也做了把侄子文陞继为子嗣的安排，表示自己将随父而去，“求仁得仁，抑又何怨？”请求父亲“冥漠有知，尚哀鉴之”。

另外，还写了《别里中诸友》一诗，云:“青山重回首，风雨暗啼猿。杨柳溪头钓，梅花石上尊。故人无复见，烈士尚谁言？长有归来梦，衣冠满故园。”②与诸友人诀别。

初夏的赣江水丰流急，又是顺风，船经赣州、万安、泰和，六月初一傍晚，比预期提前一天抵达吉州。

就在这期间，发生了一件奇事。虽然石嵩和囊家歹怕途中生变，严加防范，把文天祥锁进船舱，并将舱门封得死死的，但还是走漏了消息。在他们经过的赣州到洪州沿途的驿站、码头、山墙和店壁处，到处都贴出一张《生祭文丞相文》。这篇恳吁文天祥速死的奇文写道：

① 《文天祥全集》卷十五《吟啸集·告先太师墓文》。
② 《文天祥全集》卷十四《指南后录·别里中诸友》。

> 呜呼！大丞相可死矣。文章邹鲁，科甲郊祁，斯文不朽，可死。丧父受公卿，祖奠之荣；奉母极东西，迎养之乐，为子孝，可死。二十而巍科，四十而将相，功名事业，可死。仗义勤王，使用权命，不辱不负所学，可死。华元踉跄，子胥脱走，丞相自叙几死者数矣。诚有不幸，则国事未定，臣节未明。今鞠躬尽瘁，则诸葛矣；保捍闽广，则田单即墨矣；倡义勇出，则颜平原、申包胥矣。虽举事卒无所成，而大节已无愧，所欠一死尔……[①]

写此生祭文的不是别人，正是当年文天祥首次起兵勤王时来投奔建言的那个王炎午。王炎午为何写此文？人们通常都认为他就是为了催文天祥速死，以保全在赵宋遗民心中的名节。他在文中也说，如今你文天祥大节已显，如不速死，恐“慷慨迟回，日久月积，志消气馁，不陵（李陵）亦陵，岂不惜哉？”所以敦促说，虽然油锅立于前，刀锯横于颈，烈士当不辞以就，从容就义以保全节，“事在目睫，丞相何所俟乎？”

但笔者认为此说不确。通览这篇近三千字的祭文，王炎午在最后一节写道：“人七日不谷则毙。自梅岭以出，纵不得留汉厩而从田横，亦当吐周粟而友孤竹，至父母邦而首丘矣。”文天祥到达黄金市时也写诗曰：“闭篷绝粒始南州，我过青山欲首丘。”[②]所谓首丘，就是故土或家乡；所谓孤竹，是代指伯夷和叔齐。这说明什么？说明王炎午事先就清楚地知道文天祥的行程和绝食自杀计划，文天祥从南安开始绝食，就是想七日后船到吉州，正好饿死在家乡。如此，说他写生祭文是为敦促文天祥速死就不合情理。那他写生祭文的目的又是什么？

---

① 《文天祥全集》卷二十《附录·生祭文丞相文》。

② 《文天祥全集》卷十四《指南后录·黄金市》。

这是一篇祭文，也是一篇通篇都拿文天祥与千古忠烈名士类比的措辞激昂的赞文。文天祥这回必死于家乡，王炎午写此文到处誊写张贴，就是迫不及待地要把文天祥忠义殉节的事迹大宣于天下！

王炎午不是催文天祥速死，而是为文天祥大义殉节唱赞歌。

但文天祥却没有死。

文天祥原以为六月初三能到吉州，由于水丰风顺，船队提前到达。

到了州治庐陵，绝食已五天的文天祥没有等来孙礼，却有一位叫王幼孙的友人来求见。此人好善急义，人称长者，也是一位忠义之士，他曾在文天祥考中状元那年跑到京城，上万言书建言国事，未被理睬，遂返回家乡教书。此前他听说文天祥已死，便写了一篇祭文，在家设位祭奠，忽闻押文天祥的舟船过庐陵，即赶来相见，并当面诵读了祭文，曰："公心烈烈，上陋千古，谓山可平，谓天可补。奋身直前，努力撑拄，千周万折，千辛万苦。初何所为，教臣以忠，策名委质，视此高风。"[①]在场的人听了无不低头哭泣。这也应算是一篇生祭文。生祭文旷古未闻，这下一连出了两篇，其激烈的情感不止在文中。

在求见的人中还有一位老友，此人叫张弘毅，字毅夫，号千载心。他是来自请跟随文天祥北上的。王幼孙也请求"从公而俱死"，文天祥没同意。面对张弘毅，想到自己显达时多次请他出来做官，他都不就，如今自己被俘落难，他却坚决要求跟随自己北上，文天祥非常感动，答应了他的请求。此后张弘毅随文天祥北上，尽心照顾文天祥，两人成了最贴心的朋友。

石嵩和囊家歹怕在庐陵时长生变，连夜起碇赶路。文天祥殉节家乡的愿望落空了。

---

① 《吉安栋头王氏族谱》卷六《生祭文丞相信国公文》。

六月初三，绝食的第七天，船泊临江军（江西清江县），仍不见孙礼的影子。初四快到丰城时，忽见孙礼坐在另一条船上。原来押解的军校根本就没让孙礼上岸，更别说到坟头去祭告父亲了。文天祥又伤心，又气愤，痛哭了一场。当晚石嵩叫孙礼回到文天祥船上，见他无法再在文天祥身边待下去，便于第二天放他另找出路去了。

从广州出发时，自愿跟随北上的八个人，途中或逃跑或被逐，六月初四到丰城时，只剩下徐榛和刘荣两个人了。徐榛一路尽心尽力照顾文天祥，不幸染病死在丰城。这样，伴送文天祥的只剩下刘荣和从庐陵跟来的张弘毅了。

文天祥绝食已进入第八天，却没饿死。石嵩怕他死了到大都无法向元帝交代，就命元兵捏住他的鼻子，向他口中强行灌粥。文天祥制止了他们的非礼行为，自行恢复了饮食。他为何有此转变？他在集杜诗《过临江》小序中作了说明：

> 余虽不食，未见其殆。众以饮食交相逼迫，予念既过乡州，已失初望。委命荒滨，立节不白，且闻暂止金陵郡，出坎之会，或者有陨自天，未可知也。遂复饮食，勉徇众情。

死在家乡不是逃避，而是一种决绝的抗争。他在绝食中一路都在写诗，诗中激荡着不屈的斗争精神，如“江山不改人心在，宇宙方来事会长”[①]，如“书生曾拥碧油幢，耻与群儿共竖降”[②]，又如“英雄扼腕怒须赤，贯日血忠死穷北。首阳风流落南国，正气未亡人未息。青原万丈光

① 《文天祥全集》卷十四《指南后录·赣州》。
② 《文天祥全集》卷十四《指南后录·泰和》。

赫赫，大江东去日夜白”[①]。他的人生哲学是法天地之不息，而今的不息就是毫不妥协地与敌人抗争。死于家乡不能如愿，死于荒江难明志节。死为抗争，活也为抗争，与其被灌粥受辱不能以死抗争，不如恢复饮食活着抗争。

而且听说到了金陵（建康，今南京市）将在那里暂住一段时间，到那儿能否有像镇江那样逃脱的机会呢？“出坎之会，或者有陨自天，未可知也。”后来他在狱中给文璧的信中也说道：“过丰城，无饭八日，不知饥。既过吉，思之无义，且尚在江南，或尚有生意，遂入建康。”[②]他的心中燃起了在金陵寻机脱身的希望。

文天祥停止了绝食。六月初五到隆兴府时，他走出船舱登上了江岸。这是他第三次来隆兴，第一次是送文璧进京参加殿试路过，第二次是勤王军被指定驻屯此地时来过。这次与前两次的境况大不相同，不由生出“半生几度此登临，流落而今雪满簪”[③]的感慨。想起“隆兴自陷没后，忠义奋起，几于反正”，空坑溃败后，同督府的多名部将被押到这里就义，又不由发出“谁怜龟鹤千年语，空负鹏鹍万里心”[④]的喟叹。

文丞相来到隆兴的消息不胫而走，百姓潮水般地向岸边涌来，引起了满城轰动。这是他第三次遇到这样热烈的场景，第一次是二十三年前中状元赴御赐宴，第二次是三年前脱险到真州。而今因受到国破家亡的严酷打击，再加上绝食，满头霜雪的他更加憔悴，身体瘦削得只剩下一把骨头，这没关系，如果神情颓靡沮丧那才叫个失败。他不能叫百姓失望，叫敌人得意，他挺直腰杆，目光炯然，从容淡定地向百姓问候着，示意着。见他的神态如此英毅，不要说南宋遗民，就是挤在人群中的北

---

① 《文天祥全集》卷十四《指南后录·发吉州》。
② 《文天祥全集》卷十七《纪年录·注》。
③ 《文天祥全集》卷十四《指南后录·隆兴府》。
④ 《文天祥全集》卷十六《集杜诗·过隆兴》。

人也情不自禁地惊赞：真是诸葛军师再世呀！

离开隆兴，船过南康军，穿过鄱阳湖进入长江，向建康进发。

船过安庆，就到了贾似道大败的鲁港。鲁港之役是临安调集重兵与元军对决的最后一仗，也是导致宋朝最终灭亡的关键一仗。当时伯颜顺江东下欲攻临安，贾似道调集重兵十三万，战船和载着大量金帛物资的辎重船两千五百艘，摆出了接战的阵势。但贾似道不想也不敢与伯颜决一死战，他是被逼无奈才出兵的。到了前线，他即派人向伯颜求和，表示愿“输岁币称臣”，遭到伯颜拒绝，这才被迫应战，结果一触即溃，自顾自仓皇逃往扬州。

此前途经南康军，遥望庐山，文天祥写了一首词，在词中描写了绮丽的湖光山色和江南风物，这其实是大好河山的缩影。可如今“夜深愁听，胡笳吹彻寒月”[①]。何以至此？身临鲁港，想起四年前那场祸及亡国的战事，想起误国的昏君奸臣，文天祥难抑心中的激愤，挥笔写下了一首谴责之诗：

方夸金坞筑，岂料玉床摇。
国体真三代，江流旧六朝。
鞭投能几日？丽解不崇朝。
千古燕山恨，西风卷怒潮。[②]

本以为金坞固防，却不想撼动了朝廷的根基；本以为十三万大军投鞭可断流，却不想没几天就土崩瓦解，致神州陆沉，皇帝成了俘虏被押往燕山。奸臣误国啊！昏君误国啊！志士扼腕，心中翻腾着怒涛滚滚的

① 《文天祥全集》卷十四《指南后录·南康军和东坡酹江月》。
② 《文天祥全集》卷十四《指南后录·鲁港》。

千古遗恨。

到了与鲁港相去不远的采石矶，文天祥又拿虞允文与贾似道之类作了对比。绍兴三十一年（1161），金帝完颜亮率十万大军直下两淮，企图在采石渡江，一举灭宋。宋朝江防守军只有一万八千人，且因易将无主帅。在此危急时刻，前来犒师的中书舍人虞允文挺身而出，担起指挥作战的大任，竟把金兵打得弃戈丢甲，扭转了危局，完颜亮也因兵败被部下所杀。可是当年的采石已远，鲁港之耻却犹在眼前。“今人不见虞允文，古人曾有樊若水”[①]，鲁港之战再无虞允文，而只有南唐樊若水那样私己罪国的贾似道之流了。

至元十六年（1279）六月十二日，船队抵达建康。文天祥登岸，一直到八月二十四日，在建康的驿馆驻留了两个月又十二天。

建康襟江带河，虎踞龙盘，本是六朝古都，宋高宗赵构曾在此建行宫，南渡后三次驻跸于此。文天祥到了这里，却满眼都是荒草、夕阳、孤云、半城北人和遍地芦花，不禁感怀伤情，写下《金陵驿》两首。其中一首写道：

万里金瓯失壮图，衮衣颠倒落泥涂。
空流杜宇声中血，半脱骊龙颔下须。
老去秋风吹我恶，梦回寒月照人孤。
千年成败俱尘土，消得人间说丈夫。[②]

赵㬎皇帝跌落尘泥，于高宗赵构不思复兴大业就埋下了伏笔。海上行朝已驾云而去，就是杜鹃啼血故国也不能归来了。凄凉啊，孤独啊，

① 《文天祥全集》卷十四《指南后录 · 采石》。
② 《文天祥全集》卷十四《指南后录 · 金陵驿》。

但生死成败在历史的长河中算得了什么呢？是不是大丈夫留待人间去评说吧。

到建康后，每日都有故旧、南宋遗民和慕名者到驿馆来看望，其中不乏有爱国心同情心的人士，文天祥在与他们的交往中留着心，寻找和等待着援手脱身的机会。但这次比在镇江难上加难，元廷吸取了上回的教训，他前脚到，张弘范就跟了来，对防范他再次走脱做了严密布置。

在文天祥和邓光荐驻足的驿馆墙壁上，他们看到有一首残缺的《满江红》。词曰：

太液芙蓉，全不是旧时颜色。尝记得恩承雨露，玉阶金阙。名播兰簪妃后里，晕湖莲脸君王侧。忽一朝鼙鼓揭天来，繁华歇。　　龙虎散，风云灭。今古恨，凭谁说。顾山河百二，泪流襟血。驿馆夜惊尘土梦，宫车晓转关山月。若嫦娥与我肯相容，从圆缺。

作者王夫人叫王清慧，是度宗之嫔，南宋宫中的昭仪（女官）。临安失陷后，她随德祐皇帝赵㬎及嫔妃宫监一起被押往大都，途中想起昔日在华丽的宫中，美若芙蓉的自己受到君王宠爱和嫔妃们的羡慕，忽一朝这一切都在战乱中归于幻灭，自己成了阶下囚，容颜也随之凋尽，不由得悲从中来。但有什么办法呢？宋军凭着山河之险都不能改变命运，一个弱女子又能怎样呢？要是能飞往月宫与嫦娥做伴该有多好啊！

墙壁上的字迹已遭破坏，但这首文辞哀婉、情真意切的词已在民间广为流传。文天祥读到后也颇欣赏，只是“惜末句少商量”。于是，他提笔步原韵填写了一阕《代王夫人作》：

试问琵琶，胡沙外怎生风色。最苦是姚黄一朵，移根仙阙。王母欢阑琼宴罢，仙人泪满金盘侧。听行宫半夜雨淋铃，声声歇。　　彩云散，香尘灭。铜驼恨，那堪说。想男儿慷慨，嚼穿龈血。回首昭阳离落日，伤心铜雀迎秋月。算妾身不愿似天家，金瓯缺。①

文天祥在上阕对王清慧投以深切的同情，下阕笔锋一转，意境顿然开阔，以嚼穿龈血比泪流襟血，以回首昭阳（代指国体）替驿馆夜惊，最后两句变避世为直面现实，意谓纵然山河破碎，也绝不能像投降敌人的皇室那样乞怜偷生。

写了《代王夫人作》，文天祥意犹未尽，又按原韵和了一阕，中有“世态便如翻覆雨，妾身便是分明月”之句，以王清慧之口表达了至死不改节操的心迹。邓光荐也和词一阕，以“又争知有客夜悲歌，壶敲缺”作结，抒发了亡国的忧愤。

王清慧未必能看到文天祥和邓光荐的和词。她到大都后，没有像其他宫女那样嫁与异国的达官显贵，而是要求出家当了道士，倒也如文天祥希望的那样保住了节操。

从广州到建康，文天祥与邓光荐结伴而行，对彼此相交相知都是一个宝贵的机缘。两人一路上谈论国家的灾患，谈论相似的人生遭遇，谈论诗艺，并写诗唱和，在数月的患难旅途中结下深厚的情谊。

邓光荐自求学时就致力于写诗，研习诗歌大家及各流派的作品，深得诗之要诣，特别是因战乱流落广东后，写出的诗更是非同凡响。文天祥一直关注着这位大自己四岁的诗兄，素佩他的才华。经过这次患难相

① 《文天祥全集》卷十四《指南后录·代王夫人作》。

处，他对邓光荐的为人、身世经历和诗歌情趣也有了更深入的了解，把他视为同道知己，途中与他唱和，遂有“万里论心晚，相看慰离乱”[①]之句，还手抄了一册《指南录》送给他。住在驿馆一时无法找到脱身机会，闲来无事，就提出把邓光荐写的诗汇编成集，“为后之览者，因诗以见吾二人之志，必有感于斯”。

诗集在七月二十七日编成了，取名《东海集》，文天祥并为诗集作了序。诗都写自海南，为何取名《东海集》呢？文天祥在序中解释说：“海南诗而曰《东海集》者何？鲁仲连天下士，友人之志也。”邓光荐对战国时齐国高士鲁仲连非常崇敬，当时秦国对山东六国虎视眈眈，有人提出尊秦为帝，以避灾祸，鲁仲连坚决反对，表示宁可蹈东海而死，义不向秦称帝。这也是文天祥的志节。

文天祥在序中写道：“友人自为举子时，已大肆力于诗，于诸大家，皆尝登其门而涉其流，其本赡，其养锐，故所诣特深到。余尝评其诗，浑涵有英气，锻炼如自然，美则美矣，犹未免有意于为诗也。自丧乱后，友人挈其家避地，游官岭海，而全家毁于盗，孤穷流落，困顿万状。然后厓山除礼部侍郎中，且权直学士矣。会南风不竞，御舟漂散，友人仓卒蹈海者再，为北军所钩致，遂不获死。以至于今，凡十数年间，可惊可愕、可悲可愤、可痛可闷之事，友人备尝，无所不至，其惨戚感慨之气结而不信，皆于诗乎发之，盖至是动乎情性，自不能不诗，杜子美夔州，柳子厚柳州以后文字也。”[②]在文天祥看来，邓光荐早期的诗虽才华横溢，美轮美奂，却难免有为写诗而写诗的嫌疑，而经过磨难诗风大变，诗作皆发乎于情，堪与杜甫和柳宗元落难异乡后的诗作媲美。这又何尝不是他文天祥创作经历和诗歌观念的写照？

---

① 《文天祥全集》卷十四《指南后录·又呈中斋》。

② 《文天祥全集》卷十四《指南后录·东海集序》。

时光穿过建康闷热的夏天，过得很慢，又过得很快。八月二十四日，文天祥要离开建康被押解北去了。

到建康的第二天，邓光荐就因病转往天庆观就医，疾病丝毫没有影响他与文天祥的来往。文天祥的忠烈志节早已作为传奇声震朝野，邓光荐倾慕已久，经过这几个月的患难与共，知之更深，崇之更甚，便萌生了为文天祥作传的念头。文天祥在诗中"死矣烦公传，北方人是非"[①]之语，说明两人一拍即合。文天祥就义后，邓光荐忠实地履行了诺言，用饱蘸悲痛和崇敬的文笔，撰写了《文丞相传》，还写了《文信国公墓志铭》、《信国公像赞》、《文丞相督府忠义传》，以及《哭文丞相》、《挽文信公》等诗文，期将文天祥的传奇经历和坚贞不渝的民族气节传诸万世。可想而知，他写的《文丞相传》定是材料最翔实、气韵更真切的，可惜后来失传了，只在《纪年录》集注中存有散引。

文天祥离开建康时，邓光荐的病仍不见好，仍需留下就医。临分手前，两人自然是依依不舍。邓光荐怀揣一阕《念奴娇》，抱病前来送行。词曰：

水天空阔，恨东风不借世间英物。蜀鸟吴花残照里，忍见荒城颓壁。铜雀春情，金人秋泪，此恨凭谁雪？堂堂剑气，斗牛空认奇杰。　　那（哪）信江海余生，南行万里，属扁舟齐发。正为鸥盟留醉眼，细看涛生云灭。睨柱吞嬴，回旗走懿，千古冲冠发。伴人无寐，秦淮应是孤月。[②]

词中抒发了自四川到江南的亡国之痛，赞颂了文天祥百折不挠的英

① 《文天祥全集》卷十四《指南后录·怀中甫》。
② 《文天祥全集》卷十四《指南后录·驿中言别友人》。

雄壮举，为他壮志未酬深表惋惜。“睨柱吞嬴”典出《史记》，说的是秦王欲吞并赵国，假意要赵国用和氏璧换取秦城，赵国丞相蔺相如奉璧出使秦国，欲以璧击柱，戳穿了秦王的骗局。“回旗走懿”是说诸葛亮死后，蜀军被司马懿追击，蜀将姜维下令军旗回指，吓得司马懿以为诸葛亮还活着，赶紧退兵。邓光荐借用这两个故事来颂扬文天祥的英雄豪气。

文天祥阅罢，即在驿馆研墨展纸，步原韵和词一阕回赠友人：

> 乾坤能大，算蛟龙元（原）不是池中物。风雨牢愁无著处，那更寒蛩四壁。横槊题诗，登楼作赋，万事空中雪。江流如此，方来还有英杰。　　堪笑一叶漂零，重来淮水，正凉风新发。镜里朱颜都变尽，只有丹心难灭。去去龙沙，向江山回首，青山如发。故人应念，杜鹃枝上残月。[①]

蛟龙原本不是池中之物，自己虽身陷囚邸，形容憔悴，但丹心不改，胸中仍奔腾着横槊题诗登楼作赋、一览众山小的豪情。

细读起来，两人的告别赠词中似乎还不止这些，似乎还藏着只有他俩知道的密语。

在建康的这些日子里，文天祥一直在谋划脱身的机会。他的苦心没有白费，他终于与江淮义士取得了联系，并密商了行动的方案。邓光荐在《文丞相传》中说：“八月二十四日，石嵩等以公自东阳渡江。淮士有谋夺公江岸者。”[②]这事文天祥不可能不告诉邓光荐，邓光荐不会在事后才知道。如此，再回头看看两个人的临别赠词。邓光荐词曰：“那信

① 《文天祥全集》卷十四《指南后录・和友人》。

② 《文天祥全集》卷十七《纪年录・注》。

江海余生，南行万里，属扁舟齐发。正为鸥盟留醉眼，细看涛生云灭。”说文天祥在镇江走脱，又二次举义，是不是暗示即将到来的新的机会呢？而他则把壶祈祷，期待着峰回路转的变局。文天祥“堪笑一叶漂零，重来淮水，正凉风新发”之句，是否是对邓光荐的回应呢？他们的临别赠词中，似存有一层激动人心的期待。

行动的地点距建康不远，在长江北岸的真州。

八月二十四日，文天祥被押解上路了。

将往的江途上，文天祥曾在镇江走脱，高邮和稽家庄兵民曾劫杀奉表北上的亡宋使臣，扬州和真州宋军曾谋夺被俘北上的德祐皇帝，今虽是元军天下，但散落在民间的忠宋义士心犹不死，不得不倍加小心，要是再让文天祥跑了，谁也担待不起。为防意外，张弘范一手做了周密的布置。本来可在江边直接上船，他却叫石嵩到建康东北面的东阳镇上船。到了江上，派水军战舰一路夹持押解舟船，同时派步骑在两岸沿途警戒。

这样一来，文天祥与江淮义士商定好的行动计划根本就无法实施。

八月二十七日早，船过原先约定的行动地真州。石嵩不许在此停留，要船直往扬州。看着真州一程程远去，文天祥徒叹道：“山川如识我，故旧更无人。”[①]

对这次脱身计划流产，文天祥极为遗憾。他后来在大都狱中给文璧的信中说，在建康“居七十余日，果有忠义人约夺我于江上，盖真州境也。及期失约，惘然北行，道中求死，无其间矣”[②]。

---

① 《文天祥全集》卷十四《指南后录·真州驿》。

① 《文天祥全集》卷十七《纪年录·注》。

第二十章 北地役途 心路故事

从广州到建康，都在原南宋领地范围内，元廷怕途中遭遇不测，派了石嵩和囊家歹两人押解文天祥。渡过长江到了北方，就没那么紧张了，囊家歹押着在两淮制造巨石炮的回族工匠已先行一步，押解文天祥的事交给了石嵩。

过扬州、高邮、宝应，九月初一到达淮安军（江苏淮安），未作停留直渡淮河，夜宿江北岸的阚石镇。南宋与金朝对抗的年代，向以淮水为界，过了淮河就离开了宋土。文天祥一行上了岸，就遇到一拨元兵，只见他们牵着背驮行囊的马匹，一个个垂头丧气、无精打采。押解兵问他们这是要去哪儿，回答是去江南换防。文天祥意识到自己已经置身异乡了。这是他第一次踏入北境，望着荒无人烟野草漫漫的景象，顿生一种恍如隔世的苍凉之感。他五内交集，写诗一首：

北征垂半年，依依只南土。

今晨渡淮河，始觉非故宇。
江乡已无家，三年一羁旅。
龙翔在何方？乃我妻子所。
昔也无奈何，忽已置念虑。
今行日已近，使我泪如雨。
我为纲常谋，有身不得顾。
妻兮莫望夫，子兮莫望父。
天长与地久，此恨极千古。
来生业缘在，骨肉当如故。[1]

在这最后告别的时刻，他比任何时候都依恋故国，对亲人的思念也比任何时候都更加强烈。他爱妻子和孩子，不但爱在今生，而且要爱到来世，但在戎马倥偬的峥嵘岁月里，这一切都被深深地埋在心底无暇顾及。现在要离开故国远去了，久藏心底的思念猛然爆发出来。妻子欧阳氏、次子佛生、次女柳娘和三女环娘，二妾靓妆（颜氏）和璠英（黄氏），你们在哪里？你们都还活着吗？妻离子散之痛像风暴一样袭上心头，使他泪飞如雨。但今生他死志已决，残破的一家再也无法团聚。奈何，奈何！那就忍受着痛彻肺腑的千古之恨等待来世吧。

缠绕着他的思情的还有更多的亲人、故友和乡亲。

九月初七，一行人自邳州（江苏睢宁西北古邳镇）启程前往徐州。这一天正逢母亲去世一周年的忌日。走出邳州的城门，想起去年今日母亲病逝，葬于外乡河源县，至今也不知是否魂归故里，不禁失声痛哭。胯下的马嘶叫着北去，自己却又不能亲自去主持母亲的周年祭礼，真是

① 《文天祥全集》卷十四《指南后录·过淮河宿阚石有感》。

遗恨加遗恨呀！但想到两个弟弟文壁、文璋会在今日布置几筵和灵牌，办好母亲的周年祭礼，同时想到“母尝教我忠，我不违母志。及泉会相见，鬼神共欢喜”[1]，又不免感到欣慰。

接下来在尘土滚滚秋风瑟瑟中跋涉的一路，也是在坎坷漫漫荆莽丛丛之途艰难跋涉的心灵苦旅。如他在《告先太师墓文》中说的，自己欲尽忠不得为忠，欲尽孝不得为孝，北上这一路他都为此承受着内心的煎熬，并凝珠为诗，这些诗的一极，是表达对志节的执著，另一极就是对亲人的倾诉和怀念。

作为对亲人的倾诉和怀念，沿途他模仿杜甫的《同谷七歌》，写了六首诗，统称《六歌》，又名《离乱歌六首》。这组流贯着悲悯情怀的诗歌以忧戚凄婉的笔调，表达了对亲人的思念、爱和歉疚。这般儿女情长，在他的诗文里是不多见的。

《六歌》第一首写道：

> 有妻有妻出糟糠，自少结发不下堂。乱离中道逢虎狼，凤飞翩翩失其凰，将雏一二去何方？岂料国破家亦亡，不忍舍君罗襦裳。天长地久终茫茫，牛女夜夜遥相望。呜呼一歌兮歌正长，悲风北来起彷徨。

文天祥以做丈夫的责任，倾诉了对战乱中离散的结发妻子深挚的情感，对她和孩子深深的关切和担忧。妻呀你带着孩子在何处呢？夫妻天各一方是自己不能把握的命运，今后也无法挽回，他只能像牛郎与织女遥遥相望那样报以补偿了。然而，他却能牢牢握住自己的另一种命运。

① 《文天祥全集》卷十四《指南后录·邳州哭母小祥》。

他从小就抱定追崇忠义的志向，举义勤王尤其是被俘元营后更是以鞠躬尽瘁、为国尽忠的死节为信仰。今天虽然沦为囚徒，身不由己，但谁也不能阻止他把对忠义大节的追求进行到底。

九月初八，文天祥经徐州。徐州城东有座燕子楼，这座楼是唐代守将张封的儿子张愔为爱妾关盼盼所建，张愔死后，关盼盼十五年守节不嫁，后绝食死于此楼中。文天祥游览了燕子楼遗址，遂有感而发："问楼在何处，城东草如雪。蛾眉代不乏，埋没安足论。因何张家妾，名与山川存？自古皆有死，忠义长不没。但传美人心，不说美人色。"[①]几百年过去了，燕子楼只剩下残骸，一代又一代的美人早已是香消玉殒有谁知？不死的唯有关盼盼的烈女气节。

《六歌》之三：

> 有女有女婉清扬，大者学帖临钟王，小者读书声琅琅。朔风吹衣白日黄，一双白璧委道傍。雁儿啄啄秋无粱，随母北首谁人将？呜呼三歌兮歌愈伤，非为儿女泪淋浪。

文天祥的六个女儿，长女定娘、幺女寿娘在河源病死，四女监娘和五女奉娘在五坡岭遇难，只有在空坑随欧阳夫人被俘的次女柳娘和三女环娘还活在世上。一想起她们，柳娘照着钟繇和王羲之的字帖练字，环娘琅琅读书的情形就浮现出来。可怜一双天真无邪的女儿而今漂泊无依，文天祥心如刀绞，泪湿衣袂。

过了徐州，就下起了绵延不绝的秋雨。气温急剧下降，元兵给文天祥一顶斗笠和两条毡布遮雨御寒。马车在凸凹不平的路上颠簸，泥浆溅

① 《文天祥全集》卷十四《指南后录·燕子楼》。

了一身，寒风裹着冷雨打到脸上，想拉拉斗笠挡一挡，但两条毡布一前一后裹住身子，伸出手来都很难。就这么踉踉跄跄地前行，九月十五日抵达郓州，借宿在来平馆。郓州离济南不远，想起北宋末年济南知府刘豫投降金朝，充当傀儡皇帝的往事，文天祥夜不能寐，提笔写下了愤激之诗："万里山河梦，千年宇宙愁。欲鞭刘豫骨，烟草暗荒丘。"[①]若非刘豫、贾似道这些投降派助纣为虐，大宋的历史会不会改写也未可知，这些民族罪人死有余辜，遗臭万年。

《六歌》之四：

有子有子风骨殊，释氏抱送徐卿雏，四月八日摩尼珠。榴花犀钱络绣襦，兰汤百沸香似酥，欻随飞藿飘泥涂。汝兄十三骑鲸鱼，汝今三岁知在无？呜呼四歌兮歌以吁，灯前老我明月孤。

一连几日的穷阴终于揭开了盖，暖暖的太阳出来了，但文天祥的内心仍在阴冷的雨中挣扎。次子佛生与欧阳夫人一道被俘后，在押往隆兴元帅所的途中失踪了。这孩子是四月初八佛诞日出生的，是佛祖释迦牟尼抱送的，他的名字就取自此意。他做满月按习俗在香汤中洗浴时粉嘟嘟的小模样儿犹在眼前，倏忽间便像豆叶在秋风中飞逝了。对于他的下落，文天祥听到过两个传闻，一说有人见他生得俊秀乖巧，把他收作了养子；二说他已经死于途中。如今已是他失踪的第三个年头，他是随哥哥道生骑鲸远去了呢，还是真的被人收养了呢？此时世界上仿佛只有他们父子两个人，失去佛生，他便彻底陷入了孤独。

---

① 《文天祥全集》卷十四《指南后录·来平馆》。

九月十八日路过平原（今属山东）。唐玄宗天宝年间，这里曾发生过颜氏兄弟抗击安禄山叛乱的战事。当年安禄山率叛军一路杀往长安，企图推翻唐朝，平原太守颜正卿和常山太守颜杲卿奋起阻击。颜杲卿城破被俘，仍痛骂逆贼不止，被安禄山残酷地钩掉舌头杀害。颜正卿后来遭奸臣卢杞忌恨，派去晓谕叛将李希烈被杀。想起这段历史，文天祥写诗赞颂了颜氏兄弟的功绩，为颜正卿的坎坷遭际鸣不平，最后以“公死于今六百年，忠精赫赫雷行天”[①]作结，表达了自己追崇他们杀身成仁的不二心志。

《六歌》之五：

有妾有妾今何如？大者手将玉蟾蜍，次者亲抱汗血驹。晨妆靓服临西湖，英英雁落飘璠琚。风花飞坠鸟呜呼，金茎沆瀣浮汙渠。天摧地裂龙凤殂，美人尘土何代无？呜呼五歌兮歌郁纡，为尔遡风立斯须。

让文天祥放心不下的还有两位在空坑被俘的爱妾。当年她们曾陪着文天祥游览西子湖，靓妆手挽环娘，璠英怀抱佛生，美服飘飘歌声悠悠，那情景是多么动人。这一切都随着国家的毁灭，如风吹花坠落入污泥浊水，成为美好又痛苦的追忆。当马车在荒漠的役途中停下歇脚的片刻，他迎着寒风伫立，为她们祈福，追悼与她们共度的美好时光。

又上路了。在摇晃颠簸的马车上，活跃在他心中的却又是诸葛亮、刘琨、祖逖、颜杲卿、许远这些忠勇节义之士。他与他们血脉贯通，与他们对话，吟诵出一首首激昂之诗。他写诸葛亮“至今出师表，读之泪

---

① 《文天祥全集》卷十四《指南后录·平原》。

沾胸”[1]，决心像他那样鞠躬尽瘁，赤心贯苍穹。写刘琨“连踪起幽并，只手扶晋室”[2]，惜他蒙冤而死，赞其百世功名。写颜杲卿“常山义旗奋”，“胡雏一狼狈”，虽被钩舌惨死，而“人世谁不死，公死千万年”[3]。写祖逖“白首起大事，东门长啸儿”[4]，声讨石勒击楫中流，终是豪杰事成，为今古赞叹。写许远和张巡坚守睢阳，“义气震天地”，“百战奋雄姿”，[5] 他们的精神如同东流水生生不息。

《六歌》之二：

有妹有妹家流离，良人去后携诸儿。北风吹沙塞草凄，穷猿惨淡将安归？去年哭母南海湄，三男一女同歔欷，惟汝不在割我肌。汝家零落母不知，母知岂有瞑目时？呜呼再歌兮歌孔悲，鹡鸰在原我何为？

此诗是写给大妹懿孙的。去年为母亲治丧时，文天祥、文璧、文璋和二妹淑孙都在场，唯独缺了大妹懿孙。二次勤王时，大妹拿出所有首饰以供军资，大妹夫孙桌招集义勇收复了龙泉县城，后被亲信出卖押到隆兴杀害。孙桌死后，“妹奉孙氏生母，携子肖翁、约翁及一女，零丁孤苦，客食万里。妹虽患难中，侍养抚教，各尽其所，可谓贤矣”[6]。文天祥为她凄凉的命运痛苦，更为她往后不知在何处安身焦心，却也只能歌悲而无以能助。

① 《文天祥全集》卷十四《指南后录・怀孔明》。
② 《文天祥全集》卷十四《指南后录・刘琨》。
③ 《文天祥全集》卷十四《指南后录・颜杲卿》。
④ 《文天祥全集》卷十四《指南后录・祖逖》。
⑤ 《文天祥全集》卷十四《指南后录・许远》。
⑥ 《文天祥全集》卷十六《集杜诗・长妹》。

文天祥一行夜宿河间（今属河北）时，意外地与家铉翁相遇。他从家铉翁口中得到了大妹文懿孙的消息。三年前，家铉翁作为祈请使到了大都，劝元帝保存赵宋社稷无望，对元廷封官坚拒不就，还几次绝食求死。当得知文懿孙也被押到了大都，他就倾尽囊银赎她出来，打算托人把她送回南方。但事情还没来得及办，他就被送到河间安置，在河间开馆教授《春秋》，讲述宋朝兴亡故事。文天祥与这位患难与共的同僚邂逅，国事家事，议论纵横，公谊私交，尽情倾吐，心中感慨万端，写下《河间》三首相赠。其中一首云："空有丹心贯碧霄，泮冰亡国不崇朝。小臣万死无遗慨，曾见天家十八朝。"[①]赞赏家铉翁的志节，也并作自勉。

《六歌》之六：

> 我生我生何不辰？孤根不识桃李春。天寒日短重愁人，北风随我铁马尘。初怜骨肉钟奇祸，而今骨肉更怜我。汝在北兮婴我怀，我死谁当收我骸。人生百年何丑好？黄粱得丧俱草草。呜呼六歌兮勿复道，出门一笑天地老。

《六歌》的前五首，寄怀活着或可能活着的亲人，这最后一首写给了自己。他自叹生不逢时，由于处世孤直从未过上顺心的日子，反倒给自己和亲人带来了大祸。而今自己被囚北行，虽时时惦着亲人，但无以能助，就连自己死了都不知道谁来收尸骨。人的一生孰好孰孬？荣辱得失都只不过是匆促一梦。不说了，不说了，在大道面前，人世间的喜怒哀乐都没那么重要。

---

① 《文天祥全集》卷十四《指南后录·河间》。

文天祥面对自己，由自身的遭遇悟彻人生时，那吟哦的调子是哀婉沉郁的。当他转过身来，面向社稷、民族乃至今古世事时，他的心性顿时激越向上，天地大开，置身于另一重境界。他写了一首《献州道中》，诗云："十步九崎岖，山水何破碎。坐令管仲小，自觉伯夷隘。"又云："兹游冠平生，天宇更宏大。心与太虚际，目空九围内。"又云："反身以自观，须弥纳一芥。以此处死生，超然万形内。"[①]他坚信自己以身殉道，芥微生命就能得以超然物外，浩然正气就能与世长存。

北行一路是艰难的心路历程。文天祥写下了《六歌》，叹惋妻妾、子女、妹妹及自己在战乱中的惨痛命运，抒发对亲人的真挚关切和痛彻肺腑的悲悯之情。同时写下了许多雄放悲壮的言志诗，这些诗多取典义节之士的英烈事迹，表达了自己不改民族气节、以死报国的坚定信念。这两类情志并举的诗作皆字字血、声声泪，就如同各自独立又相互关联的声部，组成了和谐统一的复调音乐，呈现出一个强大而又柔弱的内心，呈现出一个既有情有义又有血有肉的真实的文天祥。

在河间还有一件有意味的事。据文天祥同代人周密在《癸辛杂识》中记载，河间一家烧饼铺的店主也是南宋遗民，他们一行在店中歇脚时，店主听说客人是名扬南北的文丞相，便殷切地请求他留下墨宝。文天祥欣然题写了四首诗相赠，店主视若拱璧，把它裱好挂在墙上。两年后，一位平江人光顾烧饼铺，看到文天祥的手迹十分喜爱，就与店主交涉，想用两贯元钞换取其中的两幅。店主人笑道："此吾家传至宝也，虽一锭钞一幅，亦不可换。咱们祖上亦是宋民，流落至此。赵家三百年天下，只有这一个官人文丞相前年过此，与我写的。真是宝物，岂可轻易把与人耶？"[②]这个故事留下了不少耐人寻味的信息。

---

① 《文天祥全集》卷十四《指南后录·献州道中》。

② 周密:《癸辛杂识·续集》。

九月二十一日，一行人到达保州（河北保定）。这次没急着走，停留了八天才又上路。三十日凌晨渡白沟河。

白沟河原是北宋时宋与辽的界河。后来金人南下，遂为宋、金界河。北宋末年，宋将张叔夜转战千里勤王，兵败被俘。金朝招降不屈，押至白沟河时，听船夫说此是界河，他即绝食而死。文天祥与张叔夜志节相望，在寒星闪烁的凌晨渡河时，听到同行说起此事，不禁热泪滚滚，得《白沟河》一诗。他在诗中赞颂了张叔夜的奇节，倾告自己从勤王到被押北上的坎坷经历，并告以“我死还在燕，烈烈同肝肠。今我为公哀，后来谁我伤？天地垂日月，斯人未云亡。文武道不坠，我辈终堂堂！”①如此也可告慰先烈了。

至元十六年（1279）十月初一，在晨星疏落野鸡啼叫中渡过琉璃河，临近黄昏过卢沟桥，当晚抵达元大都。于此结束了自广州到大都历时一百五十八天的役途。

① 《文天祥全集》卷十四《指南后录·白沟河》。

第二十一章

金石之性 誓不降元

大都自古称燕，金朝曾在此建都。忽必烈即大汗位后，随政治重心南移中原汉地，下诏改燕京为中都，定为陪都。建立元朝后，又将中都改为大都（突厥语称汗八里，帝都之意），将上都（开平）改作陪都。大都于至元四年（1267）开始破土动工，经过十余年的兴建，文天祥在石嵩的押解下进城时，所经之地但见米市、面市、金银珠宝市、铁器市，还有牛马市、骆驼市及歌台酒馆林林总总，呈现出一派繁华的京城气象。

十月初一当晚，一行人来到京城有名的会同馆，打算在此住下。馆人三句两句一问，却把他们拒之门外，说这里只接待投降的宋官，不留住犯人。费了一番周折，文天祥被安顿在一家小驿馆狭小的偏屋里。

头天晚上，馆人对文天祥爱答不理丢冷脸子，第二天突然来了个大变脸，又是张罗换房间，又是置办美味佳肴，殷勤奉迎好似款待上宾。问馆人原由，说是丞相孛罗吩咐的。这么说，昨晚的闭门羹也是孛罗刻意安排的了？文天祥意识到一场短兵相接又开始了。他拒不领情，不吃美味佳肴、不睡阔房大床，身穿宋朝的衣冠面南而坐，一直坐到天亮。

果然，孛罗有步骤地展开了劝降攻势。

头一个被驱使上阵的是留梦炎。孛罗想得不错，留梦炎与文天祥相似，也是才学拔萃的状元宰相，让他来劝降可谓有榜样作用。岂不知留梦炎是文天祥最不齿的一类，当年文天祥入卫勤王，他勾结陈宜中和黄万石横加阻挠，文天祥到临安后，又被他打发到平江府。留梦炎从来就是个投降派，元军破独松关便私自逃回衢州老家，衢州陷落即向元军投降。文天祥哪有耐心听这种人说道，留梦炎刚一开口，文天祥就劈头盖脸把他臭骂了一通。过后仍不解气，又写《为或人赋》斥讽：

悠悠成败百年中，笑看柯山局未终。
金马胜游成旧雨，铜驼遗恨付西风。
黑头尔自夸江总，冷齿人能说褚公。
龙首黄扉真一梦，梦回何面见江东。[①]

诗中的江总和褚公是什么人？前者是南朝时梁人，曾任梁太子中舍人，陈灭梁他入陈任尚书令，隋灭陈他又到隋朝做官；后者是南朝时齐人，早先娶了宋武帝的女儿，当上尚书右仆射，后来襄助肖道成篡位，当上了尚书令。你留梦炎是个什么玩意儿？不就是这类没有气节的小人吗?！竟还好意思来劝我，看你有何脸面见江东父老。滚！早点滚得远远的去吧！

留梦炎不中用，孛罗又遣赵㬎来劝降。赵㬎在德祐二年（1276）与

① 《文天祥全集》卷十四《指南后录·为或人赋》。

全太后一起被押到大都，去蒙古上都见忽必烈，被削去帝号，封为瀛国公。孛罗以为，赵㬎虽然才九岁，说不出个什么来，但他是你文天祥的故主，你不是个忠臣吗？君臣之道不会不顾吧？好，就叫你的皇帝来劝你，看你怎么办？果然，文天祥一见赵㬎，便将他请于上位，自己面北跪下便拜。但没容赵㬎开口，文天祥便痛哭流涕地连声说：乞回圣驾，乞回圣驾！

乞回圣驾，是让他回住处去呢，还是让他回南方去重建抗元营垒呢？赵㬎茫然不知所以，只有怏怏离去。

南宋叛臣和废帝劝降不成，便升级为元朝的平章政事阿合马上阵了。

阿合马是个回族人，因善于理财被忽必烈重用，此时正权倾朝野，不可一世。他带着一大帮随员呼呼啦啦来到驿馆，进了馆就高踞堂上，喝令传文天祥问话。

文天祥来到堂中，不卑不亢地作了个揖，然后不紧不慢地在对面落座。

阿合马见惯了宋臣低眉下眼的孙子样，像文天祥这般大胆的还是头回遇到，顿时皱眉不快，劈头就问："以我为谁？"

你以为你是谁？文天祥从容应答："适闻人云，宰相来。"

阿合马骤然提高音量，喝问："知为宰相，何以不跪？"

文天祥讥诮一笑，反问道："南朝宰相见北朝宰相，何跪？"

好你个文天祥，你有几个胆子？身为囚徒还敢自称宰相，与自己平起平坐。阿合马强按住怒火，奚落道："你何以至此？"

文天祥自有道理，针锋相对地说："南朝早用我为相，北可不至南，南可不至北。"

阿合马再无高招，只是一味地以势压人，对左右说："此人生死尚由我。”

文天祥早已誓死，以死相胁无异于侮辱，不听此话便罢，听得此话霍地站起身，说：“亡国之人，要杀便杀，道甚由你不由你！”

阿合马一路盛气凌人，企图给文天祥一个下马威，岂料大失所算，文天祥根本不吃这一套，反倒把自己逼上了犄角旮旯。阿合马连劝降的话都没逮到机会讲，就气急败坏地打道回府了。

十月初五，张弘范班师还朝的第二天，便被孛罗、阿合马召去合议对付文天祥的事。两下里议论了文天祥被俘时与到大都后的表现，都认为劝降不可能达到目的。孛罗、阿合马主张改用硬的一手，通过肉体折磨来消解文天祥的意志。当日中午，文天祥就被押至兵马司（今北京东城区府学胡同），套上木枷，捆住双手，投入了土牢。

兵马司是主管巡捕盗贼、拘禁囚犯的部门，把文天祥送到这里，就撕破了面皮，把他实实在在当囚徒对待了。兵马司封存了他带来的衣物钱银，每天只给一钱五分的伙食费。饭要自己做，炉子就搁在枕畔。从老家吉州跟来的张弘毅在附近找了个地方住下，每日办了饭菜送来，都一概被狱吏挡回。条件艰苦还不算，狱吏还呵斥他戴着枷锁灌园，想着法子折腾他。在阴暗寒冷尘土扑扑的土牢里，他身上很快生出虱子，长出了癞疮和痈疽。

文天祥不怕死，甚至盼着早死。但他渴望的是慷慨就义，是轰轰烈烈的死，像这样不死不活被囚在土牢里经受折磨在他看来比死更难受。下到土牢，他写了《己卯十月一日至燕，越五日罹狴犴，有感而赋》组诗，诗中流露出这样的情绪：“黄粱得失俱成幻，五十年前元未生。”又云：“亡国大夫谁为传？只饶野史与人看。”这似乎有些悲观：自己一生的努力都成了黄粱一梦，如今被囚深牢与世隔绝，指望谁来写传呢，自己纵有壮烈之举，恐怕也只能靠野史留诸于世了。

但这种内心的波动并不能左右他的志向。他在组诗的开篇就说："直弦不似曲如钩，自古圣贤多被囚。"次又云："此处曾埋双宝剑，虹光夜指楚天低。"他的人生就是要在毁灭的时候绽放，有什么梦碎不梦碎！这组诗写于入狱最初的一段时光，共十七首，其第十六首写道："久矣忘荣辱，今兹一死生。理明心自裕，神定气还清。欲了男儿事，几无妻子情。出门天宇阔，一笑暮云横。"[①]他仍坚定不移地在云虹境界追盼着天地大节。

被捆手枷颈关了十余日，看看不起作用，只得解开了捆住文天祥双手的绳索。双手刚获自由，他便要来纸墨给文璧写绝笔信。结尾处写道："入幽州，下之狴犴，枷颈锁手，节其饮食，今已二十日。吾舍生取义，无可言者。"[②]

十一月初二，除去颈上木枷，系上铁索。初五，被带到了枢密院。

让文天祥纳闷的是，到了枢密院并无人过问，只空转了一趟便被押回。初六又空转一趟。初七、初八依然如此，一直没跟枢密院官员照面。其中原由，你就琢磨去吧。

这回是孛罗亲自登场了。

到了十一月初九，文天祥被押到枢密院，只见大堂和两庑枪棒森严，杀气腾腾，孛罗高踞大堂正中，张弘范坐次位，两旁列坐院判、院签等枢密院高级官员，极尽威势。

文天祥走到堂中，仍像一个月前见阿合马那样，不卑不亢地作了个长揖，就挺身昂首以待。

堂上一个通事（翻译官）长唤："跪——"

文天祥大声说道："南之揖，即北之跪。吾南人行南礼毕，可赘

① 《文天祥全集》卷十五《吟啸集》。
② 《文天祥全集》卷十七《纪年录·注》。

跪乎？”

这一句话就让孛罗坐不住了。孛罗是什么人？他的祖父与父亲因效忠成吉思汗有功，被擢拔为怯薛，他因此得与忽必烈的儿子多吉一起读书，后成为忽必烈的随身翻译、将军，直到升任丞相。所谓怯薛，是成吉思汗钦点的贴身护卫，多为建国有功的勋贵家族子弟世袭，享有特殊的地位和特权。孛罗自小就养成了盛气凌人的脾性，一个亡国旧臣见自己竟敢不跪，还振振有词，顿时心头上火，喝令左右强迫文天祥下跪。

一班如狼似虎的差役扑上来，有的抓住手，有的按住脚，有的用膝盖顶背，把文天祥强拧成下跪的样子。文天祥索性坐在地上，就是不跪。

文天祥边挣扎，边愤而抗议：“如此是刑法耳，安所谓礼？”

通事传孛罗的话问：“汝有何言？”

文天祥激愤地说：“天下事有兴有废，自古帝王以及将相，灭亡诛戮，何代无之？天祥今日忠于宋氏社稷，以至于此，幸早施行。”

通事又问：“更有何语？止此乎？”

文天祥还是那个话：“我为宋宰相，国亡，职当死！今日拿来，法当死，何复言？”

通事犹豫间刚要开口，孛罗举手制住，问道：“你道有兴有废，且道盘古王到今日，是几帝几王？我不理会得，为我逐一说来。”

天下事有兴有废，说得好，现在要你历数古今帝王，看你能不说到当今帝王元世祖？

文天祥不落圈套，一把挡回，说：“一部十七史，从何处说起？我今日非赴博学鸿词科，不暇泛言！”

自《史记》以降的正史皆汉史，还没有你夷狄什么事。

孛罗见自己的用心被识破，便对文天祥的人格发起攻击，问道："我因兴废，故问及古今帝王。你既不肯说，且道古时，曾有人臣将宗庙、城郭、土地分付与别国人了，又逃走去，有此人否？"

诬我卖国，此话从何谈起？文天祥滔滔驳斥道："谓予前日为宰相，奉国于人，而后去之耶？奉国于人，是卖国之臣也。卖国者，有所利而为之，必不去；去者，必非卖国者也。我前日除宰相不拜，奉使伯颜军前，寻被拘执。已而有贼臣者献国，国亡，我本当死。所以不死者，以度宗皇帝二子在浙东，老母在广，故为去之之图耳。"①

卖国何必逃走，逃走必不卖国。见将不死对手，孛罗转移话题，问道："德祐嗣君，非尔君耶？"

文天祥答："吾君也。"

孛罗讥讽道："弃嗣君别立二王，如何是忠臣？"

孛罗的意思是，君存臣存，君降臣降，方为忠，太皇太后和皇帝都投降了，你却去另立皇帝，岂不是助篡逆臣？

文天祥反驳道："德祐吾君也，不幸而失国。当此之时，社稷为重，君为轻。吾别立君，为宗庙社稷计，所以为忠臣也。从怀，愍而北者非忠，从元帝为忠；从徽、钦而北者非忠，从高宗为忠。"

好一个社稷为重，君为轻！皇帝投降了，为存社稷，为保国体另立国君才是忠。文天祥说的元帝不是忽必烈，而是东晋的开国皇帝司马睿，怀、愍是西晋末年逃跑和降敌的怀帝司马炽和愍帝司马邺。

文天祥的反驳有理有据，孛罗理屈词穷，无言以对。张弘范早就想笑，此时终是忍不住扑哧笑出了声。

见孛罗发窘，一个院判赶紧出来解围，说："晋元帝、宋高宗皆有

---

① 《文天祥全集》卷十七《纪年录》

来历，二王何所受命？”

也许是怕自己的失笑会惹恼孛罗，一直没开口的张弘范也跟着说：“二王是逃走的人，立得不正，是篡也。”

文天祥理直气壮地连珠反诘：“景炎皇帝，乃度宗皇帝长子，德祐皇帝之亲兄，如何是不正？登极于德祐已去天位之后，如何是篡？陈丞相奉二王出宫，具有太皇太后吩咐言语，如何是无所受命？”

“天与之，人与之，虽无传授之命，推戴拥立，亦何不可？”见孛罗等人仍坚持认为立二王不合法，文天祥进一步说，“仁者见之谓之仁，知者见之谓之知，各是其是可也。”

孛罗无言以对，只得另挑话题，说：“你既为丞相，若将三宫走，方是忠臣；不然，引兵出城，与伯颜丞相决胜负，方是忠臣。”

文天祥说：“此说可以责陈丞相，不可以责我。我不曾当国故也。”如不是陈宜中阻挠，定要与你们决一死战。

孛罗已失靶心，胡乱问道：“你立二王，做得甚功劳？”

文天祥说：“国家不幸丧亡，予立君以存宗庙。存一日，则臣子尽一日之责，何功劳之有！”

孛罗已乱了阵脚，却还要问：“既知做不得，何必做？”

文天祥实在不想同他说废话，便说：“人臣事君，如子事父。父不幸有疾，虽明知不可为，岂有不下药之理？尽吾心焉，不可救，则天命也。今日天祥至此，有死而已，何必多言！”

黔驴技穷的孛罗绷不住了，尥蹶子吼道：“你要死，我偏不叫你便死，禁持你！”

文天祥凛然不让，也大声说：“我以义死，禁持何害也！”

孛罗气得简直要爆炸了，他吹胡子瞪眼用蒙语嚷嚷着，或许都是骂人的话，连通事都没翻译。发了一通火，孛罗命狱吏把文天祥押回土牢。

这一场激烈的舌战，被文天祥记载在《纪年录》里，并说明："所记言语，大略如此。当时泛应尚多，不能尽记。"[1]

回到土牢，文天祥写诗一首：

俨然楚君子，一日造王庭。
议论探坚白，精神入汗青。
无书求出狱，有舌到临刑。
宋故忠臣墓，真吾五字铭。

此为组诗《己卯十月一日至燕，越五日罹狴犴，有感而赋》的第十二首。

在狱中，文天祥抱定成仁报国的信仰，一心求死，可以说每天都在盼着就义之时的到来。十一月初十过冬至节，元廷按制在节假日停止用刑，他甚至想，节后就该上刑场了。让他失望的是，节后仍无动静。直到十二月十二日，来了一个叫灵阳子的道士。

灵阳子进了牢房，寒暄几句，便大谈大光明正法。所谓"大光明正法"，是道教龙门派教义，说人的真性原是有一点光明的，人通过炼气修道就能扩充这点光明，使之愈聚愈大，直至积成大光明，得道成仙。说到底，就是要关注生命本身，性命双修，以求返璞归真，长生久视。灵阳子为何此时来谈论长生之道？

灵阳子没有白来。文天祥赠他两首诗。其一《遇灵阳子谈道，赠以诗》有云：

---

① 《文天祥全集》卷十七《纪年录》。

业风吹浩劫，蜗角争浮名。
偶逢大吕翁，如有宿世盟。
相从语寥廓，俯仰万念轻。
天地不知老，日月交其精。
人一阴阳性，本来自长生。
指点虚无间，引我归员明。
一针透顶门，道骨由天成。
我如一逆旅，久欲蹑屩行。
闻师此妙诀，遽庐复何情。①

其二的诗题是《岁祝犁单于，月赤奋若，日焉逢涒滩，遇异人指示以大光明正法，于是死生脱然若遗矣，作五言八句》。诗云：

谁知真患难，忽悟大光明。
日出云俱静，风消水自平。
功名几灭性，忠孝大劳生。
天下唯豪杰，神仙立地成。②

从诗中看，文天祥对灵阳子是很尊重的，说他“指点虚无间，引我归员明”，所谓员明，意即彻悟。而从“业风吹浩劫，蜗角争浮名”、“功名几灭性，忠孝大劳生”这些诗句看，似乎也认同了他讲的这套生命哲学。

①② 《文天祥全集》卷十五《吟啸集》。

而且，这也不纯是一种应酬。也许与外祖父曾珏的影响有关，文天祥很早就与道士、方士多有交往，写过许多参道的诗。在病中他常穿道服、戴道冠静养。有一次病重，梦中被天帝召至天庭，上帝赦免了他，梦醒后大病立愈，写下《病甚，梦召至帝所，获宥，觉而顿愈，遂赋》一诗。另外，他除了自号“文山”外，还自号“三了道人”，意谓儒而大魁，仕而宰相，事君尽忠。后来在狱中写《胡笳曲》十八拍，序文署名浮休道人文山，“浮休道人”显然典出《庄子·刻意》中的“其生若浮，其死若休”，含有此生即休之意。上述都可见道教对文天祥的影响。

然而文天祥对道教的敬畏，是出自程朱理学的道统。理学的集大成者朱熹，以儒家伦理学为核心，糅合佛道及诸子之说，把自然、社会、人生统统融入其体系。他认为“天理”是万古永存的，主张通过“格物”、“正心诚意”的内心修养，恢复人原有的纯善本性，复明天理，而天理的具体体现就是三纲五常。所以文天祥说：“圣贤不语怪，而教人先内后外，未尝非神之意。神虽游于太虚，而考德问业，初无戾于圣贤之言。”又说：“为臣止忠，为子止孝，此其内心，固由然不自己；而况高山仰止，明神在前，则其戒谨恐惧，工力当倍。”[①]这里说的神，即道家诸神。

邓光荐在《文丞相传》中记载：“冬，于狱中遇灵阳子，指示正大光明法。公自谓死生之际，脱然若遗。”然而这种对生死的彻悟和超脱，非但没有动摇文天祥以死报国的信仰，反倒坚定了他杀身成仁的意志。正如他在诗中所云：“莫笑道人空打坐，英雄收敛便神仙。”[②]文天祥还是那个文天祥。

灵阳子为何来谈道？难道这又是孛罗安排的吗？

---

① 《文天祥全集》卷九《龙泉县太霄观梓潼祠记》。

② 《文天祥全集》卷十四《指南后录·遣兴》。

十二月十五日过后，孛罗派来一名令官，问狱官乌马儿，文丞相性犹硬不硬？过了两天，又来了一个令官，对乌马儿说，过几日孛罗要再审文丞相。“南来冠不改，吾且任吾囚。”[①]文天祥就怕孛罗不来，打算这次见了他，要用更辛辣猛烈的话刺激他，把他彻底激怒，以求从速就义。

可时间一天一天过去了，却不见孛罗再来。

到了年底，狱中的囚犯都释放了，乌马儿报告孛罗：“狱囚皆已宽放，唯文丞相一人在狱。”问怎么办，孛罗回答说等上奏元世祖后再说。

孛罗为何不来？你不是问我还硬不硬吗？文天祥以笔作答：“昔人云：‘姜桂之性，到老愈辣。’予亦云：金石之性，要终愈硬，性可改邪？”[②]乌马儿将此话报告了孛罗，他当然不会来自找没趣。

孛罗确也就文天祥之事面奏了忽必烈。近三个月来，他软的硬的文的武的手段都用过了，如宋人郑思肖《文丞相叙》所说：“必欲以术陷之于叛而后已，数使人以术劫刺耳语，公始终一辞曰：‘我决不变也，但求早杀我为上！’贼屡遣旧与公同朝之士，密诱化其心。公曰：‘我惟欲得五事，曰剐，曰斩，曰锯，曰烹，曰投于大水中，惟不自杀耳。’贼又勒太皇传谕，说公降鞑，公亦不听。诸叛臣在北，妒其忠烈，与贼通谋，密设机穽夺其志，公卒不陷彼计，反明以语鞑。众首尽伏其智。”[③]

文天祥就是这样油盐不进、无可救药。留下只能是祸，孛罗主张立即杀了他。

---

① 《文天祥全集》卷十四《指南后录·十二月二十日作》。

② 《文天祥全集》卷十七《纪年录》。

③ 《心史·文丞相叙》。

第二十二章 情天恨海 方寸风云

文天祥听说孛罗还要来审自己，就准备到时候与他死顶，逼他杀了自己。孛罗却改变了主意，决定不用再审就杀了他。但孛罗做不了主。当他上奏到元世祖忽必烈那里，忽必烈不同意，按《宋史·文天祥传》的说法："我世祖皇帝，以天地有容之量，既壮其节，又惜其才。"如此，他还想着文天祥有朝一日为己所用。其他朝中大臣也不同意杀文天祥。留梦炎附和忽必烈说："若杀之，则全彼为万世忠臣。不若活之，徐以术诱其降，庶几郎主可为盛德之主。"[1]张弘范也在病中向元廷表奏："文天祥忠于所事，愿释勿杀。"[2]

张弘范此时已病入膏肓。这位对文天祥敬重有加的对手还朝后，受到忽必烈在内殿为他设宴洗尘的优待，朝廷还安排了系列活动欢庆他凯旋。不幸的是，由于在南方染了疟疾，回到大都他就卧床不起，尽

① 《心史·文丞相叙》。
② 《文天祥全集》卷十七《纪年录》。

管忽必烈口谕御医全力救治，终未能挽救他的性命。临死前，他叫人取出忽必烈赐给他的尚方宝剑和铠甲，抚摸着它们合上了眼睛。终年四十三岁。

既然皇帝不准杀，对文天祥的裁夺就搁置了下来。

囚牢中形影相吊，孤子一身，日长似岁，夜永如年。在苦闷的煎熬中，文天祥决定以诗来抚慰内心，支撑精神，来与敌人作不屈的斗争。至元十七年（1280）元旦过后，他开始大量创作诗歌，并着手编辑《指南后录》和《集杜诗》。

寒冬腊月，风雪吼叫着灌进宽八尺、深三丈二尺的土牢，冻得他直哆嗦。

他思念故国和家乡了，他集杜诗写道："天地西江远，无家问死生。凉风起天末，万里故乡情。"[①]

他也倍加思念战友和亲人。他集杜诗写江万里、张世杰、李庭芝、姜才、陆秀夫、家铉翁；写金应、张云、吕武、巩信、缪朝宗、赵时赏、杜浒、刘沐、张汴、邹沨、肖资；写母亲、舅舅、妻子、儿女、弟弟、妹妹、妹夫。

写母亲诗云："何时太夫人，上天回哀眷？墓久狐兔邻，呜呼泪如霰。"[②]想起母亲葬在惠州的深山里，长与狐兔为邻，不知长弟文璧何时能将母亲遗骨迁回故里，自己身陷万里缧绁中无以作为，只能面朝南方呜咽痛哭。写妻子的诗一发三首，其中一首云："世乱遭飘荡，飞藿共徘徊。十口隔风雪，反畏消息来。"[③]妻子欧阳夫人在空坑与次子佛生、次女柳娘、三女环娘、妾黄氏和颜氏一道被俘，听说被押往北

---

① 《文天祥全集》卷十六《集杜诗·思故乡七首》。

② 《文天祥全集》卷十六《集杜诗·母》。

③ 《文天祥全集》卷十六《集杜诗·妻子》。

方，再无其他消息，每天盼着音讯又怕传来噩耗，人间灾祸有如此凄惨的吗？写两个女儿柳娘、环娘："床前两小女，各在天一涯。所愧为人父，风物长年悲。"[①]两个小女正当父母膝下撒娇的年龄，可现在天各一方，做父亲的非但无法呵护她们，连她们的生死都不知，怎不叫人心如刀绞。长子道生姿性可教，不幸早夭，"大儿聪明到，青岁已摧颓"[②]；次子佛生生有奇缘，听说已死于乱世，"渥洼骐骥儿，众中见毛骨"[③]；大妹懿孙贤惠孝顺，却孤苦漂泊，"近闻韦氏妹，零落依草木"[④]；二妹淑孙自惠州葬母后，再也未见，"天际伤愁别，江山憔悴人"[⑤]。这一字字，一句句，都饱浸血泪，凝结着无限的思念和苦痛。

囚牢里的时光像碾动的磨盘，日日夜夜缓慢而粗粝地碾轧着文天祥的身心。

牢外庭院的墙根和树枝上悄悄萌出了新绿，春天艰难地来临了。

这一天，朝中令官送来了一封信。文天祥展开一看，简直不敢相信自己的眼睛，这封信竟是三年多来杳无音信的女儿柳娘写来的。读了柳娘的信，他才知道妻子欧阳和柳娘、环娘等在空坑被虏后，即被李恒押往元大都，身穿道家衣冠，整日念诵道经，在东宫过着与世隔绝的生活。此前他只听说她们被押送北方，押到哪儿不知道，是死是活也不知道，他甚至以为妻子已罹难，曾写《哭妻文》曰："烈女不嫁二夫，忠臣不事二主，天上地下，惟我与汝。呜呼哀哉！"[⑥]今天突然接到来信，其悲喜交集的情状可想而知。他是多么多么地想见到她们呀。但为何近

---

① 《文天祥全集》卷十六《集杜诗·二女》。
② 《文天祥全集》卷十六《集杜诗·长子》。
③ 《文天祥全集》卷十六《集杜诗·次子》。
④ 《文天祥全集》卷十六《集杜诗·长妹》。
⑤ 《文天祥全集》卷十六《集杜诗·次妹》。
⑥ 《文天祥全集》卷十五《吟啸集·哭妻文》。

在咫尺，却不让她们与自己相见呢？为何不是妻子而是柳娘写这封信呢？从文天祥的反应看，柳娘的信中应该有哀劝之辞。总之，文天祥读过信立时警觉起来。他意识到这又是一个阴谋，意识到元廷想利用亲情来动摇他一死报国的决心。他有感而发，当日就写了一首《得儿女消息》。不同于此前给她们的集杜诗，这首诗没有儿女情长，只有志节的抒发。

故国斜阳草自春，争元作相总成尘。
孔明已负金刀志，元亮犹怜典午身。
肮脏到头方是汉，娉婷更欲向何人？
痴儿莫问今生计，还种来生未了因。[1]

诗的意思是，虽然自己像诸葛亮那样未能扶持刘备（金刀）复兴蜀汉，未能扭转宋朝败势，却仍要像陶渊明（元亮）效忠东晋司马氏（典午）那样，尽忠于赵宋王朝。因此决心抗争到底，没有谁能让自己卑躬屈膝。无辜的可怜的孩子呀，不要再劝父亲了，父亲死志已决，未了的父女缘分还是等到来世接续吧。

“人谁无骨肉？恨与海俱深。”[2]他爱妻子女儿。他太想念她们了。他太想回信了。他也应该回信。但他没有，只写了这首诗。

这是何等痛苦的抉择！但他知道敌人把他们之间的亲情当成了手中的利器，他就是要以对自己的决绝，对自己的毫不留情，挫败敌人的攻击。

他没有给女儿回信，但有许多话要说。听说大妹文懿孙被家铉翁赎

① 《文天祥全集》卷十四《指南后录·得儿女消息》。
② 《文天祥全集》卷十五《吟啸集·感伤》。

出后，流落到大都的一座寺庙里，便给大妹写了一封信，全文如下：

> 收柳女信，痛割肠胃。人谁无妻儿骨肉之情？但今日事到这里，于义当死，乃是命也，奈何奈何！途中有三诗，今录至。言至于此，泪下如雨！
>
> 《邳州哭母小祥》（诗略）
>
> 《过淮》（诗略）
>
> 《乱离歌六首》（诗略）
>
> 一、读此三诗，便见老兄悲痛真切之情。事至于此，为之奈何！兄事只待千二哥至，造物自有安排。
>
> 一、可将此诗呈嫂氏，归之天命。仍语靓妆、琼英，不曾周旋得，毋怨毋怨！徐妳[1]以下，皆可道达吾此意。当此天翻地乱，人人流落，天数，奈何奈何！
>
> 一、可令柳女、环女好做人，爹爹管不得。泪下，哽咽哽咽。
>
> 一、此诗仍可纳之千二哥。
>
> 兄文天祥家书，达百五贤妹[2]

信中表明自己并非丈夫无情，自己对亲人深切的感情和在战火离乱中的思念，在抄录的《乱离歌六首》(《六歌》) 中表达得淋漓尽致，之所以不回信，也没有答应柳女信中劝父求生的请求，是因大义和天命使然，由不得自己，正如所录《过淮》诗中所说："我为纲常谋，有身不得顾。妻兮莫望夫，子兮莫望父。天长与地久，此恨极千古。来生业缘

---

① 徐妳：文天祥家奶妈。

② （明）朱存理：《铁网珊瑚》卷四《书品》。

在，骨肉当如故。”这是天命，同时也是家族血脉的定数：“母尝教我忠，我不违母志。及泉会相见，鬼神共欢喜。”信中要大妹把抄录的诗给欧阳夫人看，求得她的理解，并嘱咐柳女、环女好好做人。此外，信中说“仍语靓妆、琼英，不曾周旋得，毋怨毋怨！”这是什么意思？笔者以为南宋的妇女被虏后，很多都被元军将士强占为妾为奴，靓妆和琼英年轻漂亮，当然逃不过此命运。或许她们托信请求文天祥想办法帮助解脱，这当然也是元廷提出的交易，对此文天祥不可能答应，他只能请她们理解，让她们不要心存抱怨。

文天祥写给大妹的这封信，也是写给欧阳夫人、写给女儿的这封信，文懿孙没有收到，而是落到了王积翁手里。在福安降元的王积翁，此时任元朝兵部尚书，也参与了对文天祥诱降的活动，道士灵阳子的身后就有他的影子。几年后他出使日本，因强征使船上的船工哗变被杀，他死后，此信被其子季境在家中的故纸堆里发现，作为珍贵墨宝保存了下来。

在给大妹的信中，所谓“兄事只待千二哥至”，是指自己唯有一死，身后事要交由文璧去办；还说“此诗仍可纳之千二哥”，是说信中的三首诗也像自己其他的散作一样，交由文璧保存。除了自己的归葬和文稿保存外，母亲的灵柩迁回故里、接续宗祠香火等尽孝的大事也都指望文璧操办。自己尽忠，文璧替自己尽孝，是他与文璧形成的默契。所以，他誓死不降，并与降元的宋官水火不容，但从没有因此指责过文璧。相反，倒因为文璧为自己、为家族牺牲了名节而抱有一种同情和谅解。从他的诗中，便可感受到这样的情愫和信任。他在广州与文璧告别后，被押解北上的途中曾写了一首《寄惠州弟》：“五十年兄弟，一朝生别离。雁行长已矣，马足远何之？葬骨知无地，论心更有谁？亲丧君自尽，犹子是吾儿。”[1]所谓“自尽”，即希望文璧能替自己尽到哀痛之情。在大都狱中，也集杜诗写了《弟四首》，其中有“兄弟分离苦，凄凉忆去年”、“百战今谁在，羁栖见汝难”、“忍泪独含情，江湖春欲暮”、“不见江东弟，急难心惘然”[2]等句，表达了手足之情和对弟弟的深切思念。

文天祥有很多事要向文璧交代，盼着能有机会与他见面。巧的是这年春天，文璧奉诏进京觐见元帝忽必烈，于五月间来到大都。文璧以惠州城降元后，曾带着一家人回到吉州老家，后来被元廷召回，任命为少中大夫、惠州路总管兼府尹。

到了大都后，文璧没见到忽必烈。忽必烈按例已去上都避暑，要等到九月才返回。

文璧到达大都的消息通过乌马儿告知了文天祥。文天祥的感情十分复杂，写诗一首："去年别我旋出岭，今年汝来亦至燕。弟兄一囚一乘马，同父同母不同天。可怜骨肉相聚散，人间不满五十年。三仁生死各有意，悠悠白日横苍烟。”[3]弟兄俩而今一个是马上官，一个是阶下囚，已不同道，但文天祥仍念着胞血之情。

对于文璧在大都有未与文天祥见面，除宋末诗人郑思肖写的《文丞相叙》，说他们曾见面外，史传均无记载，后人据此均不采郑思肖所传，或认为他们俩没有见面，或语焉不详。但笔者认为他们不可能没见面。理由之一是所谓正史虽没记载他们见面，但也没有讲他们没有见面；二是元廷既然千方百计诱逼文天祥投降，就绝对不会放过利用文璧进行劝说的机会；三是文璧也不可能不按元廷的指令办，否则此后不会给他封官授爵。所以笔者采信郑思肖所传，文天祥不但与文璧见了面，而且还

---

① 《文天祥全集》卷十五《吟啸集·寄惠州弟》。
② 《文天祥全集》卷十六《集杜诗·弟四首》。
③ 《文天祥全集》卷十五《吟啸集·闻季万至》。季万，文璧字。

与妻儿见了面。郑思肖写道:“贼俾公妻妾子女来，哀哭劝公叛。公曰:‘汝非我妻妾子女也，果曰真我妻妾子女，宁肯叛而从贼耶?’弟璧来，亦如是辞之。”此外还记叙了一个文天祥拒收文璧所送元钞的情节。而邓光荐的《文丞相传》中也有一句“虽示以骨肉而不顾”，可为佐证。

与文璧在狱中相见，不像在广州辞别，那时可以避开话题冲突，而今见文天祥，文璧说什么不说什么不能完全自主，文璧也许不会像元廷指使的那样劝降，但却不得不说明元廷的意图，文天祥也不可能不予坚决的反驳与斥责。正因为如此，文天祥就不便赋诗写文。他要对家族宗祠负责，他不能伤害已为自己和家族作出了太多牺牲的弟弟，不能给弟弟落下的骂名加码。

文天祥的笔下有极强的诗史意识，他是打算将自己的文字传诸后世的。文璧既已降元，文天祥非但不同他决裂，还为宗祠考虑与他保持来往，保持着兄弟情意，这是极其痛苦极其矛盾极其无奈的妥协之举，是他本心极不情愿的，是被他视为污点的。

在写了《闻季万至》、《得儿女消息》之后，文天祥再无与弟与妻的诗作。

文璧到大都见到了文天祥，而且不止一次。除了元廷安排的见面外，以后的见面不会是公开的。于此，文天祥和文璧自己不说，又有谁能知道?

由于忽必烈在上都未归，便让专程来觐见元帝的文璧留在大都等待。

随着时间推移，知道文天祥被囚兵马司的人渐渐多起来。许多敬重文天祥忠肝义胆的北人，纷纷托乌马儿向他求诗求字。也有托张弘毅求诗求字的。文天祥义同伯夷叔齐不食周粟，坚持不吃元朝官饭，只吃张弘毅送的饭，狱吏开始不让送，不让送就绝食，由不得你不妥协。每遇人求诗求字，文天祥皆迅笔书与，从不吝笔。

转眼到了九月初七，这一天是母亲逝世两周年的忌日。父母逝世两周年是大祥之日，“诸子从丧主奉亡者之主诣庙，设于东室，再拜，奉祧主藏于夹室，阖门出，乃撤寝室灵床、灵座”[1]。大祥又叫除灵，除灵后丧礼即告结束。

这天一早，文天祥身穿素缟麻衣，把母亲灵位供于桌几上，奉上供品，痛哭祭拜。他且哭且歌，歌以当哭，歌哭自己身陷牢狱，徒使母坟零落瘴江，“只今谁人守坟墓？零落瘴乡一堆土”；再哭与弟文璧、妹懿孙咫尺千里，却只能各自祭奠，“大儿狼狈勿复道”、“一儿一女家下祭”；再哭母亲忧国忘私，勉励自己抗元御敌，“当年嫠纬意谓何？亲曾抚我夜枕戈”；再哭忠孝不能两全，未尽孝道终生憾痛，“古来全忠不全孝，世事至此甘滂沱”；最后哭慰母亲，说弟文璧会想法把母亲灵柩迎回家乡，也期望自己死后能魂归故里，“二郎已作门户谋，江南葬母麦满舟。不知何日归兄骨，狐死犹应正首丘”。[2]

文天祥且歌且哭，遂成彻心彻肺的长诗《哭母大祥》。

“母尝教我忠，我不违母志。”十月，在入狱一周年之际，文天祥一连写了三首诗，其中写道：“去冬长至前一日，朔廷呼我弗为屈。丈夫开口即见胆，意谓生死在顷刻。”表达了自己必死的决心和坚定的斗志。

虽说文天祥坚信，当忠孝不能两全，应移孝为忠，以大节为要，但“不孝有三，无后为大”（“无后为大”虽可解读为后人不孝为大，然血脉不传仍被视为后人最大的不孝）的阴影仍时时纠缠着他。至元十八年（1281）元旦，在这个除旧迎新、合家团圆的日子，他想起父母，想起两个死去的儿子，想起自己对宗祠的责任，便提笔给嗣子文陞写了一封

---

① 《清通礼》卷五二。

② 《文天祥全集》卷十五《吟啸集·哭母大祥》。

信。此《赐男陞子批》在通行本的《文天祥全集》中未收录，只见之明崇祯四年（1631）《新刻宋文丞相信国公文山先生全集》及清代个别刻本，因其真切阐述孝忠关系及自己态度的文字并不多见，故全文照录：

父兴保、枢密使、都督、信国公批付男陞子：

汝祖革斋以诗礼起门户，吾与汝生父及汝叔同产三人。前辈云：兄弟其初，一人之身也。吾与汝生父俱以科第通显，汝叔亦至簪缨。使家门无虞，骨肉相保，皆奉先人遗体以终于牖下，人生之常也。不幸宋遭阳九，庙社沦亡，吾以备位将相，义不得不殉国；汝生父与汝叔姑全身以全宗祀。惟忠惟孝，各行其志矣。

吾二子，长道生，次佛生。佛生失之乱离，寻闻已矣。道生，汝兄也，以病没于惠之郡治，汝所见也。呜呼，痛哉！吾在潮阳，闻道生之祸，哭于庭，复哭于庙，即作家书报汝生父，以汝为吾嗣。兄弟之子曰犹子。吾子必汝，义之所出，心之所安，祖宗之所享，鬼神之所依也。及吾陷败，居北营中，汝生父书自惠阳来，曰："陞子宜为嗣，谨奉潮阳之命。"及来广州为死别，复申斯言。传云：不孝，"无后为大"。吾虽子于世，然吾革斋之子，汝革斋之孙，吾得汝为嗣，不为无后矣。吾委身社稷，而复不孝之责，赖有此耳。

汝性质闿爽，志气不暴，必能学问世吾家。吾为汝父，不得面日训汝诲汝。汝于"六经"，其专治《春秋》。观圣人笔削褒贬、轻重内外，而得其说，以为立身行己之本。识圣人之志，则能继吾志矣。吾网中之人，引决无路，今不知死何日耳。《礼》："狐死正丘首。"吾虽死万里之外，岂顷刻而忘南向哉！吾一念已注于汝，死有神明，厥为汝歆。仁人之事亲也，事死如事生，事亡如事存，汝念之哉！岁辛巳元日书于燕狱中。

文天祥在信中陈述了立文陞为嗣的情与理，要求他以学问传家，专攻《春秋》，作立身之本，以继承自己的遗志。闲来无事，文天祥把此信又抄录了几遍，由求字求文的人带到狱外，在北人间被争相传阅。

至元十八年（1281）春天，忽必烈在宴殿召见了文璧，封他为临江路总管兼府尹。忽必烈在上都时，广东宣慰使、右丞相帖木儿不花曾去向他奏报文璧抵京的事，还特意说了一句："此人是文天祥弟。"忽必烈对文丞相耳熟能详，却不知文天祥是谁，便问："哪个文天祥？"孛罗答曰："即文丞相。"忽必烈恍悟，叹息了好一阵，点头说："是好人也。"遂又询问文璧的情况。帖木儿不花奏曰："是将惠州城子归附的。"忽必烈又点头，说："此人是孝顺我的。"他是去年秋季回大都的，不知为何过了那么久才召见文璧。

觐见了元帝，封了官，在大都逗留近一年的文璧就要回江西临江路上任了。他到狱中与哥哥告别。感慨之余，文天祥交代了迎母亲灵柩归葬、自己的后事等一干事宜，文璧一一应诺。哭别时，文璧拿出四百贯元朝宝钞，要哥哥改善伙食，买些衣物用品。文天祥问这些元钞的来路，文璧不敢说这是元廷授爵所赏，只如实说是元廷赏的。文天祥双手一推，说："此逆物也，我不受！"[①]文璧只得收起元钞，赧然退出牢房。

文璧离开后，文天祥犹感对自己的身后事交代得不细，又写了一信。"潭庐之西坑有一地，已印元渭阳所献月形下角。穴地浅露非其正，其右山上有穴，可买以藏我。如骨不可归，招魂以封之。陞子嗣续，吾

---

① 郑思肖：《文丞相叙》。

死奚憾。女弟一家流落在此，可为悲痛。吾弟同气取之，名正言顺，宜极力出之。自广达建康，日与中甫邓先生居，具知吾心事，吾铭当以属之。若时未可出，则姑藏之将来。文山宜作一寺，我庙于其中。”[1]信中指明自己死后归葬的山穴，请邓光荐撰写墓志铭，在文山建祠堂作为祭祀自己的场所。信中并要求文璧尽全力把大妹懿孙一家带出大都，带回家乡。

此时小弟文璋受任同知南恩路总管府事，文天祥又写一信同他诀别。信中说：“我以忠死，仲以孝仕，季也其隐。隐当若何？山中读书可矣，其它日，为管宁，为陶潜，使千载以下，以是称吾三人。”[2]劝文璋不仕元朝，像历史上的重节名士那样隐居读书。

文天祥又把入狱后编定的诗文五卷整理好，与书信打成一个包裹。这五卷诗文为《集杜诗》二百首一卷；《指南录》四卷，其中“使北营，留北关外为一卷；发北关外，历吴门、毗陵（常州）、渡瓜洲，复还京口，为一卷；脱京口，趋真州、扬州、高邮、泰州、通州，为一卷；自海道至永嘉，来三山为一卷”[3]。

包裹里还有一个小布袋，内有一束从他头上剪下的头发，以示永诀。

包裹托张弘毅带出牢房，交给了文璧。

对哥哥忠心不贰的文璧南归后，果奉祖事亲，竭尽孝道，不负哥哥的重托。为把母亲灵柩迎奉归葬，他一直在寻找机会，但由于广东匪攘道梗，直到至元二十年（1283）八月才得以派了一个叫林端荣的旧属去河源办此事。不料护柩至循州时，林端荣暴病而死。次年夏又派孙礼到循州迎归。灵柩至值夏江口时，文璧和懿孙一同哭迎，启棺改殓，一路

① 《文天祥全集》卷十七《纪年录·注》。
② 《永乐大典》卷 14544 引刘将孙《养吾斋集》。
③ 《文天祥全集》卷十三《指南录·后序》。

扶柩回到富川，安葬于淳化乡靖居里三采之原。除了把懿孙一家带回家乡，他又终身供养孤寡的二妹淑孙，命文陞万里迢迢去大都接回了养母欧阳夫人，终老故里。同时，他还收回了被元朝没收的田产，设法买回被没收的祖传老屋，建立家庙，祭祀历代祖先。他当然也妥为迎葬了文天祥的遗骨，完成了在文山买田建祠的任务，并将文天祥交给的诗稿及多方收集的散存遗稿整理刊行，传诸后世。

文璋也听从大哥的劝告，辞官归隐，读书终老。

文璧和懿孙南归后，元廷仍未放弃劝降的努力，而文天祥的表现更加决绝、激烈。

郑思肖描述道:“公竟如风狂(疯狂)状，言语更烈，一见鞑之酋长，必大叱曰:‘去!’有南人往谒，公问:‘汝来何以?’曰:‘来求北地勾当。’公即大叱之曰:‘去!’是人数日复来谒，已忘其人曾来，复问曰:‘汝来何以?’是人晓公意恶鞑贼，绐对曰:‘特来见公，徐无他焉。’公意则喜笑，垂问如旧亲识。他日，是人复来，公又忘之矣。”

对文天祥的这种表现，“叛臣留梦炎等皆骂曰‘风(疯)汉’，北人皆曰‘铁汉’”。

郑思肖又写道:“千百人曲说其降，公但曰:‘我不晓降之事。’虏酋曰:‘足跪于地则曰降。’公曰:‘我素不能跪，但能坐也。’贼曰:‘跪后受爵禄，富贵之荣，岂不可乐，何以自取忧苦?’公曰:‘既为大宋丞相，宁复效汝贼辈带牌而为犬耶?’或强以虏笠覆公顶上，则取而溺之，曰:‘此浊器也!’”[1]

文天祥也曾在诗中用元官佩戴的虎牌毡笠贬损过唆都。他对侵灭祖国的元朝官吏已到了恶其余胥的地步。

① 郑思肖:《心史·文丞相叙》。

第二十三章 缘情抒史 长歌正气

在漫长的牢狱生活中，如果没有劝降的人、慕名探访的人和求诗求字的人登门，文天祥就像参禅入定的僧人，终日冥然独坐，沉默不语。但在宁静的外表下，他的内心却是风暴迭起一刻不息。他时时都在奋争、怀想、痛责、哀诉。他把这一切凝血成诗。

入狱不久，他即一气集杜诗二百首。

所谓集杜诗，就是依自己的处境和情感意绪，采杜甫诗句重新组合，创出合仄押韵的绝句新章，冠以小序，生发出新的意境和蕴涵。如《误国权臣》，小序曰："似道丧邦之政，不一而足。其羁虏使，开边衅，则兵连祸结之始也。哀哉。"诗为五言二韵："苍生倚大臣，北风破南极。开边一何多，至死难塞责。"四句诗分别注明出自杜甫的《送韦中丞之晋》、《北风》、《前出塞》、《吴侍御江上宅》四首诗。这种集句成诗的创作手法由来已久，明代学者徐师曾说："集句诗者，杂集古句以成诗也。

自晋以来有之，至宋王安石尤长于此。”[1]然而专集杜诗，也只有北宋诗人孔平仲尝试过。

文天祥早期诗作多酬唱赠答，或吟咏闲愁，或表达隐逸意趣，“大抵《指南录》以前之作，气息近江湖”。[2]这也反映出当时的文学氛围。南宋末期的诗歌，一方面受理学影响，以义理为正，摒弃文采，导致精神自抑，情感苍白；另一方面，因国衰敛情约性，抒山水闲情，写民俗风习日常情趣，及投谒应酬的所谓“江湖体”风行，致使“精泊沦亡，气局荒靡，澌焉如弱卉之泛绪风”[3]。诗歌创作在整体上滑向了低谷。

然而，正如文天祥所主张的：“诗所以发性情之和也，性情未发，诗为无声；性情既发，诗为有声。闷之无声，诗之精；宣于有声，诗之迹。”[4]自元军大举南侵，家国危亡之际，诗人的爱国忧患和悲苦思情在绝望中被极大地激发出来，其诗作的视野、感情和风格的格局豁然大开，崛然飙入一个全新的境界。尤其是身陷敌营、沦入流离颠沛，诗人更是直通杜甫的精神气脉，自宗杜甫在离乱中痛抒国破家亡的史笔，以雄阔慷慨而又悲凉苍茫的抒发，记录下了天崩地裂的惨痛时事和自己的血泪心史。

至元十七年（1280）八月十五中秋节这天，乌马儿带了一个人来。此人叫汪元量，字大有，号水云，亦自号水云子、楚狂、江南倦客，钱塘人。汪元量精于写诗填词，琴艺更是卓尔不群，曾是宫中侍奉谢太后和王昭仪的琴师。临安沦陷后，他携琴随三宫入燕。忽必烈惜他才华，让他做官，他不从，赐为黄冠道士。

---

① （明）徐师曾：《文体明辨细说》，见《历代文话》。

② 梁昆：《宋诗派别论》。

③ （明）宋濂：《文献集序》，附黄溍《文献集》卷首，文渊阁四库全书本。

④ 《文天祥全集》卷九《罗主簿一鹗诗序》。

进了牢房，一副羽扇纶巾模样的汪元量作揖行礼，作了自我介绍，说久仰文天祥的名节和诗文，特来谒见请教。文天祥也以礼相敬，说也曾拜读过先生的诗词，但觉风骨凛然，只恨无缘交往。汪元量遂从袖中取出一卷诗作，请文天祥指教。

汪元量的这卷诗也是效仿杜甫的诗史笔法，记述亡国之戚，去国之苦，其风格微而显，隐而彰，哀而不怨，唏嘘而悲。文天祥粗略浏览，见汪元量与自己意趣相投，便与他探讨起创作的体会。

文天祥为汪元量诵读了不久前写的一首《读杜诗》。

平生踪迹只奔波，偏是文章被折磨。
耳想杜鹃心事苦，眼看胡马泪痕多。
千年夔峡有诗在，一夜耒江如酒何！
黄土一丘随处是，故乡归骨任蹉跎。[①]

这是在写杜甫，更是在写自己。自己的坎坷遭际、人格追求和对诗歌的理解，几与杜甫一脉相承，以致感到“凡吾意所欲言者，子美先为代言之”，“但觉为吾诗，忘其为子美诗也”。[②]所以当他在狱中回顾亡国之痛，打算以诗抒怀记史时，干脆就用集杜诗的手法，谱写了一部忠愤交集贬褒肆意的“诗史”。他一共写了二百首，皆五言二韵，汇成一集。在这些诗中，他抨击了贾似道、陈宜中等奸臣专权误国，痛斥了刘整、吕文焕、夏贵等降将卖国求荣，臧否了张世杰、李庭芝等抗元将领的功过得失，颂扬了金应、巩信、赵时赏、杜浒等爱国志士浴血奋战、慷慨殉国的英雄壮举和崇高气节。同时，也记述了自己从举义勤王，到出使

① 《文天祥全集》卷十四《指南后录·读杜诗》。
② 《文天祥全集》卷十六《集杜诗·自序》。

元营、镇江脱险、二次勤王、江西大捷、兵败被俘直至北去入狱的经历，抒发了深重的亡国之痛和黍离之悲。

文天祥在《集杜诗》的自序中说："子美于吾隔数百年，而其言语为吾用，非性情同哉！昔人评杜诗为'诗史'，盖其以咏歌之辞寓记载之实，而抑扬贬褒之意灿然于其中，虽谓之史可也。予所集杜诗，自余颠沛以来，世变人事，盖见于此矣。是非有意于为诗者也。后之良史，尚庶几有考矣。"[①]事实又如何呢？《四库全书》评述此集："每篇之首悉有标目次第，而题下叙次时事，于国家沦丧之由，生平阅历之境，及忠臣义士之周旋患难者，一一详志其实，颠末粲然，不愧史诗之目。"[②]这个评价与文天祥的初衷是吻合的。那么以诗记史的目的又是什么呢？《集杜诗》最后一首的集句为："茫茫天造间，高岸尚为谷。百川日东流，势阅人代速。"以诗记史的目的，就是要激励后人法天不息，奋斗不止。

文天祥告诉汪元量，入狱后的这几个月，自己每日写诗，读诗，接待或应付各方来客，有时也抓住机会向狱吏讲前史忠义传，此外就是静默独坐，在内心与亲朋好友对话，与志士同道对话，与忠义先贤对话，与皇上权臣对话，与奸佞小人对话，与强寇元酋对话。这些对话有时心平气和，有时义愤填膺，有时情深意切，有时枪来剑往，思接千里，上下千年，逼仄的牢房倒也不能完全剥夺他的自由。

说起汪元量的诗，文天祥称赞他的创作风格"风樯阵马，快逸奔放"，问他何以能如此？汪元量说这要得益于像司马迁那样行万里路，为见多识广之故。文天祥叹曰："嗟乎，异哉！"

两人惺惺相惜，谈得十分投机。文天祥将诗留下，说要延日细读。后来他为汪元量的诗卷题跋，为之歌曰："南风之薰兮琴无弦，北风其

① 《文天祥全集》卷十六《集杜诗·自序》。

② 《四库全书总目提要》卷一六四《文信公集杜诗四卷》。

凉兮诗无传。云之汉兮水之囦，佳哉斯人兮水云之仙。”[①]可见评价之高。

聊到近晚，文天祥把话题转到汪元量随身带的琴，说先生诗写得好，听说琴艺更是一绝。汪元量说承蒙丞相垂爱，不妨这就为丞相演奏一曲。说罢，就摆琴演奏一曲《胡笳十八拍》。只见他左手按如入木，右手弹欲断弦，颤动的七根弦上骤起滚滚风涛，激荡起不羁而雄浑的气魄、无法遏制的悲愤和绞肠滴血般的痛楚。文天祥知道这是东汉才女蔡文姬倾诉惨痛身世的泣血之作，感慨汪元量为自己演奏此曲的良苦用心。他俯仰吟咏，击节伴和，深深地沉浸到了旋律的意境之中。

一曲奏罢，文天祥夸赞汪元量弹得出神入化，感人至深。两人遂又聊起《胡笳十八拍》的情感蕴涵和蔡文姬的悲苦命运。汪元量见文天祥对《胡笳十八拍》感同身受，青睐有加，便提议他按《胡笳十八拍》的琴谱写一组诗。文天祥欣然应诺。

等到一个多月后，汪元量再次来狱中探访时，文天祥拿出了组诗《胡笳曲》。这组诗也是集杜诗而成，也是十八拍，每拍八至十四句不等，格律虽与蔡文姬不尽相同，情调却相激。诗中抒发了宋亡及自己被俘后的见闻和思绪感受。如写元军的破坏和杀戮造成的后果：“中天月色好谁看？豺狼塞路人烟绝。”“恸哭秋原何处村？千村万落生荆杞。”“江头宫殿锁千门，千家今有百家存。”“汉家山东二百州，青是烽烟白人骨。”写内心的苦闷：“欲问长安无使来，终日戚戚忍羁旅。”“身欲奋飞病在床，时独看云泪沾臆。”“胡骑长驱五六年，弊裘何啻连百结。”“冬至阳生春又来，口虽吟咏心中哀。”写丧亲之痛：“我已无家寻弟妹，此身那得更无家。”“离别不堪无限意，更为后会知何地。”“自有

① 汪元量:《增订湖山类稿》附录一：文天祥《书汪水云诗后》。

两儿郎，忽在天一方。胡尘暗天道路长，安得送我置汝傍。”“断肠分手各风烟，中间消息两茫然。”[①]尽管《胡笳曲》全诗笼罩着“江风萧萧云拂地，笛声愤怒哀中流”的凄惨悲戚，诗人仍一如既往地心念故国，以“胡雁翅湿高飞难，一箭正坠双飞翼”、“自断此生休问天，看射猛虎终残年”的铿锵诗句，表达了与敌人斗争到底的坚定意志和决心。

读罢《胡笳曲》，汪元量已是泪流满面。文天祥认为有的句子尚不妥帖，又与他切磋推敲了一番。改定后，汪元量说要将此诗珍藏于家，请求文天祥再亲笔录写一份。文天祥当即誊写一遍相赠。

又至近晚，乌马儿催促再三，汪元量方起身。辞别时握着文天祥的手，勉励他尽节，“必以忠孝白天下”，并表明自己“将归死江南”[②]。果然，至元二十五年（1288），年已十八岁的瀛国公赵㬎入吐蕃学佛法，其母全太后入正智寺为尼，王昭仪去世，他侍奉的宋氏遗室已分崩离析，便上书忽必烈请求南归。获准南归后，他组诗社，过潇湘，入蜀川，访旧友，后于钱塘筑“湖山隐处”，行踪飘忽，被时人称为“神仙”，终老山水。他记叙亡国之情的诗集《水云集》，亦被称为“诗史”。

除了《胡笳曲》，汪元量还获赠了文天祥的其他一些诗作。文天祥每日读诗、写诗、编诗，也常抄写自己的旧作，赠送给慕名来求诗求字的人。这些诗作出了监狱，包括北人在内，被人们在私下里争相传诵。有的诗作远传到了南方，被南宋遗民寄以情思，推崇备至，比如《哭母》一诗，有南人按照“及泉会相见，鬼神共欢喜”的诗意，绘出《鬼神欢喜图》，又被大量临摹投赠，以褒扬文天祥的名节。但也有署名文天祥的伪作混杂其中，这些诗作“虽有才学，然怪其笔力不能操予夺之权，气索意沮”，与文天祥忠愤感发的丹心碧血之作气韵殊异，人们“深疑

① 《文天祥全集》卷十四《指南后录·胡笳曲》。
② 《渊颖吴先生集》卷八《续琴操哀江南》。

其语，后乃知叛臣在彼谀虏嫉公，或伪其歌诗，扬北军气焰，眇我朝孤残，怜馀喘不得复生之语，杂播四方，损公壮节”[①]。这种为讨好新主子践踏忠义的伪作不经推敲，一识即破，只能反照出叛臣卑鄙无耻的嘴脸。

汪元量读了从狱中带出的诗，写了一首《读文山诗稿》，曰：“一朝禽瘴海，孤影落穷荒。恨极心难雪，愁浓鬓易霜。燕荆歌易水，苏李泣河梁。读到艰难际，梅花铁石肠。”[②]汪元量极为精准地写出了文天祥被俘后的精神境遇，写出了他诗作中的凛然气节和铮铮铁骨。

其中“恨极心难雪，愁浓鬓易霜”两句，不仅反映出文天祥的苦难内心，也反映出狱中的恶劣处境。

囚室宽仅八尺，深不足三丈，门窗低矮狭窄，终日不见阳光，空气流通不畅。到了夏季，室内闷热难当，暴雨来临更是积水成灾。入狱头一个夏天的五月，一场大雨把牢内变成了泽国。第二年（1281）的五月十七日深夜，又是一场暴雨，积水顷刻间漫过了床榻，文天祥只得起身在水中站着。他大声呼喊狱卒，不知是被风雨遮掩还是装作听不见，狱卒全不理会。黑暗中老鼠从墙根洞穴里逃出来，像鱼一样泼剌乱窜，最终都溺死水中。他在水中站了一夜，天亮后，狱卒才过来开沟排水，积水宛似破塘决堤哗哗奔泻。

积水排走了，午后暑热升腾，蒸笼般的室内弥漫起污浊的水汽、烂泥的土气、炎热的日气、柴灶的火气、腐仓的米气、腥臭的人气、厕所和死鼠的肮脏污秽之气。不要说在这里吃饭睡觉，就是跨进来一步都令人作呕。这让他想到，在如此恶气充塞的环境里生活，不染上疾病才怪，而凭自己的虚弱之躯，却能泰然处之，安然无恙，这是什么原

① 郑思肖：《文丞相叙》。

② 汪元量：《增订湖山类稿》卷三《读文山诗稿》。

因呢？

不仅如此，他自殿试对策时就犯颜直谏，抨击时弊，此后一路忠直为国，守正不阿，上书乞斩董宋臣，乞斩吕师孟，讥刺贾似道，因此受到权贵的打击压制，先后五次被罢官。自外族入侵奋起勤王后，又受到留梦炎、陈宜中和黄万石等人的诬陷阻挠，甚至遭到李庭芝的追杀和张世杰的排挤。至身陷敌营，更是抗辩伯颜，漠视阿术，诗拒张弘范，舌战阿合马和孛罗，因而备受凌辱和牢狱之苦。这期间还经历了镇江走脱，空坑兵溃，五坡岭被俘服毒自杀，目睹厓山宋亡海战，北上绝食与万里行役，家人被俘或死于战乱等种种磨难。

经历了如此令人难以承受难以想象的命运折磨，他非但没有丝毫的动摇，反倒抱定死节报国的信仰，愈加以法天地之不息的精神，“独行其志，坚力直前，百挫而不折，屡踬而愈奋”，依然是大义凛然、岿然不动地挺立于天地之间。

这是为什么？文天祥自问，究竟是什么力量在支撑着自己，鼓舞和激励着自己？

北宋哲学家、理学创始人之一张载说：“太虚者，气之本。气有阴阳，屈伸相感之无穷……阴阳之气，散则万殊，人莫知其一也；合则混然，人不见其殊也。形聚为物，形溃反原。”[①]文天祥完全接受这种气本原之说，早在《御试策一道》中就写道：“臣请溯其本原言之：茫茫堪舆，坱圠无垠，浑浑元气，变化无端。”又说：“臣窃惟天一积气耳，凡日月星辰风雨霜露，皆气之流行而发见者。”[②]他认为宇宙万物的本原是“元气”，世间的一切包括人，都是在气的运行中产生和发见的。

---

① 《正蒙·乾称篇》。

② 《文天祥全集》卷十一《熙明殿进讲义》。

“君子行正气，小人行邪气。”[①]气有正邪之分，东汉哲学家王充的《论衡・无形篇》说：“遭时变化，非天之正气，人所受之真性也。天地不变，日月不易，星辰不没，正也。人受正气，故体不变。”那么人的正气是如何形成的呢？一方面，文天祥认为：“阴阳大化，烟缊磅礴，人得之以生。而变化气质，则在学力。”[②]又说：“养其气质，莫重于习……习于上则上，习于下则下。”[③]另一方面他又认为：“星辰之向背，日月之远近，东西南北天地之气，所受各有深浅……而吉凶寿夭变化交错，正自不等。”[④]就是说正气的形成，以及人心中仁义礼智与禀性刚柔善恶之差异，一是与学习和意志的锤炼有关，二是取决于所受的元气深浅之不同。

而一个人如果有了一身正气，就能够“健顺五常之理”[⑤]，内禀于性，外合于义，至大至刚，循理而动，不为艰难困苦所左右。诚如南宋思想家陈亮所说：“唯中国天地之正气也，天命之所钟也，人心之所会也，百代帝王之所以相承也，岂天地之外夷狄邪气之所可奸哉！”[⑥]

为什么自己能顶住种种挫折和打击，仍矢志不改，仍孜孜以追求人格理想？经过思考，文天祥找到答案了，这就是《孟子・公孙丑上》说的“我善养吾浩然之气”。自己的行为不是出于激昂的血气之勇与一朝之愤，而是这浩然之气，这天地间的正气，让自己抵御了七气的侵扰而辟百病；正是这浩然之气，这天地间的正气，让自己战胜了在官场和国难中遭遇的重重噩运和磨难，保持了士大夫的气节。

悟出了这个道理，文天祥豪情激荡，灵感迸发，诗情在胸中奔突冲

① 《淮南子・铨言训》。
② 《文天祥全集》卷九《送彭叔英序》。
③ 《文天祥全集》卷十《何（田希）程名说》。
④ 《文天祥全集》卷九《赠谈命朱斗南序》。
⑤ 《文天祥全集》卷十《王通孙名说》。
⑥ 《上孝宗皇帝第一书》。

动。他再也按捺不住地翻身跃起，点亮油灯。

可以想象那又是一个夏季闷热的夜晚，此时恰巧一道闪电甩出了一个贯顶霹雳。他抓笔蘸墨，奋笔疾书：

天地有正气，杂然赋流形：
下则为河岳，上则为日星；
于人曰浩然，沛乎塞苍冥。
皇路当清夷，含和吐明庭；
时穷节乃见，一一垂丹青。

正气存在于天地之间，在大千世界乃是日月星辰与山川河岳的精气，在人身上即为充塞天地的“浩然正气”。一个人的浩然正气，在“皇路清夷”的治世，表现为刚正不阿、坚持直道、宁折不弯；在国难当头，元气磅礴凛烈相激的乱世，则表现为生死不顾忠贞不贰的凛然气节。

立时，一位位节义英烈齐集胸中，浩然正气以悬河倒挂之势，以有血有肉的形象跃然纸上：

在齐太史简，在晋董狐笔。
在秦张良椎，在汉苏武节。
为严将军头，为嵇侍中血，
为张睢阳齿，为颜常山舌；
或为辽东帽，清操厉冰雪，
或为出师表，鬼神泣壮烈，
或为渡江楫，慷慨吞胡羯，
或为击贼笏，逆竖头破裂。

十二位忠烈名士，在历史的转折关头，个个是丹心铁骨，浩行壮举。“太史简”是说春秋时齐国太史记下大夫崔杼弑君的史实，被杀后其弟继为太史，仍不畏淫威直书史实，又被崔杼杀害。“董狐笔”为春秋时晋国太史董狐秉笔直书，不计个人安危，在史册上记下权臣赵盾弑君之事。“张良椎”是指秦灭六国，韩国贵族张良为报亡国之仇，募使刺客用百斤大椎伏杀秦始皇，事败刺客被诛。“苏武节”则为西汉苏武出使匈奴被扣，历尽艰辛十九年，在北海持汉节牧羊，誓死不降。“严将军头”是说汉末巴郡(今重庆)太守严颜被张飞生擒，誓死不降，说：“我州但有断头将军，无降将军！”“嵇侍中血”即西晋侍中嵇绍在与叛军作战时以身体掩护惠帝，被乱箭射杀，惠帝命勿洗血衣以存念。“辽东帽”为汉末管宁避乱辽东，汉亡后拒绝为魏文帝和明帝所用，皂帽布裙，安贫讲学，隐居辽东三十年。“出师表”是说诸葛亮领兵伐魏，临行向后主上《出师表》，披肝沥胆，竭尽忠诚。“渡江楫”则是东晋祖逖为收复中原，率军渡江北伐，中流击楫立誓说：“予生不能清中原而后济者，有如此江！”“击贼笏”事出唐德宗时，藩镇朱泚叛唐，段秀实借议事之机，夺人朝笏，边骂边猛击朱泚，尽忠被杀。“张睢阳齿”与“颜常山舌”，即如前所述，在抗击安禄山叛乱中，睢阳守将张巡被俘后，叛军听说他决绝死战咬碎牙齿，以刀抉其口辱之；后者常山太守颜杲卿被俘后大骂安禄山，舌头被钩断仍骂不绝口。这些人物有的在文天祥的诗作中反复出现。

正是这些忠义节士身上焕发出来的浩然正气，让他们或直笔青史，或除奸削乱，或舍生守节，或复国定邦，把个人的生死荣辱置之度外。

又是一道闪电伴着霹雷猛然推开暗夜擎天拄地。文天祥凝神片刻，旋又笔走龙蛇：

是气所磅礴，凛烈万古存。
当其贯日月，生死安足论。
地维赖以立，天柱赖以尊。
三纲实系命，道义为之根。

正是这种伟力磅礴凛烈万古的浩然正气，奠定了天地的础柱，维系着纲常道义的命脉。也正是这种清正高洁的浩然正气，鼓舞和激励着自己奉行公道和直道，坚守士大夫的信仰和气节，而今在阴森寂寞污秽腐臭的牢狱除却邪气，高视蓝天白云，从容展读经义典籍，对战胜民族敌人充满了信心：

嗟予遘阳九，隶也实不力。
楚囚缨其冠，传车送穷北。
鼎镬甘如饴，求之不可得。
阴房阒鬼火，春院闷天黑。
牛骥同一皂，鸡栖凤凰食。
一朝蒙雾露，分作沟中瘠。
如此再寒暑，百沴自辟易。
嗟哉沮洳场，为我安乐国。
岂有他缪巧，阴阳不能贼？
顾此耿耿在，仰视浮云白。
悠悠我心悲，苍天曷有极！
哲人日已远，典刑在夙昔。
风檐展书读，古道照颜色。

霹雳轰鸣，闪电炸驰。猛地刹住笔，文天祥犹感精神高爽，体内元气磅沛，澎湃着富贵不能淫，贫贱不能移，威武不能屈的正气伟力。

这首诗就是《正气歌》！

今夜此诗，就是他的那首震古烁今传诵不绝在中国文学史上璀璨夺目的《正气歌》！

此诗词气磅礴、笔势遒劲、格调沉雄、真力弥漫地表达和礼赞了伟大的人格力量和崇高的精神品质，表达和礼赞了高尚的爱国情操和坚贞的民族气节，读之令人荡气回肠，击节叫绝。

如前述《言志》诗一样，有人说此诗受宋诗言理风习的影响，不免有概念化之嫌，胜是胜在思想内容，艺术上则显得粗糙，难有可取之处。对于此说，笔者仍不能苟同。诗的本质在于抒情言志，《正气歌》集中体现了文天祥的这种诗学观，集中体现了他宏衍巨丽、严峻剀切的创作特点。此诗不尚雕饰而大气包举，以血肉生命和痛厄命运融合了情与理，感情真挚而蕴含深厚，义薄云天而韵味无穷，且结构严谨，格律精工，歌之既血气贲张，又抑扬顿挫，极具感染力和冲击力。应该说，这是一首有着诗的真生命的诗篇，不愧为作者的又一代表之作，也不愧为一首千古不朽的诗歌经典。

五月中旬那场大雨过后，连续一个多月都是揭不开的穷阴。终于，在七月初二晚间，憋足了劲的老天又下了一场大暴雨。这场暴雨比上次还要厉害，看文天祥是怎么形容的：“浮云黑如墨，飘风怒如狂。滂沱至夜半，天地为低昂。势如蛟龙出，平陆俄怀襄。初疑倒巫峡，又似翻萧湘。”[①]牢内墙壁多处垮塌，地势低处积水成涝，狱卒把南牢房中无法

① 《文天祥全集》卷十四《指南后录·七月二日大雨歌》。

立足的犯人并到北牢房，继而又转到东厢房。文天祥的单人牢里也淹了水，床铺浮动，土墙摇摇欲倒。尽管如此，尽管外面人声嘈杂，他依然躺在床上鼾睡到天亮。

破败不堪的土牢是无法待了，七月初五，犯人被暂时转移到宫籍监。囚押文天祥的单间像是一个大书房，“明窗净壁，树影横斜”，颇为清幽。可只住了短短六天，又迁回了兵马司。先是独处旧址西侧的一间小屋，这里因地势高燥要凉爽些。不久，土牢经修缮勉强可住了，就又回到原先那间湿闷霉腐的牢房。

此后，直到一年多后慷慨就义，他就一直被囚在这间又暗又湿又脏又臭的牢房里。

从赵昺祥兴二年（1279）十月，到元至元十九年（1282）十二月，文天祥在兵马司被关押了三年有余。在这三年里，他新创作了一百多首诗歌，集杜诗二百首，亲手编定了诗集《指南录》、《指南后录》和《集杜诗》。此外，还自编了《纪年录》，记载了自己从宋理宗端平三年（1236）到元至元十九年（1282）的一生经历。

《指南录》共四卷。卷一所辑为出使元营，与外敌斗争所作。其中《纪事》一首云：“三宫九庙事方危，狼子心肠未可知。若使无人折狂虏，东南那个是男儿？”表达了天降大任，不负大义的坚定意志。卷二是从临安被裹挟北上，到镇江走脱前的心录。中有《无锡》一首写道：“英雄未死心为碎，父老相逢鼻欲辛。夜读程婴存赵事，一回惆怅一沾巾。”表达了对战场失利和恨不英雄的悲愤。卷三的内容是虎口脱险，万死东归的艰难历程。此卷纪实性最强，组诗《脱京口》即用了十五首诗描述了十五难，然而“不是谋归全赵璧，东南那个是男儿？”[①]就是肝

① 《文天祥全集》卷十三《指南录·真州杂赋》。

脑涂地也要拼出一条归路，以图再兴。卷四尽为东归途中和南剑起兵前后的经历和感怀。《指南录》的点题之作《扬子江》，“几日随风北海游，回从扬子大江头”，即见于此卷。

《指南后录》共三卷。卷一又分上下两卷，卷一上以《过零丁洋》冠首，收录了被押海上观厓山海战至被押到广州期间的作品。其中有《二月六日海上大战，国事不济，孤臣天祥坐北舟中向南恸哭，为之诗曰》、《又六噫》、《南海》等篇，抒发了亲历宋亡血泪迸飞的痛苦之情，而《言志》和到广州与张弘范对话所作等几首，以“高人名若浼，烈士死如归”的主题，表达了国虽亡而志节不改的铁石誓言。卷一下是从广州被押往建康，及从建康被押北上之前所作。此辑有对故国的痛悼，有对敌寇的声讨，有对历史和人生的感悟，更有“江山不改人心在，宇宙方来事会长”的长啸，对未来寄以希望。自建康北上，至同年年底在监狱中写的诗，编为第二卷。此卷触景生情，逢事感发，饱蘸痛忧与忠愤，倾诉去国离愁，如：“吴会日已远，回首重悠悠。驰驱梁赵郊，壮士何离忧。”抒写不泯心志，如：“不能裂肝脑，直气摩斗牛。但愿光岳合，休明复商周。”[①]卷三所辑诗作，便都是自至元十七年（1280）元旦起，至临刑前的“狱中诗”了。此卷中的八十一首诗作，以《正气歌》为代表，身居囚室，心驰乾坤，“朝登蓬莱门，暮涉芙蓉城。忽复临故国，摇摇我心旌”[②]，用一腔浩然正气彰显了坚贞不屈的斗争精神和民族气节。“北人传好句，大半狱中成。”[③]诗家对此卷的诗作评价极高。

所编《集杜诗》如上所述，皆为入狱之初所作。

---

① 《文天祥全集》卷十四《指南后录·发高邮》。

② 《文天祥全集》卷十四《指南后录·生日》。

③ 邓光荐《哭文丞相》，见《文氏通谱·赞悼丞相诗文》。

留存至今的文天祥诗作共八百三十余首。《指南录》、《指南后录》、《集杜诗》集中了后期创作的精华，加上民间士人将文天祥散传于狱外的作品编辑成《吟啸集》，共有五百七十多首。

这五百余首诗都写于德祐以后。司马迁曾在《报任安书》中写道："文王拘而演《周易》；仲尼厄而作《春秋》；屈原放逐，乃赋《离骚》；左丘失明，厥有《国语》；孙子膑脚，《兵法》修列；不韦迁蜀，世传《吕览》；韩非囚秦，《说难》、《孤愤》；《诗》三百篇，大抵圣贤发愤之所为作也。"文天祥的这些诗，也正是在外族入侵，国家遭遇灭顶之灾，他在奋起勤王及沦为元囚罹遭万劫的惨痛经历中，用燃烧的生命和冲腾的血气，用生命的孤注一掷凝结而成的文学瑰宝。

文天祥自觉以诗记心、记史。而他的诗也忠实地塑造和表现了他以法天地之不息的担当意识和进取精神与困厄和黑暗抗争的光辉形象，歌颂和弘扬了从他生命中迸发出来的伟大民族气节和人格力量。

人即诗，诗即人。在士风衰败的宋末，他是士大夫的良知和情怀最后的持守，是道义暗夜中的一束强光，是世风晦浊中的一株雪莲。他的一生就是一首大诗，追求之诗，搏难之诗，奋争之诗，勇毅之诗，风骨之诗，血性之诗，生死之诗，信仰之诗。

他的一生就是一首慷慨悲壮的《正气歌》。

同时，文天祥的诗作也创造了艺术上的独特价值。明初宋濂指宋末衰敝的文坛："自宝庆之后，文弊滋极，唯陈腐之言是袭，前人未发者则不能起一喙。精魄沦亡，气局荒靡，澌焉如弱卉之泛绪风，文果何在乎？"[①]文天祥看得更远，他说："魏晋以来诗，犹近于三百五篇，至唐法始精，晚唐之后，条贯愈密，而诗愈漓矣。"[②]他推崇被刘勰称为"五

① 宋濂：《文献集序》，附黄溍《文献集》卷首，文渊阁四库全书本。

② 《文天祥全集》卷九《八韵关键序》。

言之冠冕”的十九首五言古诗，“选诗以十九首为正体。晋宋间诗，虽通曰选，而藻丽之习，盖日以新。……惟十九首悠远慷慨，一唱三叹而有遗音。十九首上，有风雅颂四诗。”[1]在文风虚极之时，他坚持《诗经》以来形成的现实主义创作手法，坚持从前人的艺术成就中吸取营养，从现实出发，以强大的情感力量和精神力量，融铸了娴熟精湛的多种修辞手法，写景、咏物、怀古、言志、抒情，创造出雄浑悲壮的意境和宏衍巨丽、严峻剀切的艺术风格，以独特的艺术特征和美学意义，使得南宋末期如同各个历史时期一样拥有了自己的艺术高峰，为中国诗歌史写下了浓墨重彩的一笔。

诚如《四库全书总目提要》所说：“天祥生平大节照耀今古，而著作亦极雄赡，如长江大河浩瀚无际。其廷试对策及上理宗诸书，持论剀直，尤不愧肝胆如铁石之目。故长谷真逸《农田余话》曰：‘宋南渡后，文体破碎，诗体卑弱，惟范石湖、陆放翁为平正。至晦庵诸子，始欲一变时习，模仿古作，故有神头鬼面之论。时人渐染既久，莫之或改。及文天祥留意杜诗，所作顿去当时之凡陋。观《指南前·后录》可见不独忠义贯于一时，亦斯文间气之发见也。’”[2]此说肯定了文天祥在文学史、诗歌史上的地位。

至元十八年（1281）十二月三十日，文天祥迎来了狱中的第三个除夕之夜。青灯孤影，他独自饮下几杯张弘毅送来的宋酒，微醺中研墨沉吟，写下了入狱后的第三首《除夜》：

乾坤空落落，岁月去堂堂。
末路惊风雨，穷边饱雪霜。

---

① 《文天祥全集》卷九《肖焘夫采若集序》。
② 《四库全书总目提要》卷一六四，集部，别集类十七。

命随年欲尽，身与世俱忘。

无复屠苏梦，挑灯夜未央。

他以从容淡定的心情等待甚至是期待着越来越迫近的死期。

第二十四章 成仁取义 柴市赴刑

老鼠和蛇在墙角乱窜，衣服和床铺间爬满了虱子和蚂蚁，还有溲腐污浊令人窒息的空气，这一切都在折磨着文天祥。但对他的健康侵蚀最厉害的，是国家灭亡和与妻子儿女生离死别对内心的蹂躏摧残。被囚的第三年，也即至元十九年（1282），他先后病倒了三回。最严重的一次是在这一年的正月，他的臀部患痈化脓，并伴以高烧，让他领教了从未有过的痛苦。还有，他原本就有的眼疾也持续恶化，视力衰退得厉害，左眼近乎失明。

经受这一切，他都凭着“我善养吾浩然之气”挺了过来，仍坚持每日读书写诗，以诗明志。三月初，在逃到真州六周年之际，他写了一首长诗，其中写道：“地下双气烈，狱中孤愤长。唯存葵藿心，不改铁石肠。”[①]五月二日，四十七岁生日这天，又写了一首长诗，中云：“痛甚衣冠

① 《文天祥全集》卷十四《指南后录·壬午》。

烈，甘于鼎镬烹。死生久已定，宠辱安足惊？”[①]几日后的端午这一天，他又写道：“人命草头露，荣华风过尔。唯有烈士心，不随水俱逝。”[②]

在昏暗的土牢里被囚三年，他没有丝毫改变，而今他仍抱定一个念头，一个企盼，就是行刑的刀斧及早砍到自己的脖子上，他好以一死殉节报国，以轰轰烈烈的死与敌酋做最后的一搏。

为此，他在这年春天写了一首《自赞》。这是一首给自己的赞诗，他要在就义的那一天将它置于衣带间，让它借助生命永诀和热血喷洒的力量向世人宣示自己的心志。

但元廷对他的裁决迟缓徘徊，仍在犹豫之中。

这一年的三月，元廷中发生一桩大事，把持朝中大权二十年之久的阿合马被杀了。忽必烈派和礼霍孙与孛罗合办此案，办案期间和礼霍孙被提拔为中书右丞。此人曾为翰林学士承旨，以品性儒雅为世祖所重，任职翰林时，他就曾建议元朝国子学收录汉官子弟，这回当上丞相，仍不拘蒙汉，好任用有才学的文儒。谁是当今最具才识的汉儒？人们自然会想到文天祥，于是一时间“多以天祥为荐”，朝中对文天祥出仕的议论迅速升温。

入秋，忽必烈从上都回到大都，和礼霍孙向他报告了此情。这正合忽必烈心意，他不仅想用文天祥，而且还要重用文天祥。于是在临朝时，他提出了一个问题，他问群臣：“南北宰相孰贤？”

“北人无如耶律某（耶律楚材），南人无如文天祥！”[③]群臣几乎是异口同声地回答。

耶律楚材是什么人？其人是契丹皇族的后裔，自小博学汉籍，宋

① 《文天祥全集》卷十四《指南后录·生日》。
② 《文天祥全集》卷十四《指南后录·端午》。
③ 胡广：《文丞相传》。

金联合灭辽后，到金朝做官。成吉思汗十年（1215），蒙古军攻陷燕京，成吉思汗听说他才华横溢、满腹经纶，遂向他问治国大计，此后揽为亲用。这位身长八尺的美髯公不负成吉思汗，为蒙古国的发展建立了殊功。成吉思汗曾对自己选定的接班人、他的第三个儿子窝阔台说："此人，天赐我家。尔后军国庶政，当悉委之。"[①]忽必烈对爷爷倚重的这位功臣也十分尊崇。耶律楚材死后，忽必烈遵照他本人遗愿，将他的遗骸迁移到燕京玉泉以东的瓮山，即今天的颐和园万寿山安葬。

群臣将文天祥与耶律楚材相媲美，认为他俩是一南一北最好的宰相，可想文天祥在他们心目中的地位。

忽必烈点头称许。他要的就是这样的回答。

两年多前，孛罗上奏杀文天祥，他不点头，除了政治需要，除了佩服文天祥忠于所事外，更重要的原因是爱慕其才，想着有朝一日能为己所用。他渴慕、需要中原成熟发达的治国文化。实际上，早在宪宗元年（1251），自他受命治理汉地开始，他就热衷于学习汉文化，广交汉儒，任用汉儒整饬地方吏治，想着"大有为于天下"。后来他在汗位争夺中击败弟弟阿里不哥的一个重要原因，就在于他身边有一个庞大的汉人幕僚集团。夺得汗位后，他尊用汉法，不顾蒙古贵族的阻挠，建立了一套以汉王朝为摹本的政治体制，并任用了大批儒臣。忽必烈跟他爷爷成吉思汗一样，也是一位有雄才大略的帝王。

忽必烈一点头，群臣就明白了，皇上不但要起用文天祥，而且将付以大用，有意如舆论所说要让他当宰相。

这对南宋降臣王积翁、谢昌元等人来说无疑是个大好事。他们迫不及待地给文天祥写信，把这个信息告诉了他，希望他能顺应世变，出任

① 《元史》卷一四六《耶律楚材传》。

元廷宰相。

王积翁、谢昌元等人是真心的，他们虽身为降臣，却素敬文天祥的志节和才学，觉得他若被杀实在是可惜。而且，他们不希望降臣和忠烈之间的界线划得那么泾渭分明，如果他们之间的界线是非死即生，那么杀一个忠烈，就等于在他们身上加了一码罪过和耻辱。所以，此前他们就曾与留梦炎、程飞卿等人商议，看是否能向元帝合奏，建议放了文天祥，让他去当黄冠道士。但留梦炎的想法不同，他对王积翁说："文公赣州移檄之志、镇江脱身之心固在也，忽有妄作，我辈何有自解？"[①]嘴上这么说，其实这并非是真正的理由。与王积翁等不同，他与文天祥打交道多年，当年他阻挠文天祥率勤王军进京；次又为避战求和，要文天祥舍近求远援防独松关贻误战机；国难当头，文天祥在前线浴血奋战，他却私自逃回老家终至投降；文天祥被押到大都后，他又第一个被驱遣上阵劝降，被骂得狗血淋头，可以说，他与文天祥是忠奸两端，文天祥的存在就是对他的痛斥和羞辱。他岂能容文天祥在侧？由于留梦炎作梗，奏请文天祥当黄冠道士的事也就作罢。

对王积翁、谢昌元来说，文天祥若真能当宰相就再好不过了。你想，像他这样的人都能改换门庭，他王积翁之辈就更能心安理得地做官了。但王积翁知道文天祥不肯仕元的决心，对此并不抱太大的希望。

果然，文天祥并不领情，他在回信中说：

> 诸君义同鲍叔，而天祥事异管仲。管仲不死，而功名显于天下；天祥不死，而尽弃其平生，遗臭于万年，将焉用之？[②]

---

① 《文天祥全集》卷十七《纪年录》。

② 《文天祥全集》卷十九《附录·丞相传》。

文天祥早已自决为烈士，要把他从另一个世界拉回来是绝不可能了。

此处有必要提一下，在此关节处，《宋史》所述文天祥的答复是："国亡，吾分一死矣。傥缘宽假，得以黄冠归故乡，他日以方外备顾问，可也。若遽官之，非直亡国之大夫不可与图存，举其平生而尽弃之，将焉用我？"无论故意还是误解，这对文天祥都是极大的曲解，诚如《续资治通鉴》对此的评说："按天祥对孛罗之言，唯求早死，岂复有黄冠归故乡之想！论者以为必留梦炎辈忌天祥全节者，因积翁有请释为道士意，遂附会其语以诬天祥耳，今不取。"[①]笔者完全同意其对《宋史》中此节作出的判断。

摆在文天祥面前的，一边是高官厚禄，另一边是刀斧油锅，但选择的主动权却不在元廷一方。文天祥早在三年前就立誓："南来冠不改，吾且任吾囚。"[②]三年前做阶下囚是他自己的选择，而今引颈殉节也是他自己的选择。

王积翁不能不把文天祥的态度禀报给忽必烈。他怕忽必烈一怒之下杀了文天祥，又上奏道："文天祥，宋状元宰相，忠于所事。若释不杀，因而礼待之，亦可为人臣好样子。"

这一次，忽必烈没有应答。沉默了许久，才说："且令千户所好好与茶饭者。"

文天祥却连这个面子都不给。他托人告诉王积翁，也就是告诉忽必烈："吾义不食官廪数年矣，今一日饭于官，果然，吾且不食。"他把官府送来的好饭好菜都拒之门外，只吃张弘毅送的饭食。王积翁能做的是拿出钱物接济文天祥。被羁大都的南宋福王与芮闻之叹曰："我家有此

① 《续资治通鉴》卷一八四《考异》。

② 《文天祥全集》卷十五《吟啸集·十二月二十日作》。

人耶！”[1]也拿出百两银子，托王积翁送给文天祥。

难道文天祥终不能为己所用，只能按他自己的意愿把他杀了？忽必烈的耳旁响起了另一种声音，比如麦术丁坚定的声音。新任中书右丞麦术丁，是个回族人，至元十四年（1277），文天祥率同督府军越过梅岭到江西，大败元军，夺回雩都，继而直捣吉、赣各地，激发各路豪杰，打出了一个“大江以西，有席卷包举之势”时，麦术丁适任江西行中书省左丞。他与文天祥在战场上直接交过手，深知他是个什么样的人，深知他在南宋朝野的影响力。为此，只要说起对文天祥的裁决，他每言必杀，快杀，以绝后患。

虽说文天祥掌握着对自身命运的选择权，但既不自杀，既要借助于敌人的刀斧结束自己的生命，什么时候就义便也由不得自己。文天祥早已对身后事做了安排，在等待就义的日子里，他继续做着这样的准备，完善着每一个细节。

这段时间，他接到大舅曾棐自家乡写来的一封信，他立即写了回信。他在回信中再叙生死志节，“天祥自国难以来，间关兵革，鞠躬尽力，百折而不悔，以致家国俱毙，为之何哉。当仓皇时，仰药不济，以致身落人手，死生竟不自由。及至朔庭，抗辞奉节，留连幽囚，旷阅年岁”。表示自己早死晚死，都将修身以待。此外，把教育文陞的事托付给了大舅，说：“儿子道生，不幸夭折，今立陞侄为子，凡百惟舅公教之悔之，是望。”并就自己的归葬事再做交代，“区区拆骨，已分沟壑，当具衣冠，藏于文山之阳，畴昔舅所指之处也，并哀而窆之”。[2]

这或许是文天祥最后一封书信。麦术丁得知文天祥在狱中写了大量抒发志节的诗文送人，以至“翰墨满燕市”，搞得满城风雨，一怒之下，

① 《文天祥全集》卷十七《纪年录·注》。
② 《文天祥全集》卷十八《拾遗·与方伯公书》。

派人抄没了文天祥的笔墨纸砚，还不够，连书籍和棋具都一掠而空。

杀不杀文天祥？忽必烈的内心和背后一直有两只无形的手在较劲，不相上下。然而，这一年发生的几件事，终于导致了天平失衡。

入冬后的一日早朝，太子真金上奏，要求立即在京师实行戒严，并将瀛国公赵㬎等赵氏宗室迁出大都。为什么？太子随即拿出截获的一份匿名书，文书上说："两卫军尽足办事，丞相可以无虑。"又说："先焚城上苇子，城外举火为应。"群臣闻之大惊。有的说，书中说的丞相莫非是指文天祥？有的说，这通书之人莫非就是薛保住？马上又有人说，莫非这个薛保住在谋划劫狱，欲营救文天祥？想起不久前，报中山府（河北定县）有个叫薛保住的狂人，聚众数千，自称是真宗幼主，声言要来劫取文丞相，群臣都以为两事必有关联。

听了太子的上奏和满朝大臣的惶惶议论，忽必烈不会不想起一位叫妙曦的和尚。这位从福建来的和尚善看星相，这年春天，他曾向忽必烈上言说："十一月，土星犯帝座，疑有变。"[①]当下正逢其时，难道妙曦和尚的谶语真要应验？

这时，麦术丁又站了出来，力奏道：不如就此杀了文天祥，以免后患无穷。

这时，忽必烈也不会不想到阿合马被杀。这年三月，忽必烈与太子去上都，大都由阿合马留守。益都（今属山东）千户王著与高和尚等趁此机会，合谋杀了阿合马。十七日晚，他们窃用皇太子的仪仗，以太子回京与国师做佛事为名潜入大都。入夜，王著传太子将到，命阿合马到宫前迎接。到了宫门前，阿合马出迎，伪太子找碴儿责问阿合马，王著二话不说，挥起藏于袖中的铜锤，上去就把阿合马的脑袋打开了花。王

① 《宋史·文天祥传》。

著在与闻声赶到的卫士的混战中被捕，高和尚在逃亡中也被抓获，均被处死。

闻听阿合马被杀，忽必烈大为震惊。得知枢密副使张易也是幕后推手，他便亲自召见汉儒王思廉，问他：张易谋反，你知道吗？王思廉说不清楚。忽必烈说：造反就是造反，还有什么不清楚的！王思廉说：僭号改元谓之反，亡入他国谓之叛，群居山林贼害民物谓之乱，张易的事，臣实在不清楚。这话忽必烈不爱听，说：朕自即位以来，如李璮之不臣，难道是因为我像汉高帝和赵太祖那样，骤然得帝位吗？王思廉说：陛下神圣天纵，前代之君不足比。忽必烈又问：张易所为，张文谦知道吗？回答说文谦不知。问：你怎么能证明？回答说因为此二人不和。在对王思廉的密询中，忽必烈不但认定张易参与杀阿合马，还怀疑其他汉儒重臣也卷入了阴谋。尤其是他提到李璮反叛蒙古一事，问是否是因为自己骤得帝位，这就明白无误地表明，他怀疑自己称帝的合法性不被承认，怀疑在汉臣中是否涌动着企图推翻他的暗流。

王著杀阿合马，虽说是朝中汉臣与色目人（回族人）之争激化所致，忽必烈却从中看到了汉人的民族向心力，怀疑在这个暴烈事件的背后还藏着更加重大的阴谋。而今面对薛保住聚众举事、图谋劫狱的事，他就不能不备加警觉。

忽必烈于是准奏，下令即日在京师实行戒严，撤城苇，把赵氏宗室迁出大都，迁往上都开平以北地区去。

至于文天祥，他被囚大都已有三年，其间为了使他投降，威逼利诱，动情喻理，软硬兼施用尽了各种办法，但他始终就像一块顽石，没有丝毫动摇的迹象。难道这样的人确如麦术丁所说，留下只是个后患吗？忽必烈仍不死心，他知道他用武力征服了宋朝，却未必能征服亡宋的人心，如果能使文天祥投降，他就能借此彻底征服亡宋的人心。

然而就当此时，杀文天祥的声音又在耳边响起。十二月初七这一天，司天台上奏“三台折”。这非同小可，这又是一个不吉天兆！难道妙曦和尚的谶语真的要应验？难道那个薛保住果然是什么真宗幼主，要劫得文天祥，靠文天祥辅佐改朝换代？

就在十二月初七，忽必烈想到，该是给文天祥作一个决断的时候了。但他仍踌躇不定，昨日还有本朝士子呈上一首诗，开篇即云：“当今不杀文丞相，君义臣忠两得之。”决断之前，他决定亲自出马劝降，最后再做一次努力。

十二月初八，文天祥被召至宫内。到得殿堂，见到忽必烈，文天祥揖而不跪。当初见伯颜、阿术和张弘范不跪，见阿合马和孛罗不跪，而今见忽必烈仍然不跪。这还了得，大殿两侧的侍卫厉声喝跪，文天祥怎么肯跪？他仍是“长揖不拜”。几个侍卫忽地上来，按住文天祥的肢体，强制他下跪，并用金棍击伤他的双膝。但他仍是倔然而立。在他两膝间挺立着的是不屈的意志，是一个民族的尊严和气节。

忽必烈觉得没必要再为此纠缠下去，便让通事传话说：“汝在此久，如能改心易虑，以事亡宋者事我，当令汝中书省一处坐者。”

文天祥站立着回道：“天祥受宋朝三帝厚恩，号称状元宰相，今事二姓，非所愿也。”

忽必烈问：“汝何所愿？”

文天祥从容作答：“宋无不道之君，无可吊之民，不幸母老子弱，权臣误国，用舍失宜，北朝用其叛将叛臣，入其国都，毁其宗社。天祥相宋于再造之时，宋亡，天祥当速死，不当久生。”

忽必烈再使通事传话：“汝不为宰相，则为枢密。”

文天祥立眉道："一死之外，无可为者！"[①]

文天祥当然知道这是他最后一次改变命运的机会，但他毅然决然地彻底关上了生的大门。

忽必烈命文天祥退廷。文天祥刚去，便有廷臣上奏："天祥不愿归附，当如其请，赐之死。"忽必烈仍是犹豫不决。麦术丁急了，趋前力劝道，文天祥在宋人中的号召力，本朝将帅无人能比，而今匪患未绝，如果把他放了，他必回江南，必号召天下，必为国家大患，不如从其所请，以绝祸根。

麦术丁的担忧并非夸辞，宋亡后，南方各地的反元暴动此起彼伏，前有江西都昌白莲教、福建漳州畲族山寨、云南乌蒙彝族部落等起义，文天祥死后第二年，至元二十年（1283）三月，广东新会的林桂芳、赵良玲聚众过万，立"罗平"国，建"延康"年号；九月，广东人欧南喜在清远称王，建元称号，设置官署，众号十万，增城蔡大老、钟大老、唐大老等起兵响应；十月，又有建宁路黄华举事，聚众十余万，军士剪发文身，号"头陀军"，用"洋兴"五年年号。此外，这一年元廷为进攻日本征调繁苛，激起民变多达二百多起。

忽必烈乃千古大雄，他所以不杀文天祥，皆为雄霸天下考虑，而今他别无选择，终于允准了宰执们的奏请。

当晚回到兵马司监狱，文天祥深知大限已到，取出了这年春天就写好的绝笔《自赞》。这首《自赞》因藏在床褥间，幸未被麦术丁派来的人搜走。《自赞》曰：

孔曰成仁，孟曰取义。

① 《文天祥全集》卷十九《附录·文丞相传》。

惟其义尽，所以仁至。
读圣贤书，所学何事？
而今而后，庶几无愧！[1]

此赞足可反照自己的一生，信能为后世认可，带着它慷慨赴刑，应是死而无憾了。

“公之成仁取义，矢志于韦布弦诵之日，非绝笔自赞于衣带之日也。”[2]回望一生，当爱读忠臣传的他，面对乡贤祠供奉着的欧阳修、杨邦乂、胡铨遗像，立下了“殁不俎豆其间，非夫也”的人生信仰，从此便以救社稷、正天下为己任，忧国忧民，法天不息，在官场上坚持真理，激浊扬清，去恶向善，与权奸作坚决的斗争；在外族入侵时忠心报国，赴汤蹈火，以图复兴，被捕后面对刀斧鼎镬仍不屈不挠义无反顾。为了国家、民族的安危和尊严，他甘愿弃荣华富贵如敝屣，历尽千百艰难、困苦、危机和挫厄，始终持志守一，践力践行着自己的人生信仰，追求着大忠伟节的人格理想。他坚持到了最后，他胜利了。现在，他一生最耀眼的时刻就要到来了。

对于死，不要说为了国家和民族的尊严大义凛然赴死，不要说血书青史光照千古的死，就是寻常之死，他也是超然以对的。二十多年前，外祖父曾珏临终时，他向朝廷告假守在床侧，外祖父对他说：“形神合则为人，吾形备久矣。今腰足如断，心火益燥，神且游散。居常谓不识死，死则如是。”又说：“死生如昼夜，不足多憾。”[3]说完，饮三口酒，呼三声“吾真去矣”，安然而逝。他完全赞同外祖父的生死观，认为人是

① 《文天祥全集》卷十七《纪年录》。
② 《庐陵宋丞相信国公文忠烈先生全集》卷首涂宗震《鼎锓文文山先生文集序》。
③ 《文天祥全集》卷十一《义阳逸叟曾公墓志铭》。

由浑浑元气造化而来，“譬之生物，松一类也，竹一本也，或千焉，或万焉，同时而受气也”[1]，人生不过是一股气的聚积，人死不过是复散为气。所以他在给祖父写的墓志铭中说：“阴阳魂魄，升降飞扬，气之适至，虽梦寐莫适为主。公幽明隔呼吸，而从容若此。世间言死者不少，此非尝试事，臆度料想，靡所依据。公去来一息，实天祥所亲见，道之粲然，莫此深切。”[2]

这一夜，他也不会不想到他的对手和敌人，尤其不会不想到他深恶痛绝的误国权奸。他不会不由自己的死想到他们的死。丧师辱国的大奸贾似道是怎么死的？德祐元年（1275），京城学生和朝官把他轰下了台，强烈要求处死他，由于太皇太后竭力庇护，只官降三级，先是命去绍兴为其母守丧，但绍兴闭城以拒；又让去婺州（浙江金华）安置，却被婺州民众赶走；再谪居建宁府（福建建瓯），又因怕这个理学之乡不容而作罢。无奈，最后将他贬为高州团练使。绍兴府县尉郑虎臣自领押解他的差使，押送途中，想着法勒逼折磨他，还命轿夫唱歌嘲骂他，并多次提醒他叫他自杀。到了漳州城南的木棉庵（今福建龙海县境内），贾似道熬不下去了，便服了脑子，就当他腹泻如厕时，早已按捺不住的郑虎臣闯了进去，揪住他的前襟，提起他的身体，往地上猛掼数下，“为天下杀贾似道”。还有那个蓝脸丁大全，他是怎么死的？他被罢相后被流放海岛，路经藤州（今广西藤县）时，亦被押解官毕迁挤入海中溺死。

够了！不管是横死的贾似道和丁大全，还是董宋臣、吕师孟、留梦炎、黄万石、陈宜中、贾庆余之流，这些奸佞小人，这些民族的罪人，这些士子的败类，他们无论是横死暴死还是病死老死，都为人所不齿，都将被钉在历史的耻辱柱上，被唾骂千古，遗臭万年！

---

① 《文天祥全集》卷九《又赠朱斗南序》。
② 《文天祥全集》卷十一《义阳逸叟曾公墓志铭》。

与这些人相比，文天祥如立泰山之巅，北斗之侧。

想到自己渴望已久的死期将至，他心中会涌起奔放的豪情，甚至是幸福的波涛吗？

《论语》曰："志士仁人，无求以害仁，有杀身以成仁。"《孟子》曰："生，我所欲也；义，亦我所欲也。二者不可得兼，舍生而取义者也。"文天祥将以"成仁取义"，以自己的鲜血和生命践行圣贤先师的教诲。对此，他在《自赞》小序中说得真切："吾位居将相，不能救社稷，正天下，军败国辱，为囚虏，其当死久矣。顷被执以来，欲引决而无间。今天与之机，谨南向百拜以死。"

这一夜，他把《自赞》夹系在衣带间，和衣躺在了床上。

文天祥多次求死，多次预感死期已到，但都被它闪过了。而这一次，它应约而至了。

第二天，至元十九年（1282）十二月初九，元廷如临大敌，大都城内戒备森严，一队兵士来到兵马司监狱，在四周布下警戒。监斩官带领行刑队和军乐队随后抵达。文天祥被囚三年多，等的就是这一天。他欣然对狱吏说："吾事了矣！"

宣谕使跨进土牢，向文天祥宣布了死刑。这时，外面金鼓齐鸣，在军乐声中，狱吏脱下文天祥的儒巾，给他戴上了黄冠和枷锁。

文天祥荷枷迈出牢房，上了囚车，走到街上。当年"体貌丰伟，美皙如玉，秀眉而长目，顾盼烨然"的他，已被折磨成一副白发疏落、苍老病弱的模样。但他仪态凛然、从容不迫，浑身上下都透射出士可杀不可辱的浩然正气，透射出富贵不能淫，贫贱不能移，威武不能屈的浩然正气。

文天祥早已为自己拟好了赴刑的长歌。他在萧萧寒风中且歌且行：

昔年猃狁侵荆吴，恃其戎马恣攻屠。
忠臣国士有何辜，举家骨肉遭芟锄。
我宋堂堂大典谟，可怜零落蒙尘污。
二君之海不复都，天潢失散知有无。
衣冠多士沉泥涂，齐民尽陷敌版图。
我为忠烈大丈夫，诗书礼乐圣贤图。
竭心罄力思匡扶，驱驰岭表万里途。
如何天假此强胡，宗庙不辅丹心孤。
英雄丧败气莫苏，痛哀故主双眸枯。
今朝此地丧元颅，英魂直上升天衢。
神光皎赫明金乌，遗骸不惜弃草芜。
谁人酹奠致青刍？仰天长恨伸呜呼！[①]

他怀着对故国和故国君民的深挚感情，抒发着对国家沦丧民生涂炭的悲愤、痛苦和不甘，抒发着忠烈大丈夫以死报国的民族节操和坚定信念。

囚车上的文天祥气宇凛凛，且歌且行。所经之处，街道两旁观者如堵，数以万计，一队队背弓执刀的兵士骑在马上来回奔驰，严加防范。观者看到文天祥的模样，听到他的吟诵，想起他的故事，无不感叹流泪。宣谕使见民心如此，一遍一遍地大声宣说道，文丞相是南朝忠臣，皇帝叫他当宰相，他不做，只能随其所愿，赐他一死，这不是他人可比的。

刑场设在柴市，到达刑场，四周早已密密匝匝聚满了市民。宣谕使

① 《说郛》卷九十七《效颦集·文文山传》。

连忙把沿途说的话又宣叙了几遍。

文天祥站定后，神情自若地问近旁观者，哪是南方？观者告之，文天祥即面南而拜，口中道："我宋列圣在天之灵，愿俾天祥早生中原，遇圣明之主，当剿此胡以伸今日之恨！"①

等文天祥拜毕，宣谕使问他："丞相今有甚言语？回奏尚可免死。"

文天祥断然道："死则死耳，尚何言！"

说罢，便索要纸笔。话音刚落，就有人奉上。文天祥早已成竹在胸，提笔挥就七律二首：

昔年单舸走维扬，万死逃生辅宋皇。
天地不容兴社稷，邦家无主失忠良。
神归嵩岳风雷变，气吞烟云草树荒。
南望九原何处是？尘沙暗淡路茫茫。

衣冠七载混毡裘，憔悴形容似楚囚。
龙驭两宫崖岭月，貔貅万灶海门秋。
天荒地老英雄散，国破家亡事业休。
惟有一灵忠烈气，碧空长共暮云愁。②

国已不存，但一片磁心犹指南方；英雄虽死，而一腔忠烈将与天地同在。

写完，掷笔于地，面南而坐，引颈受刑。时年四十七岁。

元廷主撰的《文天祥传》评说道："观其从容伏质，就死如归，是

①② 《说郛》卷九十七《效颦集·文文山传》。

其所欲有甚于生者，可不谓之仁哉！”

观者里有人哭出了声，继而哭声蔓延到大街小巷。然而不光是悲，还有自豪和欣慰，“南人留燕者，悲歌慷慨相应和，更置酒酹丞相，更相慰贺”[①]。还有钦佩和赞扬，北人写诗颂曰：“元归凛凛有生气，南北人夸姓氏香。”[②]

就当屠刀落下血光飞掠之时，一阵急骤的马蹄声匝地而至。原来是忽必烈急下停刑的诏书送达，但为时已晚，一切都无法挽回。

忽必烈大悔，次日临朝时，他拍腿顿足道：“文丞相，好男子，不肯为吾用。一时轻信人言杀之，诚可惜也！”[③]

邓光荐写的《文丞相传》也记述说，赵与禀与文天祥相邻关押，当时，这位宋宗室、翰林学士“闻门外弓马驰骤声者久之，人竞穴窗窥，乃是出丞相。顷之，又闻驰骑过者。及回，乃闻有旨，教再听圣旨，至则已受刑”[④]。

有人说：“宋之亡，不亡于皋亭之降，而亡于潮阳之执；不亡于厓山之崩，而亡于燕市之戮。”[⑤]文天祥一死，宋才彻底地灭亡了。

文天祥就义这一天，雾霾蔽日，呼啸的大风扬飞沙石，天地一片晦暗，相对咫尺不辨。宫中也是秉烛而行，百官入，也要秉烛前导。元廷绷紧神经，昼夜紧闭城门，派兵士披甲在城墙上和街衢间巡逻，严令街坊不准来往，市民出行不许交谈。

这种天人共生的殊异气氛，极大地激发了人们的情感和想象，于是就演绎出了后续故事。

---

① 《文天祥全集》卷十九《附录·文丞相传》。

② 《元诗选》二集甲集《昭忠逸咏·丞相信国公文天祥》。

③ 《说郛》卷九十七《效颦集·文文山传》。

④ 《文天祥全集》卷十七《纪年录·注》。

⑤ 《宋少保信国公文文山先生全集》卷一六“续辑”黄溍《文丞相祠堂记》。

说是耆山的张真人这时正巧来大都，内心忐忑的忽必烈赶紧把他召入宫中，向他询问这阴晦天气与时事之间到底有着怎样的玄机。

真人点道："此由陛下杀文丞相所致也。文公忠烈之志感通天地，贯彻幽明。及其将死，不胜愤恨，故其忿怒之气充塞天壤间，蟠郁不散，以至日色无光，阴霾昏暗。"

忽必烈叹曰："吾亦悔杀此人，至今伤悼，噬脐无及。朕今以礼祭奠，赠谥厚爵，庶可解其幽明之恨。"

于是下诏令，封了文天祥一大堆头衔，如特进金紫光禄大夫、开府仪同三司检校、太保、中书平章正事、庐陵郡公，并谥号忠武。命王积翁把这些头衔写到神主牌上，洒扫柴市，设置祭坛，命文武官员前往祭祀。

岂料，丞相孛罗首开祭奠时，倏然间狂飙拔地而起，伴着飞沙走石，神主牌被卷到云霄之上，空中传来隐隐雷鸣，如恨怨之声，天色愈加昏暗。

众人个个骇愕万分，不知所措。这时真人又说："文丞相留京七年（德祐皇帝投降七年），念念宋室，罔肯臣服，至死不易其心。今朝廷赠谥，若此必戾其生前之心，故其魂灵震怒，作此暴风，天地益为昏晦。可急易之。"[①]

孛罗不敢怠慢，赶紧叫来王积翁，叫他把神主牌上文天祥的官位改写为"前宋少保，右丞相，信国公"，皆为宋朝所授。

如此再行祭礼。过后，果然风沙平息，天气转晴。

满城的人聚在街头巷尾议论纷纷，说，文丞相连死了都不肯受封号，生前怎么可能投降呢？

---

① 赵弼：《文文山传》。

第二十五章 归骨庐陵 浩气长存

欧阳夫人到大都后，就一直被置留在元廷东宫，整日身穿道服诵念道经。文天祥就义的第二天，十二月初十，欧阳夫人接到了为文天祥收尸的噩耗。欧阳夫人抵达柴市，闻讯赶来的张弘毅已等在那里，还有“江南十义士”也冒着杀头的危险前来相助。

此时小寒刚过，进入一年中最寒冷的日子。文天祥双目紧闭，却颜面如生。欧阳夫人扑到丈夫的遗体上，哭天抢地悲恸不已。伫立在寒风里的张弘毅和江南十义士也早已是涕泗横流、泣不成声。

他们收殓了文天祥的遗体，扶柩暂时葬于都城小南门（今北京宣武门至城西南角之间）外五里的大道旁。葬于此处，是为了“他日归骨便路”，三年多前，文天祥经卢沟桥正是从这里进入大都的。

据《纪年录》壬午注记载，文天祥死后第二年，他的灵柩被运回故里。又过了一年，即至元二十一年（1284），葬于富田东南二十里的鹜湖之原，实现了他“狐死首丘”的愿望。

文天祥的遗骸是张弘毅运回家乡的。张弘毅“潜制一椟，公受刑日，即以藏其首”，他用事先备好的木匣藏起文天祥的头颅，“复访求公之室欧阳氏于俘虏中，俾出焚其尸。先生收拾骸骨，袭以重囊，与先所函椟南归，付公家葬之。”[①] 而文天祥的老友王炎午说，“庐陵张千载心弘毅，自燕山持丞相发与齿归”[②]，说张弘毅带回家乡的只是文天祥的须发、牙齿和指甲。这起码应是他亲耳所闻。

在文天祥灵柩运回吉州时，还发生了一件奇事。这年八月，文璧派林端荣前往广东河源迁回母亲灵柩，林端荣乘船出发，在吉水上遇到一只舱口饰有白布和纸扎马鞭的木篷船，“是日，适与公柩舟会于江浒。人咸惊叹，以为孝念所感，不期而会”[③]。人们借助天造传奇，表达了对英雄毫无保留的敬仰和亲近英雄的愿望。

奇事还不止一桩。据《纪年录》壬午注记载，“世传吉州太（泰）和县赣江滨黄土潭，有神物栖其间。岁亢旱，邑民祈雨泽焉。自公之生，潭沙清浅；公没之岁，潭近居民梦神物归，驺从甚盛，既而睹之，乃公也。既而闻公死”[④]。

文天祥灵柩抵吉州，父老乡亲洒泪酹酒以迎，为其举哀七日。时任临江路总管兼府尹的文璧为哥哥办了丧事。

文天祥殉节后，元朝官府查抄了兵马司土牢和文天祥的富川老家，除一些诗文遗稿外，一无所获。文天祥仕宋时，曾有优厚俸禄，但他极注重操守修行，看淡钱财，每有所得往往是随至随散，接济亲戚朋友和穷人，当在赣州起兵勤王时，更是停止文山的修建，尽以家财捐作军费，所以，不仅狱中的他一贫如洗，即是查抄他富川老宅的元兵，也因

① 《南村辍耕录》卷五《隆友道》。

② 《梅边集·吾汶稿》卷四《望祭文丞相文》。

③④ 《文天祥全集》卷十七《纪年录·注》。

见其家境清俭萧然[1]，不禁肃然起敬。

在狱中收缴的诗文，都上交了朝廷。这些诗文，应该是诗集备份稿、编余稿或抄录后准备送人的笔墨。入狱后编定的《指南录》、《指南后录》、《集杜诗》和《纪年录》等正稿，业已交由每日来送饭的张弘毅带了出去，有的交给了文璧，有的后来由他自己带回庐陵，交给文家。早先，集子中北行前的部分，已陆续抄录给了亲友，如《指南录》就抄录数册，分别交给了文璧、邓光荐等人，在被押解大都前，还曾将《指南后录》第一卷上半卷赠给了惠州教授谢崔老，等等。更早，德祐之前的早期诗文均存放于家乡的亲友处。这些诗文想必都被妥善保存。在大都，为赠友人和求文者手书的众多新旧作品传到了狱外，以致“翰墨满燕市”，也不会在被缴之列。

十二月初十这一天，欧阳夫人收殓文天祥的遗体时，在衣带间发现了血染的绝笔《自赞》。

这首《自赞》，总结了他对人生价值的认识和追求，揭示了他对自己一生一死的评定和无憾。自少时在乡贤祠许下要与先贤比肩并立的宏愿，便心忧天下，纳天地之正气，孜孜以求内圣外王的人格理想，入仕后奉行公道直道，因此屡遭嫉恨，屡被罢官；外族入侵时奋起勤王，两度血火抗元，两度内外受挫；被俘后目睹宋亡，在威逼利诱下，坚不投降、坚不妥协，度过三年黑暗的牢狱生活，最终走上了刑场。

他付出的还不仅是自身的一切乃至生命，他付出得更为彻底。在颠沛流离的战乱中，老母曾德慈在船澳病故；二子六女，长子道生病死惠州，长女定娘、幺女寿娘病死河源，四女监娘和五女奉娘在五坡岭遇难，这五个孩子死时，除道生十二岁外，其余都不足十岁。欧阳夫人及

---

① 《文天祥全集》卷十九《附录一·文丞相传》。

两个女儿被掳往大都，文天祥死后，夫人随公主下嫁驸马高塘王，居大同路丰州（内蒙古呼和浩特东南白塔村）栖真观；次女柳娘随公主下嫁赵王去了沙靖州（或为沙州，今甘肃敦煌）；三女环娘随嫁岐王去了西宁州（青海西宁）。所谓随嫁，就是当作奴婢陪嫁。二妾黄氏、颜氏被押东宫，自文天祥"不曾周旋得"，恐已不情愿地沦为武夫蛮汉的妻妾。次子佛生在空坑被俘，押往隆兴途中被人救出，从小路逃走，被文天祥的好友罗宰收养。

真可谓妻离子散，家破人亡。真可谓鞠躬尽瘁，死而后已。

真可谓："孔曰成仁，孟曰取义。惟其义尽，所以仁至。"

何谓义？"生无以救国难，死犹为厉鬼以击贼，义也！"[①]

何谓仁？"天地生物之心，是之谓仁。"[②]又曰："仁者，天地之元气，古今之人极。其在上，为日月之明，风霆之壮；其在下，为江河之所以长流，山岳之所以长镇；其混然在中，为群臣民物之所赖以长治久安，而在宋之末世，为公之本心。"[③]

真可谓："而今而后，庶几无愧！"

又真可谓："人生自古谁无死，留取丹心照汗青！"

文天祥殉国死节，崇仰和悲痛之情在广阔的大地上蔓延，人们争用写诗词、祭文、传记，出版传播其诗文及祭祀、建祠、立碑等方式，追思颂扬这位伟大的民族英雄和爱国诗人的崇高气节和壮烈人生。

当时尚在大都的汪元量，曾写《妾薄命呈文山道人》、《生挽文丞相》等诗，勉励文天祥尽节，文天祥殉国当日，他似乎松了一口气，即写《文山道人事毕壬午腊月初九日》悼之。继而，他又仿杜甫《同谷七

① 《文天祥全集》卷十三《指南录·后序》。

② 《文天祥全集》卷九《肖氏梅亭记》。

③ 刘定之:《明文在》卷四十八《文山诗史序》。

歌》，作《浮丘道人招魂歌》替文天祥招魂。称文天祥浮丘道人，盖因文天祥写给他的《胡笳曲》自署“浮休道人”。《招魂歌》共九首，第一和第九首写文天祥，二至八首依次写其母、弟、妹、妻、子、女及其诗赋。其第一首云：

有客有客浮丘翁，一生能事今日终。
啮毡雪窖身不容，寸心耿耿摩苍穹。
睢阳临难气塞充，大呼南八男儿忠。
我公就义何从容，名垂竹帛生英雄。①

第九首亦有“忠肝义胆不可状，要与人间留好样”之句。歌诗悲而不绝，愤而不激，便于击节吟唱。

四年前，王炎午得知文天祥被押北上途中绝食求死，写《生祭文丞相文》赞之，在驿站码头到处张贴，当张弘毅把文天祥的须发、牙齿和指甲带回庐陵时，他悲戚面北痛哭，再写《望祭文丞相文》赞之。文中说，文天祥与诸葛亮扶颠持危，同为相国，但文天祥尽节而死；文天祥与张巡倡义举勇，同为死节，但文天祥位至宰相，因而他“名相烈士，合为一传；三千年间，人不两见”，是高于诸葛亮与张巡的千古第一人。祭文以深挚的感情赞颂道：“嗟哉文山，山高水深！难回者天，不负者心。常山之舌，侍中之血；日月韬光，山河改色。生为名臣，没为列星；凛然劲气，为风为霆。”②

邓光荐、谢翱等文天祥挚友和旧部得知文天祥遇难后，都痛心疾首，肝胆俱裂，写诗写文痛悼。谢翱曾追随文天祥倾尽家资充作军费，

①② 《文天祥全集》卷二十《附录》。

在南剑州同督府任咨议参军，他“泪落吴江水，随潮到海回”，写了多首悼诗，其中一首写道：“魂飞万里程，天地隔幽明。死不从公死，生如无此生。丹心浑未化，碧血已生成。无处堪挥泪，吾今变姓名。”[①]未能与公同赴黄泉，既往和余生便形同空壳，生命没有了内容。

在家乡迎归文天祥灵柩，继子文陞便以丧主身份，奉筵设祭，守灵哭吊，置棺占墓，恪尽孝道。至文天祥遗骸于富田鹜湖之原落葬后，他又结庐守墓三年。其间，遵文天祥遗嘱，文陞向邓光荐求写墓志铭。邓光荐在建康病愈后，被张弘范请为次子的教师，他屡乞黄冠，虽未获准，但终被放归。邓光荐以真挚的感情写就铭文，其精辟地概括了文天祥坎坷而光辉的一生，刻画出他的英烈形象、刚正性格和崇高气节。此铭文碑石在1982年重修文天祥墓时曾出土，不慎损为六块，后又埋入地下。根据拓片考校的铭文全录如下：

公高明俊朗，英悟不凡。逾弱冠，即先多士。感激理宗亲擢，不倚势近利，龉龃自弃。故其立朝有本末，谏诤有风烈。治郡持节，廉明有威。及北军渡江，捧勤王诏书，泣数行下。内不谋于亲，外不谋于属，即建旗移檄，以列郡守。举事初，亦冀奉诏书，多足相和应。已而，诸路阒然若不闻。惟天祥独行其志，坚力直前，百挫而不折，屡踬而愈奋。至拘留北营，驱逐北去，犹冒万死南走，蒙疑涉险，寄命顷刻，仅而得达。当是时，其飞潜若龙，其变见若神，南北无不想见其风采。故军日败，国日蹙，而自远归附者日众。从之者亡家、沉族、折首而不悔。虽缘人心思向中国，未忘赵氏，亦由天祥之神气意

① 《晞发遗集》卷上《书文山卷后》。

度，足以兴起动悟之也。天所废兴，智勇为困，而况居乏深谋之客，出无制胜之将，用之行阵，类非素简练之兵，大抵瓦合乌散，常抱空志，赤手举事，上不资籍，旁无犄角，是以先声有余，跳身数遁。盖自江南之衄，麾下单弱，国以疾疫，不能出师矣。不幸被执，仰药不死，久系燕狱不死，徒欲信义于前，自白于天下后世，非有秋毫贪生畏死之意也。虽功业不能以尺寸，而志节昭耀乎终古。南北之人无间识与不识，莫不流涕惊叹，乐道其平生。自古节义之大臣，盖不若是之烈云。因属予铭，时未便，故传是以归之。

至元二十一年甲申阳月吉日，邑人邓光荐著，孤子文陞泣血立石。

除了写悼诗和墓志铭，邓光荐还忠实履行承诺，写了《文丞相传》。这应是继文天祥自传《纪年录》之后有关他的第一部传记。邓光荐早年就与文天祥有诗书交往，文天祥申请承心制被诬，他还曾写信安慰，尤其是两人从广州被一道押至建康，在数月的患难与共中情投意合，加深了感情和了解，文天祥那时便有意让他为自己作传，一路讲述了很多自己的经历和思想，途中绝食又是他亲眼所见，因此他的记述最为真切翔实。可惜，这部传记在乱世中失传，但因《纪年录》写得简略，当时有人为之作注，引用了邓光荐所作《文丞相传》中的许多资料，并注明为“邓传云”，从而一部分得以存世至今。

此外，邓光荐还撰写《文丞相督府忠义传》，追记了四十余位义士追随文天祥抗元的事迹，也算是文天祥之颂歌的和声。

在追丧文天祥期间，文陞还找到了佛生。文陞说，佛生“为儿有巨人志。及成童，双眸炯然，天资俊伟，书过辄成诵，父老畏其岌嶷”[①]。佛生在空坑被俘后，传闻一说他已死，一说被人收养，文天祥曾写一诗遥唤，写一诗痛哭。佛生没有死，在空坑被俘被押往隆兴途中，有人怜他年幼可爱，把他搭救出来，幸被与文天祥有歃血之交的罗宰收养。文陞安葬了继父，获悉佛生还活着，立即到信城罗宰家去寻找。待兄弟俩相见，佛生只是与文陞抱头大哭，悲痛得说不出话来。谁知没过两天，三月初三，佛生突然病死，年仅十八岁。文陞执意要将佛生遗体运归故里，但无奈世道阻塞，只得与罗宰一道，将佛生葬在了离信城七里地的乌湾铺。

作为嗣子，文陞不负文天祥所望，后又为欧阳夫人养老送终。文陞曾哭道:“父骨既归于土，母生而不得养，我则非子。”大德二年（1298），文陞远上大都，找到文天祥的旧婢绿荷等人，打听母亲欧阳夫人的下落。恰好在这年冬天，随公主下嫁去了大同路丰州的夫人不耐北方寒冷，求得公主同意南返，在途经大都时，被文陞迎养在京。文陞侍奉夫人十分尽心，每逢节日，都要置办南方食品，请四邻的老妇过来聚谈。文陞并通过刘牢子找到文天祥的墓地（此说与他“自燕奉柩归故里”之说不合），每年春秋必陪母亲前往酹奠望拜。此时旧墓地立有大小两座僧塔，大塔的石碑上刻有“信公”二字，便是文天祥暂寝之处。大德八年（1304），文陞奉夫人回到庐陵老家。次年二月中旬，夫人得痰疾。二月十九日，婢女见一只香囊破旧，便在洗衣时扔了，夫人发现急忙叫婢女捡回，说:“此伴吾未尝须臾离也，落齿时，得之父母。祭文云:‘烈女不嫁二夫，忠臣不事二主。天上地下，惟吾与汝。’得之丞相。吾死必仍悬吾心前，将以见吾父母，见吾夫于地下，为无愧也。”[②]一囊一文，

---

① 《文氏通谱·文献·宣慰公文辞》文陞《文氏佛生圹志》。

② 《文天祥全集》卷十七《纪年录·注》。

两个信守，一悬胸口，一系心上。就在当日，夫人咳痰而亡。文陞将她葬于富田以南二十里的洞源。

至于文陞自己，他曾辞官不做，直到皇庆元年（1312）才出任集贤直学士。不久病死，元廷追封他为蜀郡侯。

文天祥留下了大量诗文，在他死后不久即被编辑出版，广泛传播。《吟啸集》是其最早面世的诗文集。这是在他殉难后，他被带到狱外的诗文，经民间书坊搜寻编辑，在大都刊行的合集。《吟啸集》收有诗、赋、文、歌约八十首（篇），与他自编的《指南录》、《指南后录》中的诗文多有交叉重复。从集名即可触摸到编者所理解的主题和情感，甚至是出版意图。汪元量《浮丘道人招魂歌》第八首写道："有诗有诗《吟啸集》，纸上飞蛇喷香汁。""我公笔势人莫及，每一呻吟泪痕湿。"[①]他写此诗当在文天祥殉难后不久，由此可推断，《吟啸集》是文天祥最早面世的合集刻本之一，甚至不能排除在他生前就已出版的可能。

最早的文天祥诗文全集，是道体堂刻本，始刊于元贞、大德年间（1295—1307）。

至明初，道体堂刻本"经兵燹不全"，经尹凤歧从内阁得之，又重新编辑刊印。今天所能见到的早期版本，应是以此刻本和道体堂刻本为基础整理增订的明刻本。

笔者手头有一套《文天祥全集》，系据明嘉靖三十九年（1560）张元谕所刻《文山先生文集》的铅字版影印，共二十卷。明代吉水学者罗洪先为此版本作序说："吉安旧刻《文山先生文集》，简帙庞杂，篇句脱误，岁久漫漶，几不可读。中丞德安何公吉阳来抚江右，既出素所养者，布之教令，复表章列郡先哲，以风厉士人。会郡守浦江张公某始

① 《增订湖山类稿》卷三。

至，即举属之。张公手自编辑，厘类剔讹，出羡币，选良梓，刻将半，复致中丞之命于余，俾序所以校刻之意。”可见庐陵郡守张元谕在重刻时，做了许多收集、增补和校勘的工作。

除明初尹凤歧重编的《文山集》十七卷外，在张元谕前后的明刻本还有景泰六年（1455）、嘉靖九年（1530）、嘉靖三十一年（1552）、万历三年（1575）、崇祯三年（1630）等刻本。

到了清代，以明代刻本为底本，经参校增订，不断推出新编版本。《四库全书》等大型典籍也收入了文天祥全集或部分著作。

文天祥的诗文，“大篇短章，宏衍巨丽，严峻剀切，皆惓惓焉”①。而“矫乎如云鸿出之风尘，汛乎如渚鸥之忘机械，凛乎如匣剑之蕴锋芒。至于陈告敷宣，肝胆毕露，旁引广喻，曲尽事情，则又沛乎如长江大河，百折东下，莫有当其腾迅者”②。其大气磅礴、慷慨恣肆的才情和风格，是后世不能不仰学的文学瑰宝。

又有道是：“读其《指南》、《别集》，而知其颠沛牢骚，惟思委身以报国也；读其《吟啸》、《集杜》诸什，而知其号天怆地，悲鬼泣神，伤山河之破碎，而悼身世之飘零也。”③可谓：“读之，使人流涕感奋，可以想见其为人。”④人们通过文天祥的诗文，读他的身世，了解他悲怆的心路，并通过读他的诗文来怀念这位伟大的爱国诗人和民族英雄。

人们更从中感受到了磅沛的浩然正气。诚如明人房安所说，文天祥的诗文，“盖其得天地至大至刚之气”⑤。这至大至刚之气播诸金石，形诸咏歌，而昭若日星，轰若雷霆，“诵其言，想其风旨，真足以寒奸邪

①④　韩雍《襄毅文集》卷十一《文山先生文集序》。
②　罗洪先《念庵罗先生文集》卷十一《重刻文山集序》。
③　《庐陵宋丞相信国公文忠烈先生全集》卷首：文有焕《重刻太祖信国公文集序》。
⑤　《宋少保信国公文文山先生全集》卷十六“续辑”《文山集序》。

之胆，而起吾人凌厉之气”[①]。“历今五百余年，而其遗集流播寰区，令人读之，凛然犹有生气。”[②]

正是这浩然正气，使得“海内五尺童子，闻公名，读公文章，沁心刺骨，赴义成仁之气，不觉油然自生”[③]。

清代进士王雅感叹道：“非天地间之真正气，真文章，而能令千百载下，有如是之仰止者乎？”[④]

明景泰六年（1455），韩雍在陈价刻本的序中说：“今斯集也，传之天下后世之人，争先快睹。”到了道光二十三年（1843），庐陵人邱曰韶写道：“余游衡湘间，属购是集者，所在多人，未能悉应其求。欲重刊焉……因谋于坊友，鸠工镂镌，悉心雠校，逾年告竣。”由此可以想见历朝历代对文天祥著作的刚需，不愧诗文经典。

以至七百多年间一版再版，一印再印，反复刻印达五十多个版本。

文天祥曾期待，他的作品“一联半句，使天下见之，识其为人，即吾死无憾矣”[⑤]。如此，也可告慰他的在天之灵了。

文天祥殉节之后，其旧部和士子百姓纷纷私设祭台，追怀这位民族英雄和爱国诗人的崇高气节和壮烈人生。

谢翱哭祭三台的故事最为典型。

得到文天祥死讯，谢翱自感“死不从公死，生如无此生”，久而弥痛。每到一处，总会想起与文天祥漳水一别的情形，总是要设坛祭拜。路过姑苏时，他哭祭于望夫差之台；到浙东，再哭于越台；至元二十七年（1290），也即文天祥死后的第八年，他到了浙西的桐庐县，又三哭

① 《文天祥全集》卷二〇附录：鄢懋卿《文山先生全集序》。
② 《庐陵宋丞相信国公文忠烈先生全集》卷首：吴铨《文山先生文集序》。
③④ 《宋文丞相文山先生全集》卷首：王雅《重刻文丞相全集序》。
⑤ 《文山先生全集》《指南后录》跋。

于子陵台。

那一天，他与三位朋友雇小船渡富春江，冒雨登上子陵台，在荒亭摆下文天祥的牌位和祭品，然后跪拜恸哭，如此再三。这时有沉沉黑云从西南方压过来，越压越低，几乎贴住林梢，就好似重重挽幛渲染了悲伤的气氛。谢翱和几个朋友一边用竹如意击石打节拍，一边自作楚辞为死者招魂。他们悲切地唱道："魂朝往兮何极？暮归来兮关水黑。化作朱鸟兮，有噣焉食！"[①]他们悲恸不能自已，以致击打得竹石俱碎。

最早为文天祥立祠的是文氏家族和他的故乡。把文天祥遗骨安葬后，文璧即遵照哥哥的狱中遗嘱，在文山之麓道体堂立祠，并购置祭田，供子孙祭祀用度所需。富田的族人也将他祠于文氏祠堂，后又建立了忠烈祠。元至治三年（1323），吉安郡学乡贤祠为他塑像以供奉，又在城南的忠节祠增设了他的塑像。吉安原有欧阳修、杨邦乂、胡铨、周必大、杨万里"四忠一节"，加上文天祥，改称"五忠一节"。

文天祥早年在乡贤祠瞻仰先贤像时，发出的"殁不俎豆其间，非夫也"之誓言，遂得以实现。

对于元廷，文天祥是敌国的烈士，且以铁血大节影响深广，按理是不能允许为他立祠纪念的，然而在战争中粗蛮犷悍的元人，对此却表现出难得的宽容。明人柯暹说："公之祀在京都、郡庠者，创于元，敌国已祀之也。"[②]就是说，不仅是在庐陵故里，就是在京城，在元朝已有祭祀文天祥的场所了。元代文史大家黄溍曾写《文丞相祠堂记》，也可作为旁证。不难想象，在故里与京城之间，也应有文天祥祠，像阴晦夜空的星光，若明若暗地遥相呼应。

柯暹说，文天祥"为宋而殁，宋所当祀。宋亡无祀之者，虽敌国，

① 《晞发集》卷十《登西台恸哭记》。
② 《文氏统谱》卷十三《祠庙志・宋丞相信国公祠堂记》。

表劝忠节，亦所当祀”。到元朝末年，有一个叫郑玉的士子，直接上了一道《为丞相乞立文天祥庙表》，其中说，世祖皇帝忽必烈，为褒扬亡金的忠臣赵悫，曾命翰林学士撰写他的事迹刻在庙中，“盖懿德者，人心之所同好；名节者，国家之所必崇”。他竟有些情绪激昂地说，文天祥“义胆忠肝，照耀日月，清风高节，荡济寰区”，如能蒙皇上降旨，在吉安路立庙致祭，必能使“人心以之而振，世道由是而兴”[①]。

为文天祥建立祠祀，如果说元廷是睁一只眼闭一只眼的话，到了明代，则得到了朝廷的认可与支持。北京府学胡同的文丞相祠，便是在明朝开国不久的明太祖洪武九年（1376），由北平府按察副使刘崧督建的。该祠在囚禁文天祥的土牢上修建，原在顺天府学以西，万历年间迁至府学以东，原祠改为怀忠会馆。至公元1930年，曾按历史资料修缮复原。1979年，被列为北京市文物保护单位，政府拨专款再行加以修复。

笔者曾拜谒过北京的文丞相祠。该祠坐北朝南，两进院，有一前殿和一享殿。举行祭祀的享殿，是一座悬山筒瓦大脊建筑，殿内，文天祥彩塑端坐正中，其仪表堂堂，表情庄肃从容，双目炯炯直视南方，凛凛然透出一身正气。享殿前有一棵古枣树，相传为千年前文天祥被囚时手植，其苍劲虬曲的枝干俯身向南，彰显着“臣心一片磁针石，不指南方誓不休”的意志。前殿陈列着许多文物与资料，其中有毛泽东手书《过零丁洋》复制件。前殿与享殿之间小院的院墙上，录有明代文征明手书《正气歌》的仿刻。大门一侧醒目地挂着爱国主义教育基地、社会大课堂资源单位、中小学课程“教学活动实验基地”等金色牌匾。

明代各地修建了一大批文天祥祠，到了清代，文天祥更是入祀文庙，为他立祠之风不减。明清两代，在文天祥任职和战斗过的地方，都

---

① 《师山遗文》卷三，四库全书本。

建起了文天祥祠。

早在明代万历年间，就有一位叫习孔教的人写道：“先生之忠义，自宋迄今三百余年，其祠而尸祝之者，自京师达于中外，若柴市、真、扬、临安、江淮、岭海之间，且遍天下。先生之精神，上为日星，下为河岳，流行于宇宙，万古不息，风御云流，宜无所不至焉。”①习孔教赐进士出身，曾任翰林院修撰、纂修国史，他应能掌握各地情况，所言应是有根据的，由此可见文祠在当时已然遍及大江南北，以其独有的蕴含，蔚为一道壮阔的人文景观。

与此相应地，围绕遍及大江南北的文天祥祠，历代拜谒者写下了大量的祭文、赞、记、碑铭和诗词。这些充盈着浩然正气、至大至刚、气吞寰宇、诚感千秋等词汇的文字，以真挚崇敬的感情歌诗文天祥身上体现出来的伊（尹）吕（尚）之贤，（伯）夷（叔）齐之贞，程婴之功，屈原之洁，诸葛之忠，终军之锐，苏武之节，范滂之操，越石之壮，祖逖之志，杜甫之心和胡（铨）杨（万里）之气；以真挚崇敬的感情颂扬他将上述人格棱面集于一身，凝聚升华为坚贞不屈的爱国精神和正气伟节的人格境界；以真挚崇敬的感情，表达了对他的无比景仰和深切怀念。

文天祥殉国的第四年，至元二十三年（1286）五月初二，是他的五十诞辰忌日。这一天，邓光荐与王幼孙相约来到富田。文陞迎到村路上，引领他们沿着明山秀水，来到文山之麓的道体堂文天祥祠。

祠堂的题匾为“文山旧隐”四个字。堂内，正中供奉着文天祥画像。邓光荐、王幼孙在铜盆里净手，而后恭恭敬敬地焚香燃烛，顶礼膜拜。

待缓缓抬起头来，邓光荐已是热泪滚滚。他站起身，上前一步，仰

① 《吉安螺山宋文丞相祠志》。

面端详着文天祥像，拜曰：“信国公目煌煌兮疏星晓寒，气英英兮晴雷殷山！头碎柱兮璧完，血化碧兮心丹！”

“孰能使之烈烈？”王幼孙也已是泪眼婆娑，也上前一步，“无愧清气，正气，间气，英气！”

“东南英气萃于其身，其身可死，其神不死。”邓光荐忘情地接道，“呜呼！孰谓斯人不在人世间？”

继而各取一盅酒，酹洒于地，俯身再拜。

拜毕，文陞在堂侧摆好笔砚。王幼孙挥毫写下一幅《过零丁洋》。

接着，邓光荐手书了一幅《正气歌》长卷。书罢，意犹未尽，又展卷吟诵了一遍。

末了长叹道：“自古不朽者有三：维德，维功，维言。今诵正气一歌，其德，其功，其言可以不朽矣！”

附录一 文天祥年谱

宋理宗端平三年丙申（1236） 一岁

五月初二子时生于吉州庐陵县富川镇，取名云孙。

父亲名仪，字士表，学识渊博，人称革斋先生。母亲曾德慈，吉州泰和县梅溪曾珏之女。

是年，蒙古军侵入蜀、汉及江淮地区。

理宗嘉熙元年丁酉（1237） 两岁

长弟文璧出生。其后又两个弟弟、三个妹妹出生，仲弟文霆孙生于理宗嘉熙四年庚子（1240），幼弟文璋生于理宗淳祐九年（1249）己酉。

理宗淳祐元年辛丑（1241） 六岁

开始从父亲文仪读书。次年与文璧同读，自此名师端友，招聘延年。

是年江万里知吉州，创办白鹭洲书院。

理宗宝祐元年癸丑（1253） 十八岁

参加邑校（乡校）帘试，以《中道狂涓，乡原如何》一文名列榜首。

游吉州乡校，见乡贤祠所祀欧阳修、杨邦乂、胡铨等画像，为其事迹所动，慨叹:“殁不俎豆其间，非夫也！”

理宗宝祐三年乙卯（1255） 二十岁

进吉州白鹭洲书院读书。江万里的弟子欧阳守道为书院主讲人。

八月以字“天祥”为名参加乡试，并改字“履善”。与文璧同录贡士。

仲弟文霆孙病逝，年仅十六岁。

理宗宝祐四年丙辰（1256） 二十一岁

在父亲文仪陪同下，与文璧到临安参加省试。二月初一礼部发榜，文天祥与文璧均被录取为奏名进士。

五月初八参加殿试，以“法天地之不息”为对。理宗皇帝将其试卷由第七名亲擢为第一名。主考官王应麟奏曰:“是卷古谊若龟鉴，忠肝如铁石，臣敢为得人贺！”

二十四日发榜，以状元登第。理宗见状元名叫文天祥，说:“此天之祥，乃宋之瑞也！”文天祥遂又以“宋瑞”为字。文璧留在旅舍照顾病重的父亲未参加殿试。

二十八日，父文仪病逝，终年四十二岁。六月初一，与文璧扶柩返乡。

理宗开庆元年己未（1259） 二十四岁

正月，陪文璧赴临安参加殿试。文璧当年进士及第。

五月守孝期满，被朝廷补授为丞事郎、签书宁海军节度判官厅公事。

九月，忽必烈率蒙军围攻鄂州。十月，丁大全因隐瞒军情被罢相，贾似道任右丞相兼枢密使，吴潜任左丞相兼枢密使。贾似道入黄州，私自与忽必烈议和，许以割江为界，岁奉银二十万两，绢二十万匹。

十一月，文天祥补行门谢礼。边报日急，内侍董宋臣主张迁都四明。文天祥奏《己未上皇帝书》，乞斩董宋臣以安社稷，并提出简文法以立事、仿方镇以建守、就团结以抽兵、破资格以用人的改革主张。奏疏无果，弃官还乡。

闰十一月，忽必烈撤鄂州之围，北上争夺汗位。贾似道向朝廷谎报战功。

理宗景定元年庚申（1260） 二十五岁

二月，差签书镇南军节度判官厅公事，辞免请祠，改任主管建昌军仙都观。

贾似道还朝，吴潜罢相。

忽必烈在开平即帝位，建年号为中统，是为世祖。忽必烈派翰林学士郝经出使宋朝修好，被贾似道幽囚于真州。

理宗景定二年辛酉（1261） 二十六岁

十月，任秘书省正字，辞免不准。

江万里任端明殿学士，同签书枢密院事，十二月即罢任。

理宗景定三年壬戌（1262） 二十七岁

四月，就职秘书省正字，不久兼任景献太子府教授。

五月，任殿试复校考官，并晋升校书郎。邓光荐进士及第。

呈《上丞相书》，中有“公尔忘私，国尔忘家”之语。

理宗景定四年癸亥（1263） 二十八岁

正月，升任著作佐郎。二月，兼任刑部郎官。

八月，理宗再起用被贬出京的董宋臣为内侍押班，并主管景献府事，文天祥再呈《癸亥上皇帝书》表示反对。上书无效，欲弃官回家。贾似道奏任他知瑞州。

十一月，文天祥到达瑞州上任。十二月，迎亲就养。

理宗景定五年甲子（1264） 二十九岁

九月初九，重建瑞州碧落堂竣工，作诗《题碧落堂》。

十月，奉召进京，任礼部郎官。在瑞州著有《西涧书院释菜讲义》，政绩显著，民间颂声不断。

十一月，改任江西提刑。

是年十月，理宗病逝，度宗继位。

宋度宗咸淳元年乙丑（1265） 三十岁

二月，就任江西提刑，即平反陈银匠冤狱。

四月，因伯母梁氏去世，向朝廷申请解官承心制，遭诬陷。台臣黄万石以不称职论罢文天祥官职。

始辟文山作为隐居之地。

度宗咸淳二年丙寅（1266） 三十一岁

隐居文山，邀友人赋诗唱和，寄情山水。

长子道生出生。

度宗咸淳三年丁卯（1267） 三十二岁

九月，任尚书左郎官，辞免不允，十二月赴京供职。

是年，次子佛生（母黄氏），女儿柳娘、次女环娘（母颜氏）出生。后又有监娘、奉娘与寿娘三个女儿出生。

宋潼川安抚使刘整以泸州等十五州降元，忽必烈按其献策，命他与阿术经略襄阳。宋以吕文焕知襄阳府。

度宗咸淳四年戊辰（1268） 三十三岁

正月，兼任学士院权直，国史院编修官、实录院检讨官。同月，即被台臣黄镛奏免。是年冬至，任命为福建提刑，未及赴任，即被台臣陈懋钦奏免。

返乡隐居期间写《文山观大水记》。

九月，蒙古军团始围襄、樊。

度宗咸淳五年己巳（1269） 三十四岁

四月，差知宁国府。十一月到宁国府就任。一个月后，受命入朝。

知宁国府期间，见“府极凋敝”，奏请朝廷免税，宁国府百姓集资为文天祥建立生祠。

是年三月，江万里任左丞相，马廷鸾任右丞相兼枢密使。

度宗咸淳六年庚午（1270） 三十五岁

正月，任军器监，兼右司，辞免不允。

四月，到军器监供职。同月，免兼右司，命兼崇政殿说书，兼学士院权直，兼玉牒所检讨官。

六月，贾似道以请求致仕要挟度宗，文天祥草诏裁以正义，再惹贾似道不满。七月，文天祥加任秘书少监，兼职依旧。贾似道唆使台臣张志立奏免了文天祥所有官职。

再度返乡隐居文山。

江万里被罢相。

度宗咸淳七年辛未（1271） 三十六岁

起宅文山。邀友人悠游山水，穷幽极胜。赋诗颇多，《山中感兴》有“故人书何至，为言北风急”之句。

冬至，命为湖南运判，即被台臣陈坚奏免。

十一月，蒙古建国号“大元”。加强了对战略要地襄樊的围攻。

度宗咸淳八年壬申（1272） 三十七岁

六月，患疟疾四十天。仍然“梦与千年接，心随万里驰”，时刻关心着国家命运。

度宗咸淳九年癸酉（1273） 三十八岁

正月，任为湖南提刑。五月初一至衡阳湖南提刑任所，旋赴长沙谒见湖南安抚大使江万里。江万里对他说：“吾老矣，观天时人事，当有变。吾阅人多矣，世道之责，其在君乎！”

任内积极整顿吏治、处理积案、平反错案，也曾配合围剿秦孟四农民起义军。

冬，上书朝廷请求调任家乡附近州官以便养亲，被改任知赣州。

是年正月，尊师欧阳守道病逝，写《祭欧阳巽斋先生》文。

二月，知襄阳府吕文焕以城降元。

度宗咸淳十年甲戌（1274） 三十九岁

三月初二，抵赣州赴任。上《知赣州谢皇帝表》，表示将以仁义忠孝治郡。履职日夜勤政，平易近民。题诗郁孤台，“并天浮雪界，盖海出云旗”，期盼着云旗盖海、义师北指。

六月，祝贺祖母刘氏八十七岁寿辰，邀请本郡七十一至九十六岁老人一千三百九十人，给予钱帛酒米犒恤。

七月，度宗驾崩。贾似道立年仅四岁的赵㬎继位，称宋恭帝。

是年，忽必烈命伯颜率大军攻宋。十二月，占领鄂州，东下直逼临安。宋廷以贾似道都督诸路军马，诏天下勤王。

宋恭帝德祐元年乙亥（1275） 四十岁

正月十三，接到勤王诏书。十六日传檄诸路，聚兵积粮，并捐家产助军，纠募勤王军三万。

四月初一，率勤王军前往吉州。有旨留屯隆兴。文天祥驳斥江西副使黄万石对义军的诬蔑，获准赴临安。

七月初七，从吉州出发，所过秋毫无犯。八月下旬到达临安，驻兵西湖上。

九月，任为浙西江东制置使，兼江西安抚大使、知平江府。十月初九，启程去平江，上奏乞斩叛臣吕文焕之侄吕师孟衅鼓以振士气。

十月十五日抵平江。二十六日，派尹玉、麻士龙、朱华领兵三千往援常州，败于五牧。

十一月，领命守独松关，未至而关破。平江守将亦降元。

返临安途中，作《赴阙》诗云:“壮心欲填海，苦胆为忧天。”“丈夫竟何事？一日定千年。”此为《指南录》的第一首诗。

十二月，与张世杰一同上奏朝廷，建议背城与元军血战，遭到拒绝。

是年正月，宋黄、蕲以下长江沿岸诸州、军望风降元。二月，贾似道兵溃鲁港，逃往扬州，被罢职。江万里在饶州殉国。三月，陈宜中任右丞相兼枢密使。七月，张世杰兵败镇江焦山。

十一月，元军分三路往临安。

恭帝德祐二年丙子，五月改景炎元年（1276） 四十一岁

正月初二，任知临安府，辞不拜。十三日，与杜浒见于西湖上。当夜力阻陈宜中将与伯颜议降之行。十九日，任右丞相兼枢密使、都督诸路军马，辞相印不拜。

二十日，以资政殿学士旧职出使元营，据理力争，辞旨慷慨，被伯颜扣留。二十一日，大骂赴元营奉表献土的丞相贾余庆等卖国。二十五日，其勤王军两万余人被伯颜遣散。

二月初八，被迫随祈请使吴坚、贾余庆等去元大都。十八日至镇江。二十九日，与随从杜浒等十一人夜走真州。三月初一至真州，与守将苗再成议纠合两淮以图复兴。初三，为李庭芝所忌，被苗再成逐到城外。历尽艰险，经扬州、高邮、海陵，于三月二十四日到达通州。途中一路作诗，在通州编为《指南录》，并作自序。

闰三月十七日，离通州泛海追寻益王、广王。三十日至台州。四月初八至温州。五月二十六日，奉召至福安，任为右丞相、枢密使兼都督诸路军马，因见左丞相陈宜中、枢密副使张世杰擅权，辞不拜。六月，改任枢密使，同都督诸路军马。继续编订《指南录》，并作后序。

七月初四，从福安启程，十三日至南剑州，建同督府募兵。

十一月，督府移至汀州，派兵规取江西。

长女定娘和幼女寿娘，当年在惠州河源县三角村病亡。

是年正月，吉王赵昰改封益王，信王赵昺改封广王。初八，谢道清派刘岊奉表称臣，乞存境土。十八日，伯颜至皋亭山。二月初五，恭帝赵㬎拜表祥曦殿，宣布退位，向元朝乞为藩辅。

三月，赵㬎与全太后北去。

闰三月，陈宜中、张世杰在温州奉益王赵昰为天下兵马都元帅。

五月初一，赵昰在福州即皇帝位，是为端宗，改元景炎，改福州为福安府。

七月，朱焕以扬州降元，李庭芝、姜才在泰州被俘。八月，真州陷，苗再成殉难。十月，吕师夔率元军度梅岭进军岭南。十一月，建宁府、邵武军、南剑州陷。十一月十五日，陈宜中、张世杰奉端宗逃往海上。

宋端宗景炎二年丁丑（1277） 四十二岁

正月，元军进攻汀州。同督府自汀州迁往漳州龙岩。叛将吴浚奉命来劝降，斩之。又派罗辉来劝，回《正月书》坚拒。

三月，至梅州，文壁自惠州带全家人前来会合。

五月，入赣南，占领会昌县。六月初三，大败元军，大捷雩都。二十一日进驻兴国县。七月，派兵围攻赣州、吉州。相继收复龙泉、永新、永丰、吉水、万安五县。汀州斩伪天子黄从。临江军、洪州、袁州、瑞州等地豪杰纷起响应，大江以西有席卷包举之势。淮西兵收复兴国军，黄州收复寿昌军，号令通江淮。

八月，攻赣、吉二州兵败。同督府转往永丰，急撤中老将巩信阻元军于庐陵东固方石岭。二十七日，在永丰县空坑被元军追及，幸脱身。妻欧阳氏、妾颜氏和黄氏、次子佛生、二女柳娘、三女环娘皆被俘。佛生被人救出，后为罗宰收养。

十月，收拾残部再入汀州。十一月至广东循州，屯兵南岭。

是年二月，元军占领广州，广东各州大部陷落。

七月，为对付文天祥，元廷专设江西行中书省，以塔出为右丞、麦术丁为左丞，李恒、蒲寿庚、程鹏飞为参知政事，在隆兴设元帅府。八月，李恒自隆兴派兵支援赣州，并亲率大军袭击兴国县。

十一月，张世杰奉端守从浅湾逃至秀山、井澳。陈宜中逃往占城。端宗复逃海上。

端宗景炎三年戊寅，五月改为祥兴（1278） 四十三岁

二月，文天祥进军惠州海丰县。三月，进驻丽江浦，派人沿海寻访行朝下落。

是年四月十五日，十一岁的景炎帝赵昰惊悸成疾而死。八岁的卫王赵昺继位，五月初一改元祥兴。六月初七，行朝迁居新会县厓山。

五月，与行朝取得联系。六月，移同督府至船澳，要求去厓山入朝，被张世杰阻拦。

六月，元世祖以张弘范为蒙古汉军都元帅，进取闽、广。张弘范荐李恒为副。

八月，授少保信国公，母曾德慈被封为齐魏国夫人。疫病流行，多次请求移军入朝合兵抗元，均遭拒绝，写信给左丞相陆秀夫提出抗议。

九月初七，曾德慈染疫而死。后长子道生病死惠州，年仅十三岁。要求文璧将其次子文陞过继给自己为子，文璧慷慨应允。

十一月，进驻潮州潮阳县。讨伐叛贼陈懿。谒唐张巡、许远“双忠庙”，作词《沁园春》，自励忠义。

十一月，张弘范与李恒从海陆两路夹攻文天祥。

十二月十五日，移屯海丰，准备入南岭进江西。十二月二十日，至海丰以北的五坡岭，正吃午饭，被陈懿引领的敌骑突袭。文天祥自杀未遂，被俘。同督府将士被杀七千多人。四女监娘、五女奉娘遇难。

宋帝昺祥兴二年己卯，元世祖至元十六年（1279） 四十四岁

正月初二，张弘范下海追寻南宋行朝，囚文天祥于舟中同行。十二日，作诗《过零丁洋》。十三日至厓山。十五日，张弘范要求写信劝降张世杰，文天祥抄《过零丁洋》作答。

二月初六，宋、元两军大战厓山海上。南宋败亡，陆秀夫抱赵昺投海，战死及殉难者十余万人。文天祥目睹宋亡，哭以《二月六日，海上大战》长诗。

二月中旬，张世杰在南恩州螺岛坠海溺亡。文璧以惠州降元。

三月十三日，至广州。四月二十二日，被都镇抚石嵩押送北上大都。自南安军至丰城绝食八日。至建康逗留两个多月。一路感怀吊古，抒发志节，诗作颇多。

十月初一，到达元大都。叛臣留梦炎、废帝赵㬎等向文天祥劝降，均遭拒。元朝平章阿合马召见文天祥，文天祥长揖不跪。

十一月初九，提审中面对丞相孛罗、平章张弘范，坚强不屈，据理驳辩。

十二月十一日，狱中见灵阳子，听他讲道，“指示以大光明正法”。

元世祖至元十七年庚辰（1280） 四十五岁

正月，集杜诗五言绝句二百首，编为《集杜诗》。编辑被俘后所作诗集《指南后录》。跋《指南后录》。

春，收到女儿柳娘信，得妻子欧阳氏及女儿柳娘、环娘消息。致信长妹文懿孙，附以《邳州哭母小祥》、《过淮》及《乱离歌六首》等思亲诗。

五月，文璧至大都。

八月十五日，狱中会原宋朝宫廷琴师汪元量，听他弹奏《胡笳十八拍》琴曲。十月，再会汪元量，赠以集杜诗《胡笳曲（十八

拍)》，中有“自断此生休问天，看射猛虎终残年”之句。

是年，张弘范病逝。漳州畲族山寨等地民众起义，聚众数万。

元至元十八年辛巳（1281） 四十六岁

正月初一，致信继子文陞，勉以忠孝。

五月十七日暴雨，牢房盈水，恶气袭人。六月，作《正气歌》。

是年，文璧被授为临江路总管兼府尹。夏日，文璧与文懿孙南归。

元至元十九年壬午（1282） 四十七岁

正月初一，作《集杜诗》自序。编定《指南录》、《集杜诗》、《指南后录》，并编平生经历《纪年录》。

春，作绝笔《自赞》，准备临刑时夹于衣带间。

是年春，妙曦和尚进言：“十一月，土星犯帝座，疑有变。”未几，报中山府薛保住聚众数千，要来劫取文丞相。又截匿名书，曰：“两卫军尽足办事，丞相可以无虑。”“先焚城上苇子，城外举火为应。”经太子真金上奏，京师戒严，并将赵㬎等赵氏宗室迁出大都。

三月，益都千户王著与高和尚等合谋，夜入京城击杀中书左丞相阿合马。

八月，接南宋降臣王积翁、谢昌元信，传忽必烈谋授大任谕旨，复书拒绝。

十二月初八，被召至宫内见忽必烈，长揖不拜。忽必烈许以中书宰相之职，再拒。

初九，再被宰执奏请赐死，麦术丁力陈，忽必烈遂作决定。当天，在大都柴市刑场慷慨就义。忽必烈突然反悔，急令停刑，已晚。

初十，妻欧阳氏奉旨收尸，张弘毅与江南十义士前来相助，扶柩葬于都城小南门外道旁。次年，张弘毅携遗骸归庐陵。

附录二 主要参考文献

1.《文天祥全集》，文天祥，北京中国书店。

2.《文天祥年谱》，杨德恩，商务印书馆。

3.《文天祥研究资料集》，刘文源（编），中国社会科学出版社。

4.《浩然正气》，江西省历史学会，江西教育出版社。

5.《文天祥诗文赏析》，夏延章，巴蜀书社。

6.《文天祥诗文选译》，邓碧清，凤凰出版传媒集团、凤凰出版社。

7.《历代进士殿试策对名篇赏析》，周新曙，湖北长江出版集团、湖北人民出版社。

8.《文天祥的生平和思想》，杨正典，齐鲁书社。

9.《文天祥生平及其诗词研究》，张公鉴，台湾商务印书馆。

10.《文天祥》，陈清泉，上海人民出版社。

11.《文天祥》，万绳楠，河南人民出版社。

12.《文天祥评传》，修晓波，南京大学出版社。

13.《文天祥传》，霍必烈，国际文化事业有限公司。

14.《文天祥研究》，俞兆鹏、俞晖，人民出版社。

15.《南宋史研究丛书》（全套），王国平主编，人民出版社。

16.《中国通史》，范文澜等，人民出版社。

第一辑已出版书目

1 《逍遥游——庄子传》 王充闾 著

2 《书圣之道——王羲之传》 王兆军 著

3 《千秋词主——李煜传》 郭启宏 著

4 《草泽英雄梦——施耐庵传》 浦玉生 著

5 《戏看人间——李渔传》 杜书瀛 著

6 《心同山河——顾炎武传》 陈 益 著

7 《孤独的绝唱——八大山人传》 陈世旭 著

8 《泣血红楼——曹雪芹传》 周汝昌 著

9 《旷代大儒——纪晓岚传》 何香久 著

10 《烂漫饮冰子——梁启超传》 徐 刚 著

第二辑已出版书目

11 《忠魂正气——颜真卿传》 权海帆 著

12 《花红别样——杨万里传》 聂 冷 著

13 《感天动地——关汉卿传》 乔忠延 著

14 《西风瘦马——马致远传》 陈计中 著

15 《此心光明——王阳明传》 杨东标 著

16 《梦回汉唐——李梦阳传》 泥马度 著

17 《天崩地解——黄宗羲传》 李洁非 著

18 《幻由人生——蒲松龄传》 马瑞芳 著

19 《儒林怪杰——吴敬梓传》 刘兆林 著

20 《史志巨擘——章学诚传》 王作光 著

第三辑出版书目

21 《千古一相——管仲传》 张国擎 著

22 《漠国明月——蔡文姬传》 郑彦英 著

23 《棠棣之殇——曹植传》 马泰泉 著

24 《梦摘彩云——刘勰传》 缪俊杰 著

25 《大医精诚——孙思邈传》 罗先明 著

26 《大唐鬼才——李贺传》 孟红梅 著

27 《政坛大风——王安石传》 毕宝魁 著

28 《长歌正气——文天祥传》 郭晓晔 著

29 《糊涂百年——郑板桥传》 忽培元 著

30 《潜龙在渊——章太炎传》 伍立杨 著

图书在版编目（CIP）数据

长歌正气：文天祥传 / 郭晓晔 著. -- 北京：作家出版社，2015. 1

（中国历史文化名人传丛书）

ISBN 978-7-5063-7790-4

Ⅰ. ①长… Ⅱ. ①郭… Ⅲ. ①文天祥（1236 ~ 1282）- 传记 Ⅳ. ①K827=442

中国版本图书馆CIP数据核字（2015）第014634号

长歌正气——文天祥传

作　　者： 郭晓晔
责任编辑： 陈晓帆
书籍设计： 刘晓翔+韩湛宁
责任印制： 李卫东　李大庆
出版发行： 作家出版社
社　　址： 北京农展馆南里10号　　　**邮　　编：** 100125
电话传真： 86-10-65930756（出版发行部）
86-10-65004079（总编室）
86-10-65015116（邮购部）
E-mail:zuojia@zuojia.net.cn
http://www.haozuojia.com（作家在线）
印　　刷： 北京汇林印务有限公司
成品尺寸： 152×230
字　　数： 285千
印　　张： 23.25
版　　次： 2015年2月第1版
印　　次： 2015年2月第1次印刷
ISBN 978-7-5063-7790-4
定　　价： 65.00元（精）